Pratiquer la doctrine chrétienne

Pratiquer la doctrine chrétienne

....

UNE INTRODUCTION
À LA PENSÉE ET À LA VIE THÉOLOGIQUES

B E T H F E L K E R J O N E S

Éditions Foi et Sainteté
Lenexa, Kansas (États-Unis)

978-1-56344-979-6

Copyright © 2014
par Beth Felker Jones

Publié à l'origine en anglais par Baker Academic,
filiale du groupe Baker Publishing
Practicing Christian Doctrine
P.O. Box 6287, Grand Rapids, Michgan (Étas-Unis)
Tous les droits sont réservés

Cette édition publié
par Global Nazarene Publications et
Éditions Foi et Sainteté
Lenexa, Kansas (États-Unis)

La photo de couverture est gracieusement fournie
par Unsplash (Patrick Hendry), Utilisé avec permission.

Aucune partie de la présente publication ne peut être reproduite, stockée dans une banque de données ou transmise sous une forme ou par un moyen quelconque (électronique, par photocopie ou par enregistrement), sans l'autorisation écrite préalable de l'éditeur. La seule exception concerne les brèves citations dans des articles imprimés.

Sauf indication contraire, les passages bibliques sont tirés de la *Bible du Semeur*, Copyright © 1992, 1999, 2015 par Biblica, Inc. Utilisé avec autorisation. Tous droits réservés.
Certains passages bibliques sont tirés de la Bible version Louis Segond. Cette édition est dans le domaine public.

Pour mes étudiants
« Que la pensée de Christ, notre Sauveur,
vive en nous de jour en jour. »

Remerciements

Ce projet est né grâce à l'enseignement, et je suis reconnaissante à mes étudiants de l'université de Huntington et du Wheaton College, à qui je dédie le présent livre. C'est un privilège pour moi de pouvoir échanger avec vous. Merci de vos excellentes questions, vos discussions réfléchies et votre désir de mettre votre foi en pratique. Vous m'avez aidé à faire vivre la doctrine.

J'exprime ma reconnaissance à de nombreux amis et collègues qui ont contribué à la réalisation du présent ouvrage : la merveilleuse équipe de Baker et Brazos, le soutien de ma doyenne, Jill Baumgaertner, et de mon vice-doyen, Jeff Greenman, le travail remarquable de mon assistante de recherche, Ella Myer, et mon collègue Keith Johnson, avec qui j'ai développé quelques premières idées du présent texte. Merci à ceux qui m'ont fait don de leur temps et de leur talent en lisant et en commentant certaines parties du texte : Aimee Barbeau, Jeff Barbeau, Gary Burge, Lynn Cohick, Holly Taylor Coolman, Michael Graves, Gene Green, George Kalantzis, Tiffany Kriner, Christina Bieber Lake, Tim Larsen, David Lauber, Steve Long, Miho Nonaka, Amy Peeler, Nick Perrin, Noah Toly et Dan Treier. Grâce à vous, ce livre est meilleur.

Je remercie infiniment mon mari, Brian, dont le soutien à mon travail est l'un des cadeaux les plus précieux de ma vie, et nos enfants, Gwen, Sam, Tess et Zeke, qui m'accompagnent et endurent mes discours sur des sujets comme la Trinité.

Le chapitre 8 et une petite partie du chapitre 2 apparaissent sous une forme légèrement différente dans mon livre *God the Spirit : Introducing Pneumatology in Wesleyan and Ecumenical Perspective.* Copyright Cascade Books, 2014. Utilisé avec l'autorisation de Wipf and Stock Publishers.

—*Beth Felker Jones, Carême 2013*

Introduction

Pratiquer la doctrine

La situation était préoccupante lorsque Josias est monté sur le trône. Israël était plongé dans le chaos à la suite d'une invasion brutale et d'une gouvernance incrédule de plusieurs rois apostats. Le peuple d'Israël vivait dans le désespoir et l'incertitude. Dans ce contexte, ils continuaient à adorer le Seigneur, le Dieu de leurs pères, mais ils s'étaient également tournés vers d'autres dieux, espérant que ces derniers pourraient les aider à relever les défis auxquels ils étaient confrontés. Dieu, en revanche, n'avait pas oublié son peuple, ni les promesses qu'il lui avait faites. Il a œuvré dans le cœur du jeune roi Josias, qui a entrepris de « chercher à plaire au Dieu de David, son ancêtre » (2 Chroniques 34.3). Le temple de Jérusalem, le centre du culte était resté à l'abandon et soumis à un mauvais usage pendant des années ; par conséquent, Josias a recruté des charpentiers, des ouvriers et des maçons pour entreprendre sa restauration. Au milieu des décombres, le grand prêtre a fait une découverte, un « livre de l'alliance », les Saintes Écritures.

Lorsque Josias a entendu les paroles anciennes lues à haute voix, il a reconnu la profondeur de l'infidélité d'Israël. Poussé par le chagrin, il a déchiré ses vêtements, il s'est repenti et il a décidé d'agir. Après avoir consulté la prophétesse Hulda, Josias a rassemblé « tous les gens du peuple, quelle que fût leur condition sociale » et a lu, à haute voix et en présence du peuple, le contenu du livre de l'alliance. Ensuite, en présence du peuple, Josias « conclut cette alliance avec lui par laquelle il s'engagea à être fidèle à l'Éternel et à obéir à ses commandements, à ses lois et à ses ordonnances, de tout son cœur et de tout son être, et à appliquer toutes les clauses de l'alliance figurant dans ce livre » (2 Chroniques 34.30-31). Josias a amené le peuple à prendre le même engagement. La nation entière a promis d'obéir aux paroles du livre de l'alliance, de revenir à une relation de fidélité avec Dieu. Josias a consacré les mois suivants à purifier Israël. Il a débarrassé le temple des idoles, détruit les autels des idoles et dispersé leurs vestiges sur les tombes des faux prêtres. Les réformes de Josias ont culminé avec la célébration de la Pâque, au cours de laquelle le peuple s'est souvenu des bienfaits de Dieu. La découverte du livre perdu et la reconnaissance de ses enseignements ont changé la vie du peuple de Dieu.

Cette histoire paraît étrange comme introduction d'un ouvrage destiné à présenter la théologie, mais l'histoire de Josias offre une perspective intéressante sur la relation entre les Saintes Écritures, la doctrine et la pratique. La théologie chrétienne est une réflexion sur les Saintes Écritures, sur la manière de mieux les lire et les interpréter, sur la manière de comprendre la Bible dans son intégralité et d'adopter un mode de vie fidèle au Dieu dont la Bible constitue la Parole. Cette réflexion sur les Saintes Écritures produit des enseignements chrétiens distincts, appelés **doctrine**, mais la mission de la théologie ne s'arrête pas là. Notons l'élément clé de l'histoire de Josias. Après avoir découvert l'enseignement du livre retrouvé, il est passé directement à l'action. Il a immédiatement établi un lien entre la foi et la pratique, entre la Parole de Dieu et la réforme, et il a conduit le peuple à suivre ses traces, entraînant sa communauté avec lui dans sa quête de fidélité au vrai Dieu.

Je commence par l'histoire des réformes de Josias en Israël parce qu'elle illustre les principes fondamentaux de ce livre : la foi doit s'accompagner d'actions concrètes, et les actes sont importants pour notre foi. Lorsque le peuple de Dieu, comme Josias et son peuple, met la Bible en pratique, lorsqu'il allie la vérité aux actes et la doctrine à la vie de disciple, Dieu accomplit des miracles.

Le titre de ce livre témoigne de mon conviction que la doctrine chrétienne est intimement liée à une pratique fidèle de la vie chrétienne. Ce livre présente les bases de la doctrine chrétienne, mais si nous ne mettons pas en pratique cette doctrine, cette introduction sera dénuée de sens. La doctrine chrétienne détermine l'identité et les actes des chrétiens. Certes, la notion de doctrine implique la foi, mais la doctrine représente bien plus qu'une simple foi en certaines choses. Le mot *doctrine* revêt des connotations froides et dures. Plusieurs personnes pensent qu'il s'agit d'une question de rigidité et de contrôle ou qu'il s'agit d'un domaine de connaissance inaccessible, hors de la portée du chrétien lambda. Mon objectif est de contribuer à réhabiliter le terme doctrine à travers ce livre, à démontrer qu'un bon enseignement chrétien peut nous aider à grandir dans la foi, à faire preuve d'amour et à envisager l'avenir avec espoir.

L'étude de la doctrine occupe une place centrale dans la vie chrétienne. Elle constitue un élément essentiel du culte que nous rendons à Dieu et du service que nous rendons au peuple de Dieu. Jésus nous a ordonné d'aimer Dieu de toute notre cœur, de toute notre âme, de toute

Introduction

notre énergie et de toute notre pensée (Luc 10.27). Ces quatre éléments sont liés : la passion du cœur, le désir ardent de l'âme, l'énergie que Dieu nous accorde et le besoin pour la pensée de rechercher la vérité de Dieu. L'étude de la doctrine est par conséquent un acte d'amour pour Dieu : cette étude constitue une formation pour les adorateurs et les serviteurs de Dieu dans le monde. Pratiquer la doctrine signifie aspirer à une compréhension plus profonde de la foi chrétienne, rechercher la logique et la beauté de cette foi, et mettre en application les connaissances acquises dans les réalités quotidiennes de la vie chrétienne.

Notre vie s'enrichit à mesure que nous nous familiarisons avec l'enseignement chrétien. Mettre en pratique la doctrine n'est pas différent d'apprendre à jouer du piano ou d'un entrainement de basket. Les nouveaux pianistes commencent par se familiariser avec l'instrument. Avant de pouvoir jouer des sonates, ils consacrent énormément de temps à des exercices de base comme les gammes. Les nouveaux joueurs de basket-ball ne débutent pas avec des tirs à trois points ; ils doivent premièrement apprendre à dribbler et à exécuter certains mouvements. Avant de jouer un match, ils doivent maitriser les règles et répéter les exercices de base pour en faire des réflexes. Ils ne sont prêts à jouer qu'après de nombreux entrainements. Les néophytes de l'étude de la doctrine se trouvent dans une position similaire et doivent consacrer du temps à se familiariser avec la théologie. Il faut du temps et de la patience pour apprendre à bien appliquer la doctrine. Apprendre la doctrine chrétienne s'apparente à l'apprentissage d'une nouvelle langue : il faut du temps pour apprendre le vocabulaire et les concepts utilisés dans la pensée chrétienne, afin de comprendre les propos des autres. De plus, ceux qui étudient la doctrine doivent se plonger dans les enseignements des Saintes Écritures, écouter la sagesse d'autres théoriciens de la doctrine à travers l'histoire et prier pour obtenir la perspicacité et les conseils du Saint-Esprit.

Cependant, il existe une différence significative entre un étudiant débutant en doctrine et un nouveau pianiste ou joueur de basket. De nombreux étudiants qui débutent dans l'étude formelle ou académique de la doctrine ne sont pas nouveaux dans la foi chrétienne, et de nombreuses habitudes et compétences de base peuvent leur être familières. Il existe une continuité entre la foi du plus petit enfant ou du chrétien le plus récent et la foi de l'érudit biblique le plus compétent ou du théologien le plus éloquent. Les lecteurs doivent s'attendre à une continuité entre la foi vivante qu'ils apportent à la pratique de la doctrine et les connaissances et les défis que cette pratique leur apportera. Certaines doctrines seront faciles à apprendre, et leur application sera évidente.

Pratiquer la doctrine chrétienne

Certains concepts peuvent conduire à l'effet eurêka lorsque l'étude de la doctrine apporte de la clarté à une croyance ou une pratique familière. À d'autres moments, l'étude de la doctrine remet en question nos suppositions et nos idées reçues. Certains des plus beaux dons de Dieu peuvent survenir lorsque nous sommes confrontés à un décalage entre nos suppositions et les connaissances acquises par l'étude. Personne ne possède une doctrine parfaitement exacte, et si nous recherchons avec ardeur la vérité qui vient de Dieu, nous devons également aspirer à l'humilité nécessaire pour déterminer où nous pouvons nous tromper. Les meilleurs praticiens de la doctrine sont ouverts à la correction, et comme Josias, nous devons être prêts à changer. La pratique de la doctrine sera plus efficace si nous sommes ouverts au changement et à la réforme. L'humilité et la repentance sont les clés d'une pratique fidèle de la doctrine.

Selon Jean Calvin, « toute connaissance saine de Dieu nait de l'obéissance ».[1] La doctrine et la vie de disciple vont toujours de pair. Notre objectif, lorsque nous étudions la doctrine, n'est pas d'obtenir toutes les bonnes réponses. Le but de notre étude est de grandir dans notre connaissance et notre fidélité à Dieu. Dieu peut utiliser notre étude de la doctrine pour nous façonner. À mesure que vous lisez, nous vous encourageons à vous considérer comme un théologien doctrinal, un disciple de Jésus-Christ qui pratique la doctrine en cherchant à connaitre Dieu et ses œuvres, je vous encourage à lire la Bible fidèlement et régulièrement, à vous réjouir de la continuité entre la foi salvatrice telle que vous la connaissez et la doctrine telle que vous l'apprenez, à accueillir les bouleversements que Dieu peut introduire dans votre vie pour vous inciter à pratiquer la foi chrétienne avec plus de

> ## Passage clé
>
> « Je vous exhorte donc, frères, par les compassions de Dieu, à offrir vos corps comme un sacrifice vivant, saint, agréable à Dieu, ce qui sera de votre part un culte raisonnable. Ne vous conformez pas au siècle présent, mais soyez transformés par le renouvellement de l'intelligence, afin que vous discerniez quelle est la volonté de Dieu, ce qui est bon, agréable et parfait. Par la grâce qui m'a été donnée, je dis à chacun de vous de n'avoir pas de lui-même une trop haute opinion, mais de revêtir des sentiments modestes, selon la mesure de foi que Dieu a départie à chacun. Car, comme nous avons plusieurs membres dans un seul corps, et que tous les membres n'ont pas la même fonction, ainsi, nous qui sommes plusieurs, nous formons un seul corps en Christ, et nous sommes tous membres les uns des autres. » (Romains 12.1-5)

fidélité et de vérité, et à considérer la pratique de la doctrine comme un élément de l'identité chrétienne.

Évangélique et œcuménique

Certes, deux théologiens ne présenteront jamais la doctrine de manière identique, mais les chrétiens partagent plusieurs points communs, et la présente introduction se focalise sur ces points communs, abordés dans une perspective évangélique et œcuménique. Le mot **évangélique** vient du grec *euangelion*, qui signifie « évangile », la Bonne nouvelle de Jésus-Christ. Cette Bonne nouvelle englobe tous les chrétiens. Ce terme est également utilisé pour indiquer un contexte particulier, celui dans lequel le christianisme évangélique (notamment en Grande-Bretagne, en Amérique du Nord et dans les églises mondiales qui ont des racines dans ce mouvement) prend une forme historique plus spécifique. Pourtant, cet évangélisme est diversifié. Il comprend des chrétiens de plusieurs siècles et de nombreuses cultures, et ne peut donc être uniquement relié à une confession de foi, une dénomination, une institution ou une culture. Les historiens ont proposé différentes approches pour comprendre le christianisme évangélique.

David Bebbington associe l'évangélisme à quatre caractéristiques communes à toutes les dénominations et à toutes les cultures : le biblicisme, le conversionnisme, l'activisme et le crucicentrisme.[2] Le biblicisme désigne l'accent mis sur la Bible comme autorité ultime en matière de foi et de pratique ; le conversionnisme désigne l'accent mis sur l'expérience religieuse qui change la vie ; l'activisme désigne le souci de partager la foi et de faire de bonnes œuvres ; et le crucicentrisme désigne l'accent mis sur l'œuvre salvatrice de Jésus sur la croix. Cette description fournit un compte rendu du christianisme évangélique qui n'est pas limité par une culture ou à une dénomination. Les évangéliques sont très variés et vous pouvez les retrouver dans de nombreux groupes, notamment les baptistes aux États-Unis, les anglicans en Afrique, les presbytériens en Écosse et les pentecôtistes en Amérique latine. Bebbington montre que ces différents chrétiens ont en commun certaines convictions et caractéristiques. Sa définition établit également un équilibre entre les affirmations doctrinales (biblicisme et crucicentrisme) et les aspects expérimentaux de l'évangélisme (conversionnisme et activisme), indiquant un vaste éventail d'emphases au sein de la vie évangélique.

La portée de la description de Bebbington constitue également un inconvénient potentiel, un manque de spécificité. L'historien Timothy Larsen souligne que la définition de Bebbington pourrait s'appliquer à

Pratiquer la doctrine chrétienne

Saint François d'Assise, un moine médiéval. Selon Larsen, il s'agit d'un problème, car le terme « évangélique » perd alors « son utilité pour décrire une communauté chrétienne en particulier ».³ Larsen ajoute un contexte historique particulier aux aspects doctrinaux et expérimentaux de la définition de Bebbington : « Un évangélique est un protestant orthodoxe qui appartient à la tradition des réseaux chrétiens mondiaux issus des mouvements de réveil du dix-huitième siècle associés à John Wesley et George Whitefield. »⁴ Cette définition situe le christianisme évangélique dans l'histoire plus large de l'Église. Le christianisme évangélique est orthodoxe parce qu'il partage les engagements doctrinaux de la tradition du credo de l'Église primitive, comme la foi en un Dieu trinitaire. Cette orthodoxie est un point de jonction entre les évangéliques et la grande histoire du christianisme, qui débute avec l'Église primitive. Le mouvement évangélique est protestant, ce qui l'identifie comme appartenant à une tradition théologique en continuité avec la réforme du seizième siècle. La définition de Larsen rend compte des revendications distinctives de la théologie protestante. La définition devient encore plus spécifique : tous les protestants ne sont pas évangéliques, notamment parce que le christianisme protestant a existé pendant près de deux siècles avant que l'évangélisme ne devienne un mouvement distinct. Larsen admet que les mouvements de réveil du dix-huitième siècle ont donné naissance à une communauté distincte au sein de l'histoire chrétienne, et que la plupart des chrétiens évangéliques d'aujourd'hui peuvent faire remonter leurs racines spirituelles à ces mouvements. Même si l'évangélisme partage de nombreux points communs avec d'autres groupes chrétiens, il a également une histoire particulière au sein de la tradition chrétienne.

Un troisième historien, George Marsden, nous aide à comprendre l'évangélisme à la lumière des réflexions du vingtième siècle sur la relation entre l'Église et la culture au sens large.⁵ Dans les années 1920, la théologie libérale s'est imposée comme une voix significative dans les églises protestantes, attribuant à l'expérience et aux sentiments humains l'autorité ultime dans la foi chrétienne et soutenant que le christianisme était une question d'éthique et non de doctrine. Le terme *libéral* utilisé ici ne renvoie pas à la politique. Il désigne plutôt une tradition théologique qui réinterprète une grande partie de la doctrine orthodoxe à la lumière de la vie moderne. En opposition au libéralisme, une large coalition de protestants conservateurs sur le plan doctrinal s'est identifiée comme *fondamentaliste*, estimant que les interprétations libérales de la doctrine constituaient un rejet de l'enseignement biblique fondamental. Entre les années 1950 et 1970, une scission s'est produite dans cette coalition. Le « nouvel évangélisme » de Billy Graham est resté conservateur sur le plan doctrinal tout en coopérant avec d'autres traditions chrétiennes et en insistant sur un engagement dynamique dans et avec la culture. Les chrétiens séparatistes, rejetant toute association avec un monde considéré comme pécheur ou avec d'autres chrétiens considérés comme complaisants envers ce monde pécheur, ont conservé l'étiquette « fondamentaliste ». Pour Marsden, le christianisme évangélique adopte une position de médiation assumée entre le libéralisme d'un côté et le fondamentalisme séparatiste de l'autre.

Dans ce livre, la perspective évangélique évolue dans les complexités de ces définitions historiques. En tant qu'auteur, je m'identifie aux tendances pratiques et doctrinales que Bebbington discerne chez les évangéliques, et comme l'indique clairement le titre du livre, je ne considère pas ces tendances comme opposées les unes aux autres. Je fais partie de l'histoire singulière que Larsen et Marsden identifient à l'évangélisme : je suis « évangélique », car l'histoire évangélique qui a commencé avec les réveils du dix-huitième siècle est mon histoire. J'ai accepté Christ dans une église issue des réveils de Wesley, j'y reste attaché, et j'enseigne dans le même collège chrétien évangélique qui a envoyé Billy Graham dans le monde. Ma foi est enracinée dans le contexte nord-américain dans lequel les chrétiens évangéliques ont ressenti le besoin de se distinguer du modernisme libéral d'abord, puis du fondamentalisme séparatiste, et je continue à trouver de bonnes raisons pour ces deux distinctions. Avec ces trois historiens, je partage l'idée que la doctrine protestante orthodoxe et l'activisme dans le monde sont des forces du christianisme évangélique. Tous ces éléments vous donnent à vous, le lecteur, une meilleure idée du contexte et des engagements à partir desquels moi, l'auteur, je pratique la doctrine. La doctrine est

> ### La théologie évangélique
>
> - La théologie évangélique recherche la fidélité à *l'euangelion*, l'Évangile du salut en Jésus-Christ.
> - Elle se rattache à une communauté chrétienne historique issue du revivalisme du dix-huitième siècle.
> - Elle défend les pratiques de la tradition évangélique (en mettant l'accent sur la conversion et l'activisme) ainsi que les revendications doctrinales clés concernant l'autorité des Saintes Écritures et la centralité de l'œuvre de Christ sur la Croix.
> - Elle est déterminée à s'engager activement dans la culture « dans » le monde tout en maintenant les engagements distinctifs qui identifient les chrétiens comme n'étant pas « du » monde, « afin que le monde reçoive » la Bonne nouvelle (Jean 17.23).

Pratiquer la doctrine chrétienne

indispensable au christianisme évangélique, mais la plupart des doctrines évangéliques ne sont pas propres à l'évangélisme.

C'est ici que la perspective **œcuménique** du livre est importante. Le mot vient du grec *oikoumene*, qui signifie « l'ensemble des terres anthropisées ». Ce terme rappelle aux chrétiens que l'amour salvateur de Dieu s'applique au monde entier (toutes les nations, toutes les tribus et toutes les personnes). L'enseignement chrétien œcuménique est l'enseignement de toute l'Église, la foi de tout le corps de Christ répandue à travers les siècles et autour du globe, et les efforts chrétiens en matière d'œcuménisme sont des efforts pour échanger par-dessus les lignes qui nous divisent, pour trouver un terrain d'entente, pour reconnaitre que divers groupes de chrétiens possèdent de nombreux points communs, et pour travailler à l'unité du corps de Christ. Timothy Tennent relève l'importance de la théologie œcuménique en déclarant qu'« il serait orgueilleux de penser qu'une ou plusieurs théologies produites par notre culture ont réussi à soulever et à résoudre systématiquement toutes les questions, pour tous les chrétiens, pour tous les temps. Chaque culture, à chaque époque, possède des tares et des préjugés dont nous sommes souvent inconscients, mais qui sont évidents pour les personnes étrangères à notre culture ou à notre époque. »[6]

La théologie œcuménique

- La théologie œcuménique admet qu'aucune partie de l'Église ne constitue à elle seule le corps de Christ.
- Elle se réjouit de la doctrine et des pratiques communes qui appartiennent à l'ensemble de ce corps.
- Elle permet à la différence de s'épanouir, sans la considérer comme une menace pour l'unité.
- Elle écoute humblement les autres parties du corps.
- Elle recherche l'œuvre vivante de Dieu dans le monde entier.

La démarche que j'ai adoptée dans ce livre est œcuménique à plusieurs égards. Premièrement, dans la présentation des diverses doctrines chrétiennes, je ne me concentre pas sur les questions qui divisent l'Église. Les chrétiens ont en commun une grande partie de la doctrine, un consensus œcuménique sur les vérités importantes de la foi. Ce consensus est généralement sous-estimé, et j'essaie de mettre en évidence les domaines dans lesquels il existe une unité chrétienne. Deuxièmement, je voudrais vous présenter un rassemblement œcuménique de voix chrétiennes (hommes et femmes, nord-américains, européens, africains, latino-américains et asiatiques, contemporains, médiévaux, anciens,

Introduction

vieux, jeunes, noirs, blancs et bruns). La marge de manœuvre est limitée, et cette tentative est très inadéquate, mais j'essaie de vous donner un aperçu de la belle diversité de l'Église en tant que réalité mondiale. Enfin, je fais mon travail de théologienne avec le sentiment profond que l'Évangile est véritablement destiné au monde entier. Jésus a demandé à ses disciples d'être ses « témoins à Jérusalem, dans toute la Judée et la Samarie, et jusqu'au bout du monde. » (Actes 1.8). L'Évangile a une vocation mondiale parce qu'il s'adresse à tous, en tout temps et en tout lieu. Athanase (vers 296-373), l'un des premiers dirigeants de l'Église, salue la nature œcuménique de l'Évangile lorsqu'il nous rappelle que Dieu « œuvre puissamment parmi les humains, persuadant invisiblement chaque jour un grand nombre de personnes dans le monde entier ».[7]

Revenons au mot « évangélique ». En bref, les chrétiens évangéliques sont des adeptes de l'Évangile, appelés à être des témoins de Jésus dans le monde. L'Évangile n'a pas été confié à un groupe isolé de chrétiens dans l'histoire, comme s'il s'agissait de leur propriété exclusive. L'Évangile est la Bonne nouvelle de Dieu pour le monde, et Dieu a suscité des témoins de l'Évangile à travers les générations et les cultures. La théologie évangélique se doit d'être une théologie œcuménique. Il est impossible de raconter l'histoire de la théologie (et d'exercer fidèlement la fonction de disciple) sans tenir compte de la grande diversité des moyens que Dieu a utilisés pour que les chrétiens, tout au long de l'histoire, répandent l'Évangile dans le monde. Ainsi, même si je m'inscris dans la tradition de l'évangélisme (et si je pense que cette tradition a énormément à offrir à la tradition chrétienne au sens large), je crois aussi à la nécessité d'une interaction entre les chrétiens de tous les siècles et de tous les horizons dont la vie a été façonnée par l'Évangile du salut en Jésus-Christ. Ces discussions peuvent être difficiles et exigeantes. De nouvelles perspectives peuvent exposer nos suppositions et révéler les domaines dans lesquels nous avons mal identifié les éléments contextuels de notre époque et de notre environnement comme essentiels à l'Évangile. En interagissant avec d'autres, nous sommes tenus responsables des erreurs que nous pourrions commettre en raison de nos perspectives limitées, et nous obtenons des connaissances sur Dieu que nous serions incapables de découvrir par nous-mêmes. En discutant les uns avec les autres, nous sommes contraints de réaliser le dur travail consistant à exprimer nos convictions et leurs motivations. Les efforts que nous déployons se muent en un don pour nous, car, grâce à eux, nous recevons la capacité de remplir la tâche que Dieu nous a confiée à notre époque et dans notre environnement. Ce mode de vie nous inscrit dans

Pratiquer la doctrine chrétienne

une longue lignée de chrétiens qui, ensemble, forment la grande « foule de témoins » (Hébreux 12.1) appelés par Dieu à mettre en pratique la doctrine en partageant la Bonne nouvelle du salut.

1
Parler de Dieu

La théologie et la vie chrétienne

Le terme « *théologie* » est susceptible de mettre un terme à une conversation. Lorsqu'on me demande la science que j'enseigne et que je réponds « la théologie », la plupart du temps certaines personnes réagissent par un « Ô ! » suivi d'un silence incommode. Derrière l'exclamation « Ô ! » se cachent en réalité plusieurs opinions chez les chrétiens comme, chez les non-chrétiens. De prime abord, nombre de personnes ignorent à quoi renvoie la théologie. Ce terme évoque l'idée de ce qui est nébuleux, voire présomptueux. D'aucuns (chrétiens ou non-chrétiens) ont de conceptions erronées au sujet de la théologie. Cette situation est sans doute due au fait qu'on leur a présenté la théologie comme une cause de la rétrogradation chez certaines personnes, ou alors, ils l'associent à une forme de justice selon la chair et au pire, à une révolte contre une certaine doctrine. D'autres ont simplement du mal à comprendre qu'on puisse s'intéresser à une pareille science. Elle parait si abstraite au regard des préoccupations actuelles de la vie. Ce qui est compréhensible selon moi ; la représentation qu'ils se font de la théologie n'était pas si loin de mon expérience personnelle en la matière. En réalité, être sujet à l'élitisme, à la sanctimonie ou à un sens d'inutilité rame à contre-courant de l'essence de la théologie. La **théologie**, en tant que la science dont Dieu constitue l'objet (le Dieu qui a tant aimé le monde), devrait intéresser les chrétiens de tous bords. Lorsqu'elle est abordée avec amour, par la grâce de Dieu, elle est susceptible de rendre l'apprenant plus aimable.

À quoi renvoie la théologie ?

Le terme « *théologie* » est une combinaison de deux vocables. Le mot *logos*, qui signifie « parole », « discours » ou « raison », et le mot *theos* qui se réfère à Dieu. Dans l'Évangile selon Jean, Jésus est identifié comme le *logos* qui existe « Au commencement... avec Dieu » et qui « est devenu homme » par la suite (Jean 1.1, 14). Paul encourage les chrétiens : « Que la Parole (*logos*) du Christ réside au milieu de vous dans toute sa richesse » par le biais d'une édification mutuelle (Colossiens 3.16). D'un point de vue étymologique, Paul emploie le même mot en parlant de vouer une adoration rationnelle *(logike)* à Dieu lorsqu'il exhortait les chrétiens à offrir leurs « corps comme des sacrifices vivants » et d'être « transformés par le renouvellement de leur pensée » (Romains 12.1-2). L'adoration digne que nous offrons à Jésus reflète notre degré de connaissance du *logos* (Jésus), et se manifeste à travers nos actes, nos pensées et notre manière de rendre témoignage de Dieu aux autres. À chaque fois que nous (chrétiens) rendons témoignage de l'Évangile, nous mettons en pratique la théologie. Pour les chrétiens de l'Église primitive, prêcher Jésus consistait à propager la « parole [*logos*] de Dieu » (Actes 8.14), et vous devez être prêt à vous « défendre devant quiconque vous demande raison [*logos*] de l'espérance qui est en vous » (1 Pierre 3.15). Tous ces extraits des Saintes Écritures démontrent combien tout propos au sujet de Dieu revêt une importance capitale. Ces paroles constituent le noyau de la foi et de la vie chrétienne.

La théologie prend forme à travers la Parole de Dieu qui nous est révélée. Elle se développe à mesure que nous réagissons avec des paroles : adressées à Dieu et aux êtres humains. Ainsi, la prière, la louange, le témoignage, la prédication et l'enseignement font partie de quelques œuvres théologiques quotidiennes du peuple de Dieu. Nous entreprenons aussi des pratiques académiques de la théologie, en enseignement et en production d'ouvrages au sujet de la théologie dans le cadre d'une éducation ou d'une publication formelles. La théologie, en tant que discipline académique, ne saurait s'émanciper aussi longtemps qu'elle se dissocie de la vie chrétienne. L'Église primitive a souligné cette corrélation à travers l'expression « *lex orandi, lex credendi* », ce qui signifie « nous croyons comme nous prions ». D'après le théologien Geoffrey Wainwright, l'expression mentionnée ci-dessus contient un double sens ; elle fait de la « prière un acte de la croyance », mais elle implique aussi que « l'objet de la croyance prime sur ce qui est ou devrait être la requête de prière. »[8] Le mécanisme de la prière s'applique à l'ensemble de la vie active d'un disciple. Une vie par laquelle un individu ou une église entretient un lien intime avec Dieu. Une relation vivante qui rend compte de l'orthodoxie ou de l'authenticité de la croyance, de même que la croyance atteste d'une vie de foi. De ce fait, le lien entre la théologie académique et la théologie propre à la vie de l'église se manifeste dans les deux sens.

La théologie façonne, non seulement nos paroles, mais aussi notre raisonnement, notre vie en tant que disciples, notre adoration en tant qu'église et notre mission dans le monde. En plus d'exercer un impact sur notre manière de parler de Dieu, la théologie affecte aussi notre façon de penser. Nous sommes appelés à aimer Dieu avec toute notre âme. Ainsi, nous devons avoir de bonnes pensées au sujet de Dieu, ce qui s'avère difficile, car étant des pécheurs, nous sommes « exclus de la présence de Dieu et sommes ses ennemis à cause de nos pensées » (Colossiens 1.21). Si nous voulons avoir un raisonnement correct, nous devons nous tourner vers la grâce de Dieu, laquelle est capable de transformer nos pensées. Cette transformation prend corps en partie pendant que nous apprenons à parler de Dieu comme il se doit. La théologie influence notre mode de vie. Plus nos pensées se rapprochent de la vérité de Dieu, plus notre vie reflète la transformation opérée. Paul en parle lorsqu'il souligne que les chrétiens « font prisonnière toute pensée pour l'amener à obéir au Christ » (2 Corinthiens 10.5). La théologie, en tant que science, n'a pas pour priorité de récolter des informations ou de bâtir un système de connaissance. Elle porte essentiellement sur le discipolat : nous apprenons à aligner nos paroles et nos pensées sur la vérité de Dieu, afin de devenir de meilleurs disciples fidèles à Jésus. En édifiant l'église au sujet de Dieu, la théologie permet à l'église de l'adorer convenablement. Elle permet de même à l'église de mesurer ses propos, afin de prier, de prêcher et d'agir conformément à la vérité de Dieu et de l'Évangile. Enfin, par le biais de la transformation qu'elle opère sur la façon d'adorer, la théologie nous procure aussi une formation pour

> **Passage clé**
>
> Voici donc ce que je dis et ce que je déclare dans le Seigneur, c'est que vous ne devez plus marcher comme les païens, qui marchent selon la vanité de leurs pensées. Ils ont l'intelligence obscurcie, ils sont étrangers à la vie de Dieu, à cause de l'ignorance qui est en eux, à cause de l'endurcissement de leur cœur. Ayant perdu tout sentiment, ils se sont livrés à la dissolution, pour commettre toute espèce d'impureté jointe à la cupidité. Mais vous, ce n'est pas ainsi que vous avez appris Christ, si du moins vous l'avez entendu, et si, conformément à la vérité qui est en Jésus, c'est en lui que vous avez été instruits à vous dépouiller, eu égard à votre vie passée, du vieil homme qui se corrompt par les convoitises trompeuses, à être renouvelés dans l'esprit de votre intelligence, et à revêtir l'homme nouveau, créé selon Dieu dans une justice et une sainteté que produit la vérité. C'est pourquoi, renoncez au mensonge, et que chacun de vous parle selon la vérité à son prochain ; car nous sommes membres les uns des autres. (Éphésiens 4.17-25)

accomplir notre mission dans le monde. En répandant la Bonne nouvelle de Jésus-Christ, il est de bon ton de parler Dieu et du don du salut en conformité à la vérité. La théologie nous enseigne ce que nous devons dire (et comment le dire), des connaissances que nous ignorions auparavant, tout en nous aidant à mieux savoir quand nos propos et nos actes s'éloignent de la vérité de Dieu. Elle nous prépare mentalement à faire face aux défis à venir. Elle nous permet d'appréhender les questions récurrentes au sujet de Dieu. La théologie est l'étude qui permet de tirer des leçons à partir de la Parole de Dieu et qui facilite la transcription fidèle des paroles qui ont un lien avec Dieu.

La doctrine

Si la théologie étudie la transcription fidèle de tout ce qui concerne Dieu, alors dans son ensemble, elle s'intéresse à presque tous les domaines. Toute la création appartient à Dieu et peut de ce fait être l'objet d'étude de la théologie. À cet effet, les chrétiens de l'époque médiévale considéraient la théologie comme « la reine des sciences ». La théologie est la reine, non pas du fait qu'elle surpasse les autres sciences ou parce que les autres sciences sont moins importantes, mais parce que les autres sciences telles que la biologie, la psychologie, l'économie, la chimie, etc. abordent des sujets relatifs à la création de Dieu. La théologie offre une vue panoramique sur les autres sciences ; elle les analyse à la lumière de la Parole de Dieu. Dans un sens un peu plus strict, la théologie porte sur un ensemble organisé de doctrines et d'enseignements chrétiens sur des thématiques importantes de la Bible et de la vie chrétienne. À partir d'une vue d'ensemble, la doctrine chrétienne nous donne un aperçu de la foi chrétienne.

Il existe une liste quasi-standard des doctrines, à travers cet ouvrage, nous allons parcourir quelques doctrines majeures, en accordant un chapitre à chacune. Il s'agit de : la révélation et les Saintes Écritures, Dieu, la création, les êtres humains, Jésus, le salut, le Saint-Esprit, l'Église et l'espérance finale du chrétien. Débuter avec la doctrine des Saintes Écritures est une manière de faire traditionnelle chez les protestants, fondée sur la croyance selon laquelle la Bible occupe une place importante dans la théologie. L'ouvrage est structuré de sorte qu'après le chapitre sur la doctrine de la Bible, les autres doctrines suivent un ordre qui s'arrime à peu près au récit de la Bible ; commençant par la création pour terminer avec le Royaume de Dieu. La liste des doctrines fournie est inexhaustible. De même, l'ordre de traitement pourrait correspondre à une autre réalité. Ces doctrines sont également constituées de

L'avis des théologiens sur le dogme et la doctrine

Les théologiens abordent le concept de doctrine et de dogme de différentes manières.

Selon Karl Barth, « Le dogme est une démarche qui vise à aligner la proclamation de l'Église sur la révélation originelle des Saintes Écritures. Cet alignement concerne le dogme et les mesures dogmatiques. »[a] D'après Barth, les pécheurs ont du mal à cerner cet alignement ; par conséquent, nos tentatives charnelles d'application de la doctrine débouchent sur des suggestions dogmatiques. En d'autres termes, notre théologie n'est pas fondée sur la Parole de Dieu. George Lindbeck met l'accent sur l'effet produit par la doctrine sur la vie chrétienne. À l'image des règles de grammaire qui régissent l'art de parler et d'écrire une langue, les doctrines régissent la vie chrétienne.

George Lindbeck définit la doctrine comme « l'ensemble des règles communes autoritaires qui régissent les paroles, la mentalité et l'action. »[b]

Robert Jenson dissocie la doctrine du dogme. Le distinguo établi « est fortement basé sur la notion de l'irréversibilité. Chaque postulat théologique exprime un choix historique. ‹ Le choix désormais de faire référence à 'x' plutôt qu'à 'y' comme un jargon spécifique de l'Évangile. › À travers un choix dogmatique, une église détermine de façon décisive sa destinée, surtout lorsqu'il s'agit d'un mauvais choix. La communauté qui prend forme à partir de ce choix cesse d'être conforme à l'Évangile. »[c]

Serene Jones décrit les doctrines comme « des lentilles imaginaires à travers lesquelles nous pouvons lire le monde. Elle permet aux uns de mieux interagir avec les autres, de mieux agir en communauté, de distinguer le vrai du faux et d'aborder les différents défis de la vie quotidienne avec discernement. »[d]

Enfin, Dorothy Sayers décrit la réalité du dogme ainsi : « c'est une inutilité absurde de voir des chrétiens parler de l'importance de la moralité chrétienne sans être prêts à prendre position sur les fondamentaux de la théologie chrétienne. Dire que le dogme est sans importance revient à faire preuve de mauvaise foi, car le dogme est d'une grande importance. Il serait fatal de laisser croire que la vie chrétienne se résume à des états d'âme ; il est nécessaire d'insister sur le fait qu'il s'agisse d'abord d'une explication rationnelle de l'univers. »[e]

   a. Karl Barth, *Church Dogmatics*, I/1, trans. G.W. Bromiley (Edinburgh: T&T Clark, 1975), 304.
   b. George Lindbeck, *The Nature of Doctrine: Religion and Theology in a Postliberal Age* (Louisville: Westminster John Knox, 1984), 18.
   c. Robert Jenson, *Systematic Theology* (New York: Oxford University Press, 1997), 1:17.
   d. Serene Jones, *Feminist Theory and Christian Theology* (Minneapolis: Fortress, 2000), 16.
   e. Dorothy Sayers, *Letters to a Diminished Church: Passionate Arguments for the Relevance of Christian Doctrine* (Nashville: W Publishing Group, 2004), 46.

sous-segments. L'actualité des débats entre théologiens porte généralement sur ce qui devrait figurer sur la liste et sur ce qui est prioritaire.

Pratiquer la doctrine chrétienne

Les théologiens accordent par ailleurs une grande importance à la corrélation qui existe entre ces doctrines. Par exemple, si nous apportons des modifications majeures à notre croyance en la christologie de Jésus, ces ajustements auront un impact sur les autres doctrines. Notre foi en Jésus est étroitement liée à ce que nous croyons au sujet du salut, de l'humanité et de l'église. Une formation en théologie nous permet d'identifier la corrélation qui existe entre ces doctrines et de déterminer comment les différentes théologies subissent ce phénomène. La formation en théologie nous permet de déterminer quelle doctrine est considérée comme capitale par certains théologiens.

Les efforts humains visant à organiser les doctrines sont toujours limités par notre nature éphémère et par nos imperfections. C'est fort de ces limites que les chrétiens reconnaissent le spectre d'une autorité investie sur les enseignements chrétiens. Le terme « dogme » est employé dans les enseignements chrétiens dotés d'un niveau élevé d'autorité et de fiabilité. Les dogmes sont des enseignements répandus à travers les communautés chrétiennes par le biais de l'œcuménisme, des enseignements dignes d'intérêt et primordiaux pour la foi. Les doctrines ont un niveau d'autorité moins universel, et particulièrement au sein des communautés chrétiennes elles sont investies d'une autorité. Par exemple, les luthériens accordent une autorité à la doctrine luthérienne ou une assemblée locale confère une autorité à une déclaration doctrinale. Ces doctrines pourraient ne pas être considérées comme dotées d'une autorité dans une autre église alors qu'elles le sont dans une autre communauté.

Les orientations doctrinales sont également formulées au niveau individuel. L'histoire de l'église regorge de chrétiens qui ont produit des ouvrages théologiques de manière individuelle, s'efforçant à leur époque de classifier les doctrines. Ces théologies individuelles ont par la suite été soumises à l'appréciation d'un collège de personnes. Lorsque Martin Luther écrivait au sujet de la justification par la foi, il ne s'agissait pas d'une doctrine dotée d'une autorité luthérienne. La théologie de Luther sera admise comme digne d'une reconnaissance officielle par quelques communautés de chrétiens. Plus tard, son ouvrage individuel a été considéré comme l'une des doctrines de la foi protestante dotée d'autorité. Plusieurs autres œuvres de théologies individuelles continuent de renseigner et d'enrichir la palette des doctrines officielles du peuple de Dieu.

Les ressources de la théologie

Étant donné que nous apprenons à bien parler de Dieu et que nous tentons de formuler une doctrine fidèle, nous allons chercher des ressources pour nous aider dans cette démarche. L'un des moyens d'interroger les sources et l'autorité d'une théologie est proposé par le **Quadrilatère de Wesley**.[9] Ce modèle porte le nom de John Westley, l'un des pionniers du réveil évangélique du dix-huitième siècle. Imaginez un objet à quatre faces où chaque face représente une ressource qui renseigne sur la vie chrétienne : la Bible, la tradition, la raison et l'expérience. Les quatre côtés de ce quadrilatère ne constituent pas quatre sources égales pour la théologie. Il convient de considérer la Bible comme la source de la doctrine chrétienne et de voir la tradition, la raison, et l'expérience comme des outils permettant de comprendre la source principale : la Bible. Le quadrilatère permet à ces mécanismes d'interagir et de communiquer avec les Saintes Écritures, qui, en tant que la Parole de Dieu, demeure l'autorité ultime en théologie. La culture de notre église, notre raisonnement humain et nos expériences sont soumis à l'autorité des Saintes Écritures et nous aident à mieux les comprendre. Le quadrilatère fonctionne comme une rubrique qui nous permet d'avoir une réflexion sur les questions d'ordre théologique. En considérant les quatre côtés du quadrilatère, nous pouvons avoir une meilleure image de la façon atypique dont la théologie s'applique à la vie chrétienne.

Les Saintes Écritures et la théologie

Selon John Wesley, il était clair que le rôle des Saintes Écritures par rapport à la théologie était différent du rôle reconnu aux autres mécanismes. Wesley a déclaré : « Je n'accorde autant d'importance à aucune autre règle, que ce soit de foi ou de pratique, qu'aux Saintes Écritures. »[10] Aucune des sources de la théologie ne peut se détacher des Saintes Écritures. Au seizième siècle, lorsque les protestants de la réformation parlaient de la meilleure approche théologique, ils avaient utilisé l'expression *sola scriptura*, ce qui veut dire « uniquement les Écritures ». Martin Luther déclarait alors : « Les articles de la foi seront établis par rien d'autre en dehors de la Parole de Dieu, même pas par des anges. »[11] Les acteurs de la réformation dénonçaient les abus qui entachaient la croyance et les pratiques qui causaient des ravages dans l'église à leur époque. L'émergence de la *sola scriptura* venait de la reconnaissance selon laquelle toute autre autorité, soit-elle issue de la tradition, de la raison humaine ou de l'expérience, est vulnérable à l'instrumentalisation pour satisfaire les desseins des pécheurs. Les théologiens protestants avaient pris connaissance de la tendance humaine à vouloir se servir de la théologie pour satisfaire les désirs humains. La *sola scriptura* se présente alors comme une mesure qui permet de vérifier et de nous assurer que nous ne baignons pas dans une conception erronée au sujet de Dieu. La Parole de Dieu (les Saintes Écritures) censure toutes les paroles humaines (les paroles de la tradition, de la raison et de l'expérience). La tradition de l'église est vulnérable à la dérive, ce d'autant plus qu'elle ne fait pas toujours l'unanimité. Les chrétiens ont des expériences diverses et ont parfois du mal à s'accorder sur ce qui est logique ou non. Ainsi l'application de la tradition, de la raison et de l'expérience varie d'un individu à un autre et dépend du lieu où l'on se trouve, alors que les chrétiens partout dans le monde ont accès à la même Parole de Dieu fiable qui se trouve dans les Saintes Écritures. Les personnes qui s'accommodent mieux de la doctrine sont toujours disposées à se laisser inspirer et façonner par la Parole de Dieu. Les Saintes Écritures ont une autorité externe qui nous a été donnée par Dieu dans l'optique de nous faire connaître la vérité au sujet de Dieu.

Fort de ce qui précède, il faut se poser deux types de questions. Le premier groupe de questions concerne le risque lié à la pratique de la théologie. Si l'Écriture est la norme de la pensée et de la vie des chrétiens, pourquoi est-ce que les théologiens devraient avoir de la considération pour les autres autorités ? Si la tradition et la raison sont corrompues par un grand nombre d'abus, si l'expérience est très souvent égoïste, les chrétiens devraient-ils s'en détourner ? Compte tenu de ces faits, est-il nécessaire d'avoir une quelconque doctrine ? Pourquoi ne pas simplement lire la Bible ? En réalité, il n'est pas aisé de « simplement » lire la Bible, ce qui nous conduit au deuxième lot de questions, notamment à la pénible tâche de comprendre et de rester fidèle à la Parole de Dieu telle que l'Écriture le prévoit. La Bible a parfois servi à asseoir les abus et il arrive même que les chrétiens ne partagent pas le même avis sur la pertinence des Saintes Écritures. Il nous arrive d'autres fois de mal interpréter l'Écriture et l'histoire de la théologie chrétienne est bourrée des révisions effectuées sur des analyses erronées de la Bible. Les interprétations de la Bible fondées sur les hérésies de l'Église primitive, les bourreaux de l'inquisition ou les esclavagistes évangéliques de la période de la guerre civile sont autant d'exemples ou de causes de ces mauvaises analyses.[12] La théologie vise à apprendre à lire l'Écriture plus fidèlement. Il s'agit aussi de proclamer la vérité de l'Écriture de manière à s'adapter aux nouveaux contextes, aux nouvelles époques et aux nouveaux lieux. Certes, les hommes sont très doués pour utiliser le raisonnement, la tradition et l'expérience pour soutenir leurs péchés, mais bien lire l'Écriture est un exercice très pénible.

En faisant correspondre la raison, la tradition et l'expérience aux

Saintes Écritures, nous sommes mieux à même de comprendre son sens et de nous prémunir contre les tendances naturelles à aller vite en besogne. Face à ces préoccupations, John Wesley démontre comment il s'en est sorti dans la foi. Lui qui avait souhaité être « le lecteur d'un livre unique » exprimait son soupir après la Parole de Dieu inscrite dans la Bible ainsi : « Que l'on me donne ce livre ! Qu'importe le prix, que l'on me donne le livre de Dieu ! »[13]. Plus Wesley se plongeait dans « ce livre unique », plus il comprenait la Bible. Plus il s'appropriait la compréhension qu'il en tirait, il était déterminé à partager la Bonne nouvelle avec les autres. Il considérait la Bible comme l'unique source de la doctrine. Le « lecteur d'un livre unique » avait néanmoins lu un volume important de livres. Il exhortait les dirigeants de son mouvement à lire autant d'ouvrages chrétiens qu'il en existait depuis la naissance de l'église jusqu'à leur époque.

À partir de son vécu, Wesley démontre comment le désir d'être un « lecteur d'un livre unique » n'est pas contradictoire au fait de vouloir apprendre à l'aide des autres outils en vue de pouvoir porter une analyse fidèle des Saintes Écritures. Wesley rappelle comment il aimait s'isoler avec sa Bible, ce qu'il qualifiait de s'asseoir dans la présence de Dieu. Quand il avait du mal à comprendre les Saintes Écritures, il implorait Dieu pour l'illumination. Pour ses lectures bibliques, il se soumettait à une règle bien connue par bon nombre de chrétiens avant lui : « Il faut interpréter la Bible en ayant recours à la Bible. » Pour mieux comprendre le passage qu'il lisait, il sondait les Saintes Écritures en quête de passages connexes. Il avait l'assurance que Dieu allait éclairer son entendement. Ensuite, il avait recours à la raison et aux expériences antérieures des autres chrétiens : « Si le doute persiste, alors j'interroge les personnes qui ont de l'expérience dans les affaires de Dieu, notamment les morts qui continuent de s'exprimer à travers leurs ouvrages. »[14] Il avait recours à la tradition chrétienne, à la voix des autres chrétiens fidèles. Cette méthode démontre comment les Saintes Écritures interagissent avec la tradition, la raison et l'expérience : les chrétiens sont des « lecteurs d'un livre unique » et deviennent de meilleurs lecteurs de la Bible en échangeant avec d'autres chrétiens. Dans le chapitre suivant, nous analyserons minutieusement la doctrine des Saintes Écritures.

La tradition et la théologie

Nombreux sont les chrétiens qui sous-estiment le rôle de garde-fou que la tradition joue à l'égard de la foi et de la vie chrétiennes, ce qui est un peu gênant pour la même raison que la confiance aveugle dans la tradition : le péché humain est très réel. Nous ne devons pas être ignorants des voies par lesquelles le péché nous rend résistants à la vérité de la tradition chrétienne. Le danger lié au fait de sous-coter la tradition constitue une réalité particulière qui sévit au sein de l'évangélisme contemporain en Amérique du Nord, tandis que le théologien Soong-Chan Rah souligne que le consumérisme, l'individualisme et le racisme produisent un effet néfaste sur la mise en pratique de la doctrine.[15] En sous-cotant la tradition, nous courons le risque de considérer le caractère éphémère et pervers des expériences humaines comme la manière universelle de suivre Dieu. Les Saintes Écritures ne sont pas à lire de façon isolée. Nous sommes capables de nous édifier mutuellement avec les frères en Christ avec qui nous marchons dans la foi. Il est courant de trouver des chrétiens qui s'entretiennent avec d'autres au sujet des affaires de Dieu. La théologie, en tant que science, s'apparente à une très longue conversation (dont la portée s'étend sur des siècles et à travers les continents) dont l'objet consiste à bien analyser les Saintes Écritures. Les pratiquants aguerris de la doctrine prennent leur temps pour s'imprégner de ladite conversation en étudiant la tradition chrétienne.

La tradition représente un mécanisme essentiel pour les théologiens en quête d'une meilleure compréhension de la Bible. Cependant, à l'instar du terme « doctrine », le vocable « tradition » revêt une connotation négative. D'aucuns parlent souvent des « traditions mortes », tandis que d'autres la perçoivent comme un aspect à surpasser ou à rejeter. Personne n'aimerait s'accrocher à des pratiques caduques et dépassées. Les théologiens perçoivent la tradition d'un autre œil. Très loin d'être morte, elle est pleine de vie, et pas des moindres, car le chrétien est conscient que la mort ne signifie pas la fin. La tradition ne tire pas sa force de la répétition des vielles phrases ou idées, comme s'il fallait à tout prix et toujours agir comme par le passé. Bien au contraire, l'autorité de la tradition repose sur sa constance, comme étant « vivant et efficace » (Hébreux 4.12) : la Parole de Dieu. La tradition chrétienne nous donne accès aux meilleurs efforts déployés par d'autres chrétiens pour garder un esprit fidèle aux principes des Saintes Écritures et de la vie. En prêtant attention aux récits des autres chrétiens, qu'ils soient contemporains ou non, de près ou de loin, nous reconnaissons que notre sagesse est limitée, ce qui nous fait admettre et nous réjouir de l'œuvre de Dieu dans la vie des autres. En observant les chrétiens d'antan, nous recevons le guide et la clairvoyance pour agir face aux situations actuelles. La théologienne Kathryn Tanner a souligné que s'imprégner des « traditions chrétiennes représente une manière d'enrichir son imaginaire de possibilités pour bâtir un édifice théologique en un tour de main. En consacrant un peu d'efforts individuels dans ce flux abondant, on parvient à mieux cerner la somme historique des efforts fournis ces deux mille dernières années dans le monde au point de pouvoir déterminer à quoi renvoie la vie chrétienne. »[16] Nous exposer à la tradition forge notre sens de l'humilité. La tradition nous permet de reconnaitre nos limites et d'apprendre des personnes qui partagent notre foi.

La tradition chrétienne la plus officielle et la plus répandue provient des premiers résumés de la doctrine chrétienne, connue sous le nom de « **la règle de foi** ». Elle s'est développée grâce à des crédos œcuméniques. Le symbole des apôtres et le symbole de Nicée-Constantinople (souvent référancé simplement come le symboe de Nicée) sont de courtes déclarations de la foi chrétienne qui bénéficient d'une grande considération comme étant de fidèles résumés de certains enseignements bibliques clés. Le théologien Vincent de Lérins (mort vers 445) a suggéré la règle selon laquelle les chrétiens devraient toujours croire en ce qui a été reconnu comme une vérité partout et par tous. Il sous-tend que, la vérité chrétienne est atemporelle et transfrontalière. Ces crédos faisaient bon ménage avec la règle de Vincent ; aucun autre résumé ne s'est autant rapproché d'une approbation générale et unanime par tous les chrétiens. Ces crédos nous procurent des standards d'orthodoxie ou de croyance chrétienne appropriée. **La doctrine orthodoxe** est en contraste avec **l'hérésie** encore appelée la fausse doctrine : des croyances rejetées par l'église, car taxées d'être contraires à la Bible. Bien que le terme « hérésie » puisse faire peur, il s'agit d'un vocable qui décrit une doctrine établie comme fausse grâce à l'examen spirituel du peuple de Dieu. Le fait d'être dans l'erreur ne veut

> **Credo : symbole des Apôtres**
>
> Je crois en Dieu, le Père tout-puissant,
> Créateur du ciel et de la terre ;
>
> Et en Jésus-Christ,
> son Fils unique, notre Seigneur ;
> qui a été conçu du Saint-Esprit,
> est né de la vierge Marie,
> a souffert sous Ponce Pilate,
> a été crucifié, est mort, et a été enseveli,
> est descendu aux enfers ;
> le troisième jour est ressuscité des morts,
> est monté au ciel,
> est assis à la droite de Dieu
> le Père tout-puissant,
> d'où il viendra juger les vivants et les morts.
>
> Je crois en l'Esprit Saint,
> à la sainte Église universelle,
> à la communion des saints,
> à la rémission des péchés,
> à la résurrection de la chair,
> à la vie éternelle.
> Amen.

pas dire qu'on est damné. La bonne doctrine ne sauve pas en elle-même. C'est Jésus qui sauve, ce qui ne veut non plus dire que l'hérésie ne doit pas être traité avec du sérieux. Parce que la doctrine est importante, la fausse doctrine ne l'est pas moins. Si la bonne doctrine (le véritable, l'authentique enseignement qui exprime fidèlement la Parole de Dieu) fait bon mariage avec des actes de fidélité, si par la bonne doctrine la grâce de Dieu fait de nous des disciples, de même, la fausse doctrine influencer notre conduite et notre formation. Tout le monde peut citer des versets de la Bible. En plus, les hérétiques les plus dangereux sont généralement habiles dans la manipulation des versets bibliques pour soutenir leurs points de vue. C'est en nous renvoyant aux Saintes Écritures que le crédo devient utile pour discerner la vérité. Il nous empêche d'axer notre perception de la doctrine sur les sentiments, sur les réactions émotionnelles ou sur des réactions personnelles.

La raison et la théologie

Contrairement à la caricature qui voudrait dissocier la foi de la raison, la ligque s'avère être cruciale pour la mise en œuvre de la doctrine. Le recours constant à la raison se rapproche à l'essence même de la théologie en tant que science. Dieu est raisonnable et étant donné qu'il a organisé l'ensemble du cosmos conformément à son plan rationnel (Jean 1.3), la raison devient intrinsèque à la foi.[17] En tant que des créatures à l'image de Dieu, nous avons été programmés pour agir rationnellement en tout, surtout dans notre façon de penser et de nous exprimer sur ce qui concerne Dieu.

Nous aiguisons notre raison à travers l'analyse des faits et des idéaux, la construction d'arguments, le développement des raisonnements et le discernement de ce qui est vrai ou faux. Autant d'activités qui nous sont utiles en théologie, pour discerner la complémentarité et l'harmonie des Saintes Écritures et ses exigences à notre égard. Cette finalité se produit généralement sous forme de déduction issue des enseignements de la Bible. La raison nous permet de mieux cerner les affaires de Dieu, afin d'y vouer une meilleure fidélité en paroles et en actes. Avoir recours à la raison fait partie de ce que notre enseignement appelle faire preuve d'intégrité (Tite 2.7). Étant appelés à aimer Dieu de toute notre âme, nous devons nous disposer à accomplir la discipline de méditer sur les paroles de la foi, afin de comprendre à quoi elles renvoient et comment elles se complètent. Avoir recours à la raison est un acte de discipolat qui nous permet de répandre la Bonne nouvelle de façon plus efficace et d'aimer Dieu encore plus grâce à une illumination améliorée que nous

La connexité entre la philosophie et la théologie effectuée par les théologiens du monde

Le fait d'établir le lien entre la théologie et la philosophie est une tâche qui s'opère sur les plans global et local. Tout ouvrage théologique correspond à une réalité contextuelle. La citation suivante illustre la façon dont deux théologiens contemporains perçoivent le lien qui existe entre la contextualisation et la mise en pratique de la doctrine. Tout d'abord, le théologien kenyan, James Kombo, se penche sur la doctrine de la Trinité dans la pensée africaine et œcuménique.

> Nous (adeptes de la théologie africaine) devons chercher à comprendre de quoi parle la Bible quand elle souligne l'existence d'un Dieu et reconnait par la suite la divinité du Fils et du Saint-Esprit. Il convient de déterminer quelle était la compréhension des pères de l'Église quand ils formulaient les crédos qu'ils nous ont légués. Nos recherches en quête d'une réinterprétation qui sied au contexte africain ne peuvent pas ignorer leurs efforts. Si nous voulons nous embarquer dans des discours théologiques soutenus, face à une plus grande fratrie théologique, nous ne devons pas nous permettre de mépriser les contributions apportées au débat sur la Trinité par des théologiens individuels… Souscrire aux postulats de ces théologiens serait semblable à valider l'histoire chrétienne universelle. Souscrire à l'histoire chrétienne universelle ne signifie pas se verser dans une formation eurocentrique. L'église africaine fait partie de l'Église universelle, elle n'a pas son histoire à part. Le théologien africain doit suivre, s'identifier à la même histoire universelle et éclairer la lanterne de l'audience africaine. [a]

Kombo structure ainsi la doctrine de la Trinité dans des formes philosophiques, sans ignorer son contexte œcuménique. D'autre part, le théologien chinois K. K. Yeo aborde la relation qui existe entre la doctrine chrétienne et la philosophie confucéenne.

> Je crois que Christ complète ou amplifie ce qui est quasiment implicite ou absent (la théologie, la transcendance, l'esprit) chez Confucius ; sans Christ l'éthique confucéenne (même au début de l'histoire chinoise) se dégénère très rapidement en une sorte de rituel comportemental. Cependant, l'éthique confucéenne amplifie plusieurs éléments des théologies chrétiennes (à l'exemple de la communauté, des vertus) qui sont simplifiés dans la chrétienté occidentale. Le Christ de Dieu (dans la Bible) peut faciliter l'accomplissement des fondamentaux et de la culture chinoise (à l'instar de l'éthique confucéenne) tout en protégeant l'église universelle des aberrations de l'histoire de la Chine, pareillement et en protégeant la Chine contre les aberrations de l'histoire chrétienne et de l'interprétation de l'occident. La TCC (théologie chrétienne chinoise) a un message à transmettre à l'église uni verselle qui mérite d'être écouté. La TCC découvrira sa mission dans le monde, lorsqu'elle sera autorisée à rechercher sa propre interprétation de la Bible. [b]

Pratiquer la doctrine chrétienne

> Tout comme Kombo, Yeo trouve qu'il existe une corrélation d'échange mutuelle entre le cadre contextuel et la théologie œcuménique. La philosophie chrétienne et celle œcuménique contiennent des aberrations, mais aussi des richesses.
>
> a. James Henry Kombo, *The Doctrine of God in African Christian Thought* (Leiden: Brill, 2007), 271-272.
> b. Khiok-Khng Yeo, "Christian Chinese Theology: Theological Ethics of Becoming Human and Holy," dans *Global Theology in Evangelical Perspective: Exploring the Contextual Nature of Theology and Mission*, ed. Jeffrey Greenman, Gene Green (Downers Grove, IL: IVP Academic, 2011), 97-113.

avons au sujet de la « profondeur de la richesse, de la sagesse et de la science de Dieu ! » (Romains 11.33)

La mise en pratique de la doctrine exige une intendance des dons intellectuels que Dieu nous a donnés. Cette mise en pratique met également les chrétiens en contact avec d'autres disciplines sœurs de la théologie, les arts, les sciences et l'humanité, en vue de la quête de la vérité au sujet de Dieu. Les chrétiens sont toujours en communication avec les richesses intellectuelles du quotidien. Auguste de l'antiquité avait trouvé de l'aide dans la philosophie platonicienne, tandis que Thomas d'Aquin de l'époque médiévale rapprochait les richesses de la doctrine chrétienne à la quintessence de la pensée aristotélienne. Tous deux avaient abordé ces traditions philosophiques sous une perspective chrétienne. Au regard de leur intimité avec les Saintes Écritures, tous deux avaient compris que la philosophie ne serait plus pareille une fois en contact avec Jésus-Christ, de même qu'ils avaient pu identifier certains points où la philosophie pouvait être corrigée par la doctrine, mais ce n'était pas suffisant pour les empêcher d'apprendre des philosophes. Pour mettre en pratique la doctrine de nos jours, on peut s'inspirer d'Auguste et d'Aquin. Les chrétiens ne devraient avoir peur de l'apprentissage et de la connaissance et garder à l'esprit que l'apprentissage humain doit être soumis à l'épreuve de la Parole, même s'il en demeure que la richesse du savoir humain ne doit en aucun cas être méprisée. À l'école de la mise en pratique de la doctrine et de l'aptitude à rester fidèles aux contextes intellectuels qui nous est propre, nous nous devons d'apprendre des scientifiques, des artistes et des philosophes.

Nous devons savoir que le péché est aussi présent dans notre raison qu'il l'est dans les autres aspects de notre vie. Par ailleurs, la raison ne peut être fiable si elle est dépourvue de la grâce de Dieu. Nous ne pouvons prétendre connaitre ce qui est ou pas raisonnable en dehors de la révélation de Dieu. Il n'existe aucun *logos* (raison) en dehors du véritable *Logos* : Jésus-Christ. En dehors de ce que Dieu nous a révélé, nous n'avons aucune preuve fiable par laquelle nous pouvons établir ce qui est vrai au sujet de Dieu. Les chrétiens sont ouverts à la raison sans toutefois se laisser assujettir par l'empirisme. À titre illustratif, nous n'avons pas à supposer que les choses non quantifiables n'existent pas. La foi chrétienne ne se limite pas à ce qui est compréhensible. Dieu surpassera toujours les limites de notre capacité à le décrire ; la nature de Dieu va au-delà de notre imagination. La raison est un outil important en théologie, cependant nous ne devons pas oublier que nous « connaissons en partie » (1 Corinthiens 13.12). Généralement, le péché nous pousse à déformer la vérité, et le seul remède d'une raison corrompue s'appelle Jésus-Christ. Dans le cadre de l'incarnation, le Fils de Dieu a revêtu une pensée et un corps humains, afin de nous montrer à quoi une vie orientée par une raison saine ressemble. En joignant sa vie à la nôtre, Jésus nous aide à raisonner à juste titre au sujet de Dieu. C'est pourquoi Paul affirme : « Ayez en vous les sentiments qui étaient en Jésus-Christ » (Philippiens 2.5).

L'expérience et la théologie

L'idée de compter l'expérience parmi les outils de la théologie fait l'objet d'une vive polémique. Un volet de la théologie contemporaine fait preuve de peu de patience quand il s'agit de l'expérience et la considère comme une manœuvre désespérée, subjective, individualiste et pécheresse. L'autre école postule que l'expérience cherche toujours et parvient des fois à avoir de l'influence sur notre mise en pratique de la doctrine. Elle préfère rendre son intention manifeste au lieu de prétendre à une certaine objectivité. Considérer l'expérience comme un outil de la doctrine comporte certains dangers. Cependant, nous ne pouvons pas faire fi de l'importance de l'expérience.

La plupart des préoccupations des théologiens en rapport avec l'expérience sont survenues au siècle des Lumières. L'une des particularités des temps modernes est la tendance à remettre en question certaines autorités comme la tradition et les Saintes Écritures. Au lieu de se fier à ces sources d'autorité externe, les philosophes du siècle des Lumières ont jugé judicieux de considérer la raison comme la source principale d'autorité applicable à tous les domaines de la vie. Friedrich Schleiermacher (1768-1834), un pasteur berlinois, avait reconnu qu'une telle posture déstabiliserait la foi chrétienne, avant de suggérer que la foi devrait être perçue comme notre « expérience » la plus fondamentale avec Dieu, un concept qu'il définissait comme une « émotion ».[18] Schleiermacher s'exerçait à définir la foi chrétienne sans avoir recours aux autorités traditionnelles ou sans vouloir se limiter à ce qui peut être explicable et son argument était valable. La raison en est qu'on peut rejeter les sources d'autorité ou remettre en question les conclusions rationnelles, mais il est difficile de dédaigner ce que l'on pourrait ressentir pour Dieu. Tout de même, le problème réside dans le fait que la foi basée sur l'expérience devient subjective, individualiste et, en fin de compte, privée et détachée de la réalité. Le philosophe allemand Ludwig Feuerbach (1804-1872) affirme que tout ce que nous connaissons au sujet de Dieu n'est rien d'autre que le reflet de notre être intérieur. « Connaître Dieu revient à se connaître soi-même. », a-t-il poursuivi. « À travers son Dieu, on connaît l'homme et à travers l'homme, on connaît son Dieu : la paire est identique. »[19] Autrement dit, s'il est possible de connaître Dieu à travers l'expérience, alors, l'homme, en lieu et place de Dieu, devient l'objet d'étude de la théologie. Par conséquent, c'est Dieu qui est à l'image de l'homme, au lieu du contraire, et Dieu devient une simple idole.

Le recours de Schleiermacher à l'expérience a produit une influence considérable, et aucune théologie n'est immunisée contre la tentation de se servir de l'expérience à mauvais escient. L'une des tâches de la théologie consiste à exposer et à rejeter les sollicitations douteuses à l'égard de l'expérience. En même temps, il est impératif de reconnaître l'importance de l'expérience. Notre personnalité et nos origines exercent une influence sur nos théologies, et Dieu se soucie de nos expériences. De plus, Dieu peut se servir de l'expérience de manières puissantes, tant dans la vie individuelle et communautaire, et dans les églises. Le théologien piétiste, Philip Jacob Spener (1635-1705), prêtait attention à

> ### Dieu n'est pas... Dieu est...
>
> Selon Tertullien, « L'infini n'est connu que de lui-même. Ce paramètre donne une certaine idée de Dieu, alors que, au-delà de toutes nos conceptions, notre incapacité même à le saisir pleinement nous révèle ce qu'il est réellement. Il est présenté à notre esprit dans sa grandeur transcendante, comme étant connu et inconnu. »[a]
>
> La tradition de la théologie apophatique s'efforce de mettre en exergue la nature mystérieuse et majestueuse de Dieu. Elle veille à rappeler que Dieu ne peut pas être épinglé par nos doctrines. Dieu restera toujours indescriptible. La théologie apophatique s'appuie sur la méthode par la négation. Au lieu d'essayer de décrire Dieu, la théologie apophatique décrit ce qu'il n'est pas.
>
> L'approche cataphatique de la théologie émet des déclarations positives au sujet de Dieu et la théologie cataphatique tire son assurance du fait que Dieu lui-même s'est révélé à nous.
>
> a. Tertullien, *Apologetique* 17, dans les récits de *Quintus Sept. Flor. Tertullianus*, ed. Alexander Roberts & James Donaldson, trans. S. Thelwall (Edinburgh: T&T Clark, 1869), 1:86.

l'œuvre transformatrice du Saint-Esprit dans la vie des chrétiens pour en faire un reflet de la grâce de Dieu. « Écouter la Parole de Dieu avec son oreille charnelle est loin d'être suffisant. Tout de même, nous devons faciliter la pénétration de la Parole dans nos cœurs, afin d'écouter la voix du Saint-Esprit s'adresser à nous par de vibrantes émotions et un sentiment d'apaisement scellé par l'Esprit et la Parole. »[20], a-t-il souligné. En somme, la vie des chrétiens doit être le reflet de leurs convictions. Il serait impossible d'y parvenir sans le don de la grâce qui vient de la « marche selon l'Esprit » (Galates 5.25).

L'accent sur l'œuvre du Saint-Esprit a exercé une grande influence sur le mouvement évangélique, à l'instar de John Wesley dont la vie a connu une transformation à partir de l'expérience. Wesley a déclaré : « J'ai ressenti une chaleur étrange envahir mon cœur, j'ai senti que ma foi était placée en Christ, lui, mon unique Sauveur ; puis, j'ai reçu l'assurance qu'il avait ôté mes péchés, je précise bien les miens et qu'il avait sauvé mon âme de la loi du péché et de la mort. »[21] Wesley parlera plus tard de la puissance déployée par Dieu lorsque la foi est animée par une expérience personnelle en déclarant : « Que chaque vrai chrétien dise, à présent, j'ai l'assurance qu'il en est ainsi, car je l'ai vécu dans ma propre chair. Ce qui a été promis par la foi chrétienne (considérée comme une doctrine) a été accompli dans mon âme. »[22] Selon le contexte théologique de Wesley, il était courant de décrire les outils de la théologie comme des « trépieds », constitués des Saintes Écritures, de la tradition et de la raison. L'ajout d'un quatrième outil aux trois autres, « l'expérience » fait ressortir le génie, mais aussi les limites de Wesley. L'expérience est puissante, mais périlleuse. Elle est susceptible de transformer les vies, mais également de susciter les idoles. Wesley a établi des garde-fous autour de l'expérience autoritaire en la définissant comme un certain type d'expérience : pas n'importe quel sentiment, mais celui d'une expérience de conversion, d'assurance et de transformation opérée par l'Esprit dans nos vies.

Nombreux d'entre nous connaissent la puissance de l'expérience par l'Esprit telle que décrite par Spener et Wesley, mais nous reconnaissons de même qu'il se développe un fardeau lorsque les chrétiens essayent désespérément de reproduire de façon charnelle une pareille expérience sincère. Vous remarquerez que Wesley met l'accent sur l'œuvre de Dieu et non sur ses efforts charnels. Son cœur n'a pas été « réchauffé » par ses efforts, mais de façon « étrange » par Dieu. Paul a souligné le même fait, à travers sa critique adressée aux frères de la Galatie contre le fait de s'accrocher à la Loi au détriment de la foi qu'ils avaient reçue de

Pratiquer la doctrine chrétienne

Les théologies contemporaines de l'expérience

En 1971, le théologien péruvien Gustavo Gutiérrez devenait le « père de la théologie de la libération » grâce à son ouvrage sur l'expérience des pauvres. D'emblée, à partir des propos introductifs de son ouvrage, nous pouvons souligner la place accordée à l'expérience dans la théologie qui n'avait pas encore fait l'objet d'une pareille reconnaissance auparavant :

> Cet ouvrage est un essai de réflexion, à partir de l'Évangile et de l'expérience d'hommes et de femmes engagés dans le processus de libération dans ce sous-continent de l'oppression et du pillage de l'Amérique latine. Il s'agit d'une réflexion théologique née de l'expérience des efforts consentis pour abolir une injustice récurrente et de bâtir une société différente, plus libre et plus humaine. Mon objectif ne vise pas à élaborer une idéologie pour justifier des positions déjà prises, mais au contraire, il s'agit d'être jugé par la Parole de Dieu, d'engager les valeurs de foi, de charité et d'espérance. Il est question de reconsidérer les thèmes majeurs de la vie chrétienne au sein de cette nouvelle perspective radicale et au regard des nouvelles questions soulevées par cet engagement.[a]

D'autres théologiens se sont joints à lui en prenant parti pour les peuples opprimés dans leurs ouvrages. À titre d'exemple, la théologie noire, d'une part, s'inspire de l'expérience des peuples noirs comme une grille importante de réflexion théologique. D'autre part, la théologie féministe s'inspire des expériences vécues par les femmes. Il serait inapproprié d'effectuer une évaluation générale des expériences de ces théologies, car elles sont diverses de nature. Il est possible de trouver des exemples de théologies qui ont servi à s'opposer à la Bible, mais il est également possible de trouver des théologies de l'expérience qui sont authentiquement orthodoxes et conformes à la Parole de Dieu. Considérer une théologie comme une théologie de l'expérience à la base comporte une part de vérité. En effet, les théologiens ne peuvent pas entièrement se dépouiller de toutes leurs expériences lorsqu'ils vont travailler.

a. Gustavo Gutiérrez, *A Theology of Liberation*, 15th anniversary ed. (Maryknoll, NY: Orbis Books, 1988), xiii.

Dieu. Il leur a alors posé une question pertinente : « Avez-vous tant souffert en vain ? » (Galates 3.4). « L'expérience » mentionnée ici par Paul ne renvoie pas à un sentiment exprimé par les frères de la Galatie, mais au don de la grâce qu'ils ont reçu à travers l'œuvre du Saint-Esprit. Une pareille expérience constitue un atout important pour la théologie. À travers l'expérience de la grâce, Dieu façonne notre compréhension des Saintes Écritures. Dieu se sert de notre expérience pour nous permettre de voir, de connaitre et de témoigner de la véracité du passage qui déclare : « ce qui est ancien a disparu » et « ce qui est nouveau est déjà là » (2 Corinthiens 5.17). Ce que nous avons tendance à considérer comme expérience, la Bible en fait mention en évoquant le « cœur », un concept qui traite de l'épicentre de l'être intérieur, notamment de nos émotions et de nos désirs. Dieu accorde une importance capitale au cœur. Il suffit de convoquer la prière du psalmiste qui demandait que Dieu accepte « favorablement » les paroles de sa bouche et ses pensées de son cœur (Psaume 19.14) ; le « cœur sincère » de David (1 Rois 9.4), et le commandement de Dieu d'aimer Dieu de tout notre « cœur » (Luc 10.27).

La mise en œuvre de la théologie

En Éphésiens 4 nous voyons quelques moyens par lesquels la théologie nous aide à grandir dans la foi, allant de « la connaissance du Fils de Dieu » jusqu'à parvenir « à l'état d'adultes, à un stade où se manifeste toute la plénitude qui nous vient du Christ. » (Éphésiens 4.13). Les « enfants » sont « ballottés comme des barques par les vagues et emportés çà et là par le vent de toutes sortes d'enseignements, à la merci d'hommes habiles à entraîner les autres dans l'erreur. » (v. 14) En croissant en Christ, nous essayons de donner un sens à notre foi, afin de demeurer fidèles. Comme « nous professons la vérité dans la charité, nous croissons à tous égards en celui qui est le chef, Christ. » (v. 15). Paul compare la manière de vivre des païens « qui suivent leurs pensées vides de sens » (v. 17), « ils ont, en effet, l'intelligence obscurcie et sont étrangers à la vie que Dieu donne, à cause de l'ignorance qui est en eux et qui provient de l'endurcissement de leur cœur. » (v. 18) avec le mode de vie des personnes qui ont « appris ce que signifie pour eux le Christ » (v. 20), qui ont appris que « cela consiste à se débarrasser de leur ancienne manière de vivre, celle de l'homme qu'ils étaient autrefois, et que les désirs trompeurs mènent à la ruine, à être renouvelés par le changement de ce qui oriente leur pensée, et à se revêtir de l'homme nouveau, créé conformément à la pensée de Dieu, pour mener la vie juste et sainte que produit la vérité. » (vv. 22-24). Ici, le lien entre la mauvaise doctrine (vaniteuse, futile, aliénante et ignorante) et des vies brisées est à l'opposé du lien qui existe entre la saine doctrine (apprise de Christ) et des vies transformées. La théologie nous rend aptes à vivre dans la fidélité à Dieu. En effet, nous avons « appris ce que signifie le Christ pour nous » et à nous conformer à la vérité qui est « en Jésus » (vv. 20-21) nos vies sont à jamais transformées.

Anselme de Canterbury (1033–1109) décrit l'objet de la théologie comme la « foi qui cherche l'intelligence » (*fides quaerens intellectum*). Par ces termes, il exprimait son désir de reconnaitre les implications palpables, profondes et logiques de la foi. « Car je ne cherche pas à comprendre, afin de croire, mais je crois, afin de mieux comprendre. »[23], a-t-il

> ### Les questions dérivées de l'étude de la théologie
>
> 1. Quels enseignements chrétiens fondamentaux sont mis en exergue ? Quel est le thème principal (ou la position centrale) abordé par l'auteur ?
> 2. Que considère l'auteur comme étant investi d'autorité (les Saintes Écritures, la tradition, la raison, l'expérience...) ? L'auteur adopte-t-il une méthode implicite ou explicite ?
> 3. Quelle est la place que l'auteur accorde au témoin des Saintes Écritures ?
>   - Implicite ? Explicite ?
>   - Prend-il en considération les témoins de l'Ancien Testament ? Du Nouveau Testament ?
>   - Quels thèmes bibliques sont traités en priorité ?
>   - Quels sont les principes d'interprétations sollicités ?
> 4. En quoi est-ce que ces conclusions sont reliées aux autres doctrines ?
> 5. Comment est-ce que le contexte (notamment le genre, la race, le statut, la culture et l'époque) influence la position théologique ? Le théologien en prend-il connaissance ? Le cas échéant, quelle influence exerce votre contexte sur votre jugement ?
> 6. Exercez-vous à la lecture. Quelle est la meilleure interprétation possible de la façon dont l'explication reflète une tentative de fidélité envers Jésus-Christ ?
> 7. En quoi sont ces conclusions théologiques liées à une vie de foi ? Votre expérience permet-elle de soulever d'autres questions ?
> 8. Dans la mesure où ces propositions théologiques sont prises au sérieux, comment consolideront-elles la pratique de la foi chrétienne ? Affecteront-elles notre participation aux sciences spirituelles ? Notre compréhension d'une vie de fidélité au quotidien ? Notre implication à l'évangélisation ? Notre vie en tant qu'église ?

déclaré. On dénote le post-modernisme dans la description médiévale d'Anselme qui fait preuve d'une franchise impénitente en prenant la foi pour point de départ du théologien. La théologie prend forme en Dieu, (il est insondable, transcendant et indescriptible) et à travers la grâce et la bonté de Dieu, la théologie poursuit sa quête pour comprendre les questions de foi, ces phénomènes qui demeurent indescriptibles, mais pourtant évidents et pratiques dans les vies transformées par l'Évangile. La quête de compréhension nous transforme en de fidèles disciples de Jésus.

2
Connaitre Dieu

La doctrine de la révélation et la doctrine des Saintes Écritures

il est courant qu'une une émission de télé-« réalité » se termine par une révélation spectaculaire. Dans une telle émission, une femme ou le salon d'une maison subit une métamorphose esthétique. De nouveaux vêtements, de nouveaux rideaux et si le budget est important, la femme subit une chirurgie plastique ou le salon subit une rénovation complète. L'équipe de production ne dévoile rien à la personne concernée ou au propriétaire de la maison jusqu'à la fin des travaux. Puis vient le clou du spectacle, la réaction de la personne en question face aux résultats de la transformation. Nous connaissons les réactions classiques lors du dénouement de l'émission. Ce sont des larmes de joie, des cris de bonheur et une surprise immense. La télé-réalité exploite la conviction humaine que ce type de transformation change des vies, que le vilain petit canard va s'envoler vers d'autres horizons, maintenant qu'il est devenu un cygne, que le manque d'estime de soi qui l'a conduit à prendre de mauvaises décisions va disparaitre, ou que la belle femme présentée à la fin de l'émission est une nouvelle personne. Le malheur de cette version déformée de la réalité réside dans le fait que, trop souvent, la mise en scène ne change pas le fond du problème. La transformation qui se produit au cours de cette émission de télé-réalité constitue juste un maquillage de la réalité. L'emission repose sur l'argent, l'effet de surprise et la manipulation. Les changements d'une telle démarche sont externes et temporaires. Elle prétend changer les vies, mais elle n'aborde pas les problèmes qui surviennent lorsque la caméra s'arrête de tourner.

La révélation divine apporte une transformation réelle. Une véritable transformation s'opère lorsque Dieu nous révèle les vérités divines. Lorsque l'homme découvre la nature de Dieu, il est transformé (corps, âme et esprit). La vérité la plus fondamentale de notre être, le cœur, comme le nomme parfois la Bible, est alors transformé. La transformation opérée par la révélation divine est éternelle.

Ce chapitre porte sur la doctrine de la révélation divine et la doctrine des Saintes Écritures, reconnues par les chrétiens comme les éléments clés du don de Dieu en matière de révélation. La doctrine de la révélation examine la raison pour laquelle Dieu se révèle à l'humanité. La doctrine des Saintes Écritures examine les convictions des chrétiens sur la Bible en tant que révélation divine. Sachant que la théologie est une étude des attributs de Dieu, nous pourrons mieux mettre en pratique la doctrine si nous sommes en mesure de comprendre la révélation divine, notamment les Saintes Écritures, dans lesquelles Dieu se révèle à nous.

Dans la théologie chrétienne, la « révélation » est un concept très vaste. Lorsque nous utilisons ce mot, nous sous-entendons que la nature de Dieu est ou était cachée. Nous sous-entendons aussi que Dieu a choisi de ne pas nous laisser dans l'ignorance. Dieu se manifeste pour se révéler à l'humanité. Il expose les choses qui étaient cachées, nous permettant de le connaitre et nous invitant à établir une relation avec lui. C'est une caractéristique de la bonté de Dieu : il est un Dieu de révélation, un Dieu qui désire nous donner la connaissance. Toutefois, notre accès à la révélation n'est pas toujours évident. L'homme est une créature limitée, et la révélation de Dieu est proportionnelle à ses limites. Le réformateur protestant Jean Calvin en parle en se servant de l'exemple d'un logement. Dieu aménage pour nous un logement donc la taille correspond au niveau de connaissance que nous pouvons acquérir. Calvin établit une comparaison avec l'attention que l'on porte à un nourrisson. Calvin pense que la révélation de Dieu est semblable à bien des égards à notre manière de parler aux petits enfants, c'est-à-dire que « Dieu a tendance à 'zézayer' lorsqu'il nous parle », et que « cette façon de parler ne représente pas la nature de Dieu, mais un moyen d'adapter la grandeur de Dieu à notre capacité limitée. » [24] La révélation de Dieu s'adapte au type de créatures que nous sommes. Les êtres humains sont des créatures qui apprennent par leurs sens, et par le biais d'éléments matériels, nous sommes des créatures qui appartiennent à l'histoire, au temps et à l'espace. Ainsi, Dieu se révèle dans l'histoire et à travers des éléments matériels. La révélation est donc fonction du type de créatures que nous sommes, cependant il existe une barrière bien plus grande à notre capacité de connaitre Dieu : le péché. Même si Dieu accorde la révélation aux êtres humains, leur nature pécheresse constitue un frein à la connaissance de Dieu. L'être humain est profondément égocentrique, même s'il doit se tromper lui-même. Ceux qui désirent connaitre Dieu sont des personnes biaisées et en proie au péché.

Aucune théologie chrétienne ne peut occulter ces difficultés, mais nous ne pouvons pas non plus cesser de chercher Dieu. L'œuvre de Dieu nous interdit de désespérer. La connaissance profonde de la nature de Dieu est à notre portée, non parce que nous sommes des experts en la matière, mais parce que Dieu est bon, et désire que nous le connaissions. Nos limites ne constituent pas un problème pour le Dieu créateur. Elles font partie des bonnes intentions de Dieu à notre égard, par ailleurs nous avons un Dieu qui peut communiquer et communique efficacement avec des êtres limités. Ainsi, la connaissance que nous possédons de Dieu doit être en adéquation avec les limites de nos capacités en tant qu'être humain, la situation dégénère uniquement si nous rejetons la nature humaine que Dieu nous a donnée, afin de rechercher une connaissance qui ne corresponde pas à notre identité. Certes, notre nature pécheresse constitue un problème, mais il s'agit d'un défi que Dieu relève. Dieu tend la main aux pécheurs égarés; il restaure notre capacité à le connaitre. Dieu sauve les pécheurs ignorants, nous démontrant sa gloire, « la gloire du Fils unique envoyé par son Père : plénitude de grâce et de vérité ! » (Jean 1.14). La gloire nous invite à demander, à chercher et à frapper, et elle nous promet que « celui qui demande reçoit ; celui qui cherche trouve, et l'on ouvre à celui qui frappe. » (Matthieu 7.8).

La doctrine de la révélation

Dieu est plein de bonté et il se révèle à nous. Il ne s'agit absolument pas d'une obligation de sa part. Nous pourrions imaginer un dieu qui nous refuserait la connaissance du divin, nous laissant dans le flou, un dieu qui ne serait pas désireux d'avoir une relation avec nous, le type d'alliance qui requiert une connaissance mutuelle. Nous pourrions imaginer un dieu trompeur, une divinité opaque qui ne se soucierait pas de notre ignorance. Ce n'est pas le Dieu que les chrétiens adorent. Notre Dieu est un communicateur. Notre Dieu est un révélateur. Nous cherchons à connaitre Dieu et nous pouvons y parvenir avec une assurance qui repose sur Dieu et non sur nous-mêmes.

Les théologiens distinguent deux types de révélation divine : la révélation générale et la révélation spéciale. **La révélation générale** renvoie aux vérités générales sur Dieu contenues dans la nature et dans la conscience humaine. Le Psaume 19 évoque ce type de révélation : « Tous les cieux proclament combien Dieu est glorieux, l'étendue céleste publie l'œuvre de ses mains. » Ce ne sont pas des paroles, ce ne sont pas des discours ni des voix qu'on peut entendre. Cependant, leur voix « parvient jusqu'aux confins de la terre et leurs accents dans tout l'univers. Dieu a dressé dans le ciel pour le soleil une tente », chaque être humain a accès à cette révélation (Psaume 19.1, 3-4). Paul évoque également cette thématique dans l'épître aux Romains lorsqu'il déclare : « En effet, ce qu'on peut connaitre de Dieu est clair pour eux, Dieu lui-même le leur ayant fait connaître. Car, depuis la création du monde, les perfections invisibles de Dieu, sa puissance éternelle et sa divinité se voient dans ses œuvres quand on y réfléchit. Ils n'ont donc aucune excuse » (Romains 1.19-20). Paul évoque également la conscience humaine qui « témoigne » de la loi de Dieu, au point où même les païens « accomplissent naturellement ce que demande cette Loi » (Romains 2.14-15).

La révélation générale contraste avec **la révélation spéciale**, laquelle désigne la manifestation spécifique de Dieu dans l'histoire d'Israël, à travers Jésus-Christ et à travers les Saintes Écritures. La différence fondamentale entre la révélation générale et celle spéciale est que cette dernière n'est pas accessible à tous de manière automatique ; elle survient dans le cadre d'un événement unique, sous forme inédite. La révélation spéciale est généralement décrite comme la « Parole de Dieu », faisant parfois référence à Jésus-Christ, à la Bible, à une déclaration prophétique ou à une parole prononcée qui témoigne de Jésus-Christ et reflète la vérité des Saintes Écritures.

> **Verset clé**
>
> Ce qui était dès le commencement, ce que nous avons entendu, ce que nous avons vu de nos yeux, ce que nous avons contemplé et que nos mains ont touché, concernant la parole de vie, - car la vie a été manifestée, et nous l'avons vue et nous lui rendons témoignage, et nous vous annonçons la vie éternelle, qui était auprès du Père et qui nous a été manifestée, - ce que nous avons vu et entendu, nous vous l'annonçons, à vous aussi, afin que vous aussi vous soyez en communion avec nous. Or, notre communion est avec le Père et avec son Fils Jésus Christ. Et nous écrivons ces choses, afin que notre joie soit parfaite. La nouvelle que nous avons apprise de lui, et que nous vous annonçons, c'est que Dieu est lumière, et qu'il n'y a point en lui de ténèbres. Si nous disons que nous sommes en communion avec lui, et que nous marchons dans les ténèbres, nous mentons, et nous ne pratiquons pas la vérité.
>
> Mais si nous marchons dans la lumière, comme il est lui-même dans la lumière, nous sommes mutuellement en communion, et le Sang de Jésus son Fils nous purifie de tout péché. (1 Jean 1.1-7)

La relation entre la révélation générale et celle spéciale

La majorité des théologiens confirment l'existence de ces deux types de révélations. Il existe cependant des désaccords sur la nature de la relation entre les deux. Lorsqu'on souhaite connaitre Dieu, comment s'y prendre ? Quel est le statut de la révélation générale vis-à-vis de celle spéciale ? Les écoles de pensée sur ces questions peuvent être regroupées en quatre catégories : (1) la révélation générale est prioritaire ; (2) la révélation spéciale est prioritaire ; (3) Les deux types de révélations sont sur un pied d'égalité ; (4) le péché a détruit l'égalité entre les deux, mais Dieu, le Révélateur, peut résoudre ce problème. Les paragraphes suivants décrivent chaque école de pensée, ainsi que les enjeux qui en découlent.

La primauté de la révélation générale

D'une part se trouvent ceux qui prônent la primauté de la révélation générale sur celle spéciale. Les déistes du dix-huitième siècle et de nombreux penseurs modernes soutiennent cette position, indiquant que l'acceptabilité de la révélation spéciale est subordonnée à sa conformité avec les connaissances acquises par le biais de la révélation générale. Par conséquent, tout enseignement biblique qui ne cadre pas avec l'observation empirique et la pensée rationnelle doit être réinterprété ou rejeté. La propension à rejeter les preuves bibliques rend cette approche controversée. Les évangéliques et d'autres théologiens traditionnels critiquent vivement cette pensée, convaincus qu'elle constitue une vision étriquée de la liberté divine, qu'elle sape l'autorité de la Bible et qu'elle octroie à la raison humaine le rôle d'arbitre dans la détermination de la vérité divine. Malgré tout, cette école de pensée demeure populaire, les théologiens qui la défendent agissent souvent par souci de visibilité sur la scène publique. La révélation générale, dit-on, est accessible à tous et peut faire l'objet d'un débat public, contrairement à la révélation spéciale, qui ne revêt d'autorité que pour les chrétiens. Toute théologie basée sur la révélation générale est qualifiée de **théologie naturelle**, car ses arguments proviennent de la nature. Les débats sur le rôle de la révélation générale et celle spéciale en théologie sont souvent présentés comme des discussions sur la possibilité de pratiquer la théologie naturelle.

La primauté de la révélation spéciale

D'autre part se trouve l'affirmation selon laquelle la révélation spéciale doit avoir la priorité sur la révélation générale, car la révélation générale ne nous apporte aucune connaissance importante sur Dieu. Le théologien suisse Karl Barth (1886-1968) est un représentant notoire de cette école de pensée. Son opinion s'est développée en partie en réaction aux chrétiens qui défendaient des opinions théologiques douteuses sur la base d'affirmations fondées sur la révélation générale. Barth a relevé l'exemple le plus accablant parmi ceux qui ont intégré l'église du Reich, l'église officielle de l'État allemand, pendant le règne du parti nazi dans les années 1930 et 1940. L'église du Reich enseignait que Dieu avait établi un ordre dans la création en adéquation avec les enseignements nazis. Cette interprétation de la révélation générale permettait à de nombreuses personnes de soutenir les politiques nazies en les considérant comme chrétiennes. Reconnaissant la profonde influence du péché sur tous les êtres humains, Barth a rejeté la théologie naturelle, les prises de position de Barth ont suscité des doutes sur tout ce que nous considérons comme « naturel ».

Barth s'est insurgé contre la possibilité de permettre aux connaissances acquises par la révélation générale d'influencer la théologie. Il a argumenté que l'esprit humain est perverti et détruit par le péché ; par conséquent, l'homme ne possède pas la capacité de discerner avec précision la révélation de Dieu contenue dans la nature ou dans sa conscience. Pour Barth, toute révélation divine fiable et digne de confiance se trouve en Jésus-Christ, révélé dans les Saintes Écritures. Pour toutes ces raisons, la révélation générale ne doit donc jouer aucun rôle en théologie, car elle ne conduit qu'à « des spéculations abstraites concernant des éléments qui ne sont pas identiques à la révélation de Dieu en Jésus-Christ. »[25] La Bible constitue la seule source fiable pour connaitre Dieu.

Depuis son époque, le point de vue de Barth s'est imposé avec force en théologie, il nous rappelle que le « naturel » ou le recours à la conscience peuvent en réalité être dénaturés par le péché. Barth nous met en garde contre le risque de soutenir nos désirs au lieu de rechercher la volonté de Dieu. Nous devons prendre au sérieux cette mise en garde ; même si elle est sévère, elle est empreinte de grâce et de bonté, car elle sert de protection contre les délires du péché et de l'idolâtrie du pouvoir qui font si souvent du mal aux êtres faibles. En conférant une stricte primauté à la révélation spéciale, Barth propose de solides garanties contre l'orgueil et la suffisance de l'homme et contraint les chrétiens à se confronter à la spécificité de la révélation de Dieu dans l'histoire. De nombreux théologiens accueillent favorablement la mise en garde de Barth, mais pas dans sa totalité. Si nous rejetons la révélation générale, nous risquons de minimiser notre capacité à établir un lien entre la vérité de la foi chrétienne et toute entité externe à la foi. Si nous rejetons la révélation générale, nous rejetterons par la même occasion la vérité et la beauté présentes dans les arts et les sciences. Peu de chrétiens sont disposés à rejeter toutes les valeurs issues de la philosophie, de la poésie, de la science et de la culture, et très peu sont disposés à admettre que des personnes qui n'ont jamais lu la Bible reconnaissent néanmoins l'existence d'un Créateur et possèdent la notion du bien et du mal. Par ailleurs, plusieurs passages bibliques attestent de la révélation de Dieu dans la nature, notamment le Psaume 19 et Romains 1, mentionnés plus haut. Ces passages sont difficiles à comprendre si l'on emboîte le pas à Barth qui rejette totalement la révélation générale. Pour ces raisons, de nombreux chrétiens recherchent un équilibre qui rende compte à la fois de la révélation générale et de la révélation spéciale sans exclure l'une ou l'autre. Les théologiens qui incarnent cette position intermédiaire peuvent être regroupés en deux catégories : la première est traditionnellement la position préférée des catholiques romains, la seconde celle des protestants.

L'égalité parfaite entre la révélation générale et celle spéciale

Les deux types de révélations peuvent être considérés comme étant **sur un pied d'égalité**. La révélation générale demeure une source majeure et valide de révélation divine, malgré l'existence du péché, car le péché de l'homme n'annule pas « ce qu'on peut connaître de Dieu à travers ses œuvres ».[26] La révélation générale nous apporte des connaissances limitées sur Dieu, par exemple, son existence, mais elle ne nous apporte pas de connaissances supplémentaires, notamment la preuve que Jésus est Dieu. Même si la révélation générale reste nécessaire et utile, elle doit être étoffée par les connaissances plus étendues de la révélation spéciale. Le principe selon lequel « la grâce ne détruit pas la nature, mais la soutient et la perfectionne »[27] confirme cette idée. La nature (tout ce que nous pouvons apprendre à travers la révélation générale) ne s'oppose pas à la grâce. Les deux sont l'œuvre du même Dieu. La révélation spéciale ne se substitue pas à la révélation générale, mais prend appui sur elle. Ce point de vue est similaire à celui de Barth qui soutient que la révélation spéciale est nécessaire pour parvenir à la pleine connaissance de Dieu ; cependant, il diffère de la pensée de Barth, car il stipule que la révélation générale fournit une source continuelle de révélation divine utile à la foi chrétienne même après le péché.

Cette école de pensée offre un moyen de rendre compte de passages bibliques tels que le Psaume 19 et Romains 1 et elle présente deux avantages. Premièrement, elle permet une **apologétique** solide, à savoir la défense rationnelle de la foi chrétienne face à ceux qui ne sont pas chrétiens. Dans la mesure où chaque être humain a accès aux mêmes informations provenant de la révélation générale à travers la nature, elles peuvent être utilisées comme sujet de conversation. Si la validité de ces arguments est fréquemment sujette à controverse, l'influence durable des preuves rationnelles de l'existence de Dieu apportées par des figures telles qu'Anselme et Thomas d'Aquin illustre la pertinence durable de l'utilisation de la révélation de Dieu dans la nature pour défendre la foi chrétienne. Cette révélation fournit également un point d'ancrage entre les chrétiens et les athées qui peut devenir une base pour prêcher l'Évangile. Les chrétiens peuvent aborder d'autres personnes où elles se trouvent en utilisant la révélation générale comme point de départ. Le deuxième avantage réside dans la possibilité de faire appel à la révélation de Dieu contenue dans la nature. Puisque ce point de vue affirme la validité permanente de la connaissance de Dieu obtenue par la nature, il établit une base de dialogue entre chrétiens et non-chrétiens sur des questions de vérité et de moralité. Ce raisonnement explique pourquoi les théologiens catholiques font souvent appel à la loi naturelle, l'idée selon laquelle Dieu a intégré un code moral dans la nature. Cette loi pouvant être discernée par le biais de la révélation générale, les chrétiens peuvent l'utiliser comme base de partenariat avec les non-chrétiens pour le « bien commun ». Un tel travail contribue de manière significative à l'établissement du droit international et des normes de justice.

La parité dévoilée

Malgré ces avantages, de nombreux chrétiens estiment que mettre la révélation générale et celle spéciale sur un pied d'égalité ne rend pas compte de la vaste réalité du péché de l'homme. Le péché a affecté la capacité de l'homme à déchiffrer correctement la révélation générale, et à voir la vérité de Dieu qui s'y trouve. De plus, le péché a affecté la nature elle-même, et celle-ci ne fournit donc plus une vision pure de la volonté de Dieu. Si l'on veut apprendre de la nature, il faut trouver des moyens de discerner la présence du péché, de séparer la bonne volonté créatrice de Dieu de tous les éléments déchus et altérés. Ces préoccupations ont poussé de nombreux érudits protestants à concevoir la relation entre la révélation générale et celle spéciale sous forme **de continuité dévoilée**. Les deux formes de révélation représentent la vérité au sujet de Dieu, et elles sont liées l'une à l'autre, mais il est impossible de le constater à moins que Dieu ne retire le voile qui a obscurci la nature. En raison des effets néfastes du péché, la révélation de Dieu contenue dans la nature devient évidente lorsqu'on la regarde à travers la lentille correctrice de la révélation spéciale. Calvin conçoit les Saintes Écritures comme une paire de lunettes qui nous permet de voir la nature à sa juste valeur.

> Imaginez, par exemple, un homme âgé, aux yeux fatigués ou à la vue réduite, si vous lui présentez un très beau livre, même s'il parvient à identifier un texte, il peut difficilement en lire deux mots, mais avec l'aide de lunettes, il pourra lire distinctement. De même, les Saintes Écritures rassemblent les connaissances confuses relatives à Dieu dans nos esprits, et après avoir dispersé nos doutes, nous exposent clairement la vérité de Dieu. [28]

Vous remarquerez que la représentation de Calvin n'occulte pas la bonté ou la valeur de la révélation générale, mais elle reconnait les effets du péché sur notre capacité à connaitre Dieu. Le péché nous a rendus aveugles, mais les Saintes Écritures nous permettent de recouvrer la vue. La relation entre la révélation générale et celle spéciale est caractérisée par une parité dévoilée ; toutes les deux révélations proviennent de Dieu, mais les sombres réalités du péché exigent qu'elles soient perçues dans un ordre déterminé. Les conséquences du péché sur le monde et sur nous qui cherchons à connaitre Dieu ne doivent pas être sous-estimées. Seule la grâce peut lever le voile qui nous aveugle, sous l'effet du péché, pour nous permettre de découvrir les révélations de Dieu contenues dans la nature. Calvin soutient la révélation générale, estimant que la Bible enseigne que Dieu « se manifeste quotidiennement », au point où « tous les coins de l'univers contiennent des éclats de sa gloire ». La problématique ne porte pas sur la révélation de Dieu, mais sur notre capacité à la percevoir. À cause du péché, l'homme « n'a pas la capacité de voir, à moins qu'il ne soit illuminé par la révélation intérieure de Dieu au moyen de la foi ». [29] Même si Dieu se révèle à nous à travers la nature et dans notre conscience, le péché nous conduit à une mauvaise interprétation de cette révélation, ce qui la dénature. Grâce aux Saintes Écritures qui nous guident, nous pouvons examiner la révélation générale et entreprendre de l'interpréter correctement en observant sa compatibilité avec la révélation spéciale que Dieu nous a donnée.

C'est pourquoi la Bible est un cadeau inestimable pour la vie chrétienne. Même si toute la création témoigne de Dieu, sans la révélation spéciale de Dieu, nous sommes incapables de le connaitre en profondeur. Ce constat se reflète dans les écrits des auteurs de la Bible, notamment au sujet des raisons pour lesquelles ils ont écrit leurs textes. Par exemple, Luc déclare qu'il a écrit son évangile pour nous permettre de « reconnaitre l'entière véracité des enseignements » (Luc 1.4), Jean précise qu'il a écrit sa première épître « pour que vous sachiez que vous avez la vie éternelle » (1 Jean 5.13). Ces auteurs bibliques estiment que pour connaitre Dieu, nous devons identifier la manière singulière avec laquelle il s'est révélé dans l'histoire. Ainsi, nous pourrons reconnaitre à juste titre que la création toute entière correspond au plan de Dieu et le révèle. Dieu se révèle gracieusement dans la Bible, il y parvient par des moyens qui traitent de notre vanité et de nos péchés.

L'inspiration et l'illumination des Saintes Écritures

Les chrétiens utilisent deux notions de théologie pour qualifier la relation du Saint-Esprit avec les Saintes Écritures : l'inspiration et l'illumination. Le terme **inspiration** désigne l'œuvre de l'Esprit en tant qu'auteur des Saintes Écritures, une œuvre que l'Esprit a accomplie en et avec les auteurs humains des textes bibliques. Le terme **illumination** renvoie aux moyens par lesquels l'Esprit continue d'agir dans et avec le peuple de Dieu, en tant que lecteurs de la Bible, pour nous aider à comprendre et à être fidèles au contenu de ces textes. Ainsi, l'inspiration désigne l'œuvre de l'Esprit, dans le passé, dans la rédaction des Saintes Écritures. L'Esprit réside dans ces paroles, mais comme nous le rappelle le théologien Stanley Grenz, « L'œuvre de l'Esprit à travers les Saintes Écritures n'est pas limitée à une époque très ancienne ».[30] L'illumination désigne l'œuvre de l'Esprit, de nos jours, en vue d'aider le peuple de Dieu à bien lire les Saintes Écritures, que ce soit à titre individuel ou en tant qu'église. L'Esprit éclaire (illumine) ces paroles. Les Saintes Écritures, inspirées par le Saint-Esprit, sont la Parole de Dieu, et la puissance d'illumination de l'Esprit nous aide à comprendre et à nous approprier cette Parole. Grenz décrit les Saintes Écritures comme « un aspect de la mission de l'Esprit consistant à créer et à soutenir la vie spirituelle. Il est à la fois l'auteur et un intervenant dans la Bible, laquelle est le livre de l'Esprit. Par l'intermédiaire de la Bible, il rend témoignage à Jésus-Christ, guide la vie des chrétiens et exerce son autorité dans l'église. »[31]

L'autorité des Saintes Écritures repose sur leur auteur, Dieu le Saint-Esprit. De nombreuses théories existent sur les moyens de l'œuvre d'inspiration de l'Esprit. Nous pouvons exclure une série d'alternatives problématiques. Au regard du contenu des Saintes Écritures et de la nature de l'Esprit de Dieu, il est inconcevable que l'Esprit ait inspiré les textes de la Bible par une simple dictée. La Bible chrétienne est un ensemble complexe de textes rédigés par des auteurs humains ayant vécu à des époques différentes, dans des lieux divers et possédant des points de vue distincts. La lecture de la Bible nous permet de constater que l'Esprit, dans le cadre de l'inspiration de ces textes, n'a pas effacé ou aplani la personnalité des auteurs humains. À titre illustratif, les quatre évangiles, tous inspirés par le Saint-Esprit, sont un reflet des situations diverses et des besoins des communautés dans lesquelles chacun de leurs quatre auteurs humains a écrit. L'Esprit ne nous a pas donné un évangile unique, par dictée. L'œuvre d'inspiration de l'Esprit préserve et honore les quatre voix des quatre évangélistes, qui relatent toutes la même histoire de Jésus. Dieu travaille dans et avec l'art, et la diversité humaine. Sans compréhension absolue des mécanismes de l'inspiration, nous pouvons exclure les théories douteuses qui tendent à faire disparaitre les auteurs humains de la Bible.

Par ailleurs, nous devons exclure les idées trop floues sur la

Le récit biblique

La tradition théologique chrétienne met l'accent sur l'unité de la Bible. Le canon biblique forme un seul livre, l'Ancien et le Nouveau Testament doivent toujours être lus ensemble. Un moyen de comprendre cette unité consiste à se pencher sur la cohérence du récit de la Bible qui raconte une histoire unique allant de la création dans le livre de Genèse à la défaite finale du péché et de la mort dans la nouvelle création du livre d'Apocalypse. Les chrétiens conçoivent cette unité narrative en lisant la Bible comme une histoire comportant quatre grands mouvements :

1. La création, dans laquelle nous voyons le plan et le dessein originels de Dieu.
2. La chute, au cours de laquelle le péché et la mort entrent dans le monde.
3. La rédemption, à travers laquelle l'œuvre de Dieu en Israël s'accomplit en Christ, le Seigneur, qui apporte le salut et la guérison.
4. La gloire, dans laquelle le plan et les desseins ultimes de Dieu s'accomplissent pour l'ensemble de la création.

Ces quatre points majeurs du récit de la Bible nous révèlent de nombreux aspects de Dieu et de nous-mêmes, et nous offrent une porte d'entrée dans l'histoire de la Bible qui devient ainsi notre histoire. Le théologien Robert Jenson résume bien la situation : « Les Saintes Écritures se trouvent dans l'église et cette dernière se trouve dans les Saintes Écritures, c'est-à-dire que notre vie quotidienne fait partie du récit de la Bible. » [a]

a. Robert W. Jenson, "Scripture's Authority in the Church," in *The Art of Reading Scripture*, ed. Ellen F. Davis and Richard B. Hays (Grand Rapids: Eerdmans, 2003), 30.

> ## La traduction comme élément clé de la doctrine des Saintes Écritures
>
> Le théologien gambien Lamin Sanneh (né en 1942) considère la traduction comme un aspect essentiel pour comprendre la doctrine des Saintes Écritures :
>
>> Les Évangiles du Nouveau Testament, qui comportent les textes originaux de la foi chrétienne, sont une version traduite du message de Jésus, ce qui signifie que la foi chrétienne est une religion traduite sans langue officielle. La question n'est pas de savoir si les chrétiens ont bien traduit leurs textes sacrés ou pas, sans traduction, la foi chrétienne et les chrétiens n'existeraient pas. La traduction constitue la marque de naissance de l'église, ainsi que sa référence missionnaire : sans elle, l'église serait méconnaissable. Le contexte missionnaire dans lequel évoluait l'Église primitive justifiait la nécessité et la pertinence de la traduction et de l'interprétation. Dans ce contexte, la mission était synonyme de libération et son rejet était une régression. La règle fondamentale stipulant que le peuple a le droit de comprendre ce qui lui est enseigné était complétée par la conviction que le message de Dieu pouvait être exprimé dans un langage simple et courant. Dieu ne voulait pas dérouter le peuple de la vérité, ce qui rendait le langage de la religion compatible avec la capacité de compréhension d'un homme ordinaire.[a]
>
> Sanneh établit une comparaison intéressante entre les doctrines musulmanes et chrétiennes concernant les textes sacrés. L'islam considère que le Coran a été dicté en arabe au prophète Mohammed et que le Coran doit être en arabe pour rester un texte sacré. Les traductions ne sont pas considérées comme des textes sacrés, mais comme des paraphrases. Pour les chrétiens, toute traduction de la Bible demeure la Parole de Dieu. Certes, étudier les langues originales est instructif, mais les chrétiens considèrent que la Parole de Dieu reste vivante, peu importe la langue dans laquelle elle est lue. Sanneh examine la beauté d'une doctrine des Saintes Écritures qui appartient au monde entier et qui atteint les hommes dans les particularités de leur langue et de leur culture.
>
> a. Lamin Sanneh, *Whose Religion Is Christianity? The Gospel beyond the West* (Grand Rapids: Eerdmans, 2003), 97.

signification d'une reconnaissance de l'Esprit comme auteur de ces paroles. Dans la communication quotidienne, nous pouvons utiliser le mot *inspiration* pour indiquer un lien superficiel entre deux personnes ou deux idées, mais le rôle de l'Esprit comme source d'inspiration des Saintes Écritures ne doit pas être défini selon des termes aussi vagues. Même si l'Esprit a œuvré à travers et avec les divers auteurs humains des Saintes Écritures, le canon biblique présente une profonde uniformité, lequel est le résultat de la présence d'un auteur commun en occurrence l'Esprit et de leur témoignage commun au Dieu trinitaire. Qui plus est, lorsque nous admettons que la Bible est la Parole de Dieu, nous reconnaissons un lien fiable entre ces textes et le Dieu que nous y rencontrons et découvrons. L'œuvre d'inspiration de l'Esprit est une œuvre forte et véritable, et comme toute autre œuvre de l'Esprit, elle s'étend à travers le temps, elle est spéciale et palpable. Le rôle de l'Esprit dans l'inspiration des Saintes Écritures ne se limite pas au ton ou au thème du texte, mais s'étend aux paroles elles-mêmes. L'expression « inspiration verbale » traduit cette idée. De plus, l'Esprit a inspiré toute la Bible ; l'inspiration ne se limite pas à quelques parties du texte. L'expression « inspiration plénière » est utilisée pour illustrer cette affirmation. La Bible toute entière, de Genèse à Apocalypse, est l'œuvre de l'Esprit. Nous ne devons pas considérer l'inspiration comme un processus mécanique et figé, et nous ne devons pas non plus la considérer comme un processus vague et dépassé. Pour exprimer la même idée de manière positive, l'œuvre de l'Esprit dans l'inspiration des Saintes Écritures est personnelle, coopérative, intime et spécifique.

L'importance des Saintes Écritures ne se limite pas à l'inspiration. Il ne suffit pas de lire la Bible. Sans compréhension, cette lecture est inutile. La Bible est un bien commun à tous les chrétiens, et dans de nombreux cas, nous partageons la même compréhension de cette Bible. Des doctrines fondamentales, comme la Trinité ou l'identité de Christ, reposent sur une interprétation œcuménique commune de la Bible. Les chrétiens admettent à travers les époques, les régions et les cultures que la doctrine de la Trinité représente une bonne interprétation des textes bibliques. Il est possible de formuler d'autres affirmations et de trouver des textes probants qui suggèrent d'autres compréhensions de la nature de Dieu. Comprendre que le Dieu de la Bible est un Dieu trinitaire exige une lecture approfondie de la Bible dans son ensemble. Lire des versets sporadiques ne suffira pas. Il est nécessaire de parcourir l'ensemble de la Bible pour constater que la doctrine de la Trinité est biblique (nous y reviendrons dans le prochain chapitre).

Les chrétiens sont largement d'accord sur des principes importants pour chercher à comprendre et à interpréter la Bible :

Lisez le livre en entier.

Il convient de chercher à comprendre les passages qui prêtent à confusion en se référant à d'autres parties de la Bible.

Écoutez les interprétations d'autres personnes qui connaissent le Seigneur.

Pratiquer la doctrine chrétienne

Priez pour que l'Esprit illumine votre compréhension du texte.

La doctrine de l'illumination et le consensus concernant l'action de l'Esprit dans la vie des lecteurs de la Bible ne voilent pas les difficultés et les différences d'interprétation biblique, cependant ces défis n'empêchent absolument pas l'Esprit d'agir. La puissance d'illumination de l'Esprit agit sur les individus et sur l'ensemble du corps de Christ. Elle agit dans le temps et l'espace, indépendamment des frontières et des siècles, le temps et l'espace appartenant à l'Esprit. L'illumination apporte la gloire au Père et au Fils, car telle est la nature de l'Esprit. L'illumination honore et aide à renforcer ceux qui cherchent à connaitre davantage la Bible. La puissance d'illumination de l'Esprit rayonne, pour nous aider à comprendre la Bible, mais aussi pour nous convertir en témoins vivants de la vérité que nous y lisons, pour que nous devenions semblables à Christ, pour que nous portions « l'image de l'homme qui appartient au ciel. » (1 Corinthiens 15.49). Les Saintes Écritures sont illuminées lorsque l'Esprit façonne des personnes qui sont instruites et transformées par la Parole, qui la mettent en pratique dans la vie quotidienne. Comprendre que Jésus est Seigneur est une chose, mais être une personne dont la vie reflète cette vérité en est une autre, ce qui contribue à illuminer davantage les Saintes Écritures. Le processus d'interprétation des textes bibliques, appelé **herméneutique**, est complexe, mais il offre de nombreuses récompenses à ceux qui s'y investissent.

Les chrétiens font souvent un rapprochement entre la doctrine de l'inspiration et 2 Timothée, dans lequel Paul exhorte Timothée à mener une vie pieuse et à persévérer dans la foi, il déclare : « Depuis ton enfance, en effet, tu connais les Saintes Écritures ; elles peuvent te donner la vraie sagesse, qui conduit au salut par la foi en Jésus-Christ. Car toute l'Écriture est inspirée de Dieu et utile pour enseigner, réfuter, redresser et apprendre à mener une vie conforme à la volonté de Dieu.

La prière pour l'illumination

Traditionnellement, plusieurs lieux de culte ont recours à une prière pour l'illumination de l'Esprit avant la lecture de la Bible.

> Dieu vivant, aide-nous à écouter ta sainte Parole, afin que nous puissions réellement la comprendre ; pour que cette compréhension nous permette de croire et que la foi nous amène à la fidélité et à l'obéissance, en recherchant ton honneur et ta gloire dans tout ce que nous faisons ; par Christ notre Seigneur. Amen.[a]

a. *The Worship Sourcebook*, Faith Alive Christian Resources and Calvin In- stitute of Christian Worship, 2nd ed. (Grand Rapids: Baker Books, 2013), 142

Ainsi, l'homme de Dieu se trouve parfaitement préparé et équipé pour accomplir toute œuvre bonne. » (2 Timothée 3.15-17). Pourquoi Paul est-il confiant quant à la capacité des Saintes Écritures à agir dans la vie de Timothée ? La réponse est que les Saintes Écritures sont « inspirées par Dieu, c'est-à-dire qu'elles sont d'origine divine. »[32] Gordon Fee, un érudit du Nouveau Testament, décrit l'assurance de Paul vis-à-vis des Saintes Écritures comme un produit de sa foi juive, « qui attribue les écrits de l'Ancien Testament aux prophètes (notamment Moïse) et relie ainsi ces écrits à l'Esprit, la source reconnue de l'inspiration prophétique. »[33] Évidemment, Paul et Timothée connaissaient les Saintes Écritures comme étant des textes sacrés juifs, l'Ancien Testament chrétien, les chrétiens ont toujours intégré par extension les écrits du Nouveau Testament dans cette conjoncture, reconnaissant le Nouveau Testament comme faisant lui aussi partie de la Parole de Dieu. La foi que l'on place sur les Saintes Écritures et la foi en l'Esprit Saint doivent aller de pair, cette double foi nous donne accès, en tant que peuple de Dieu, à la promesse et à la possibilité d'acquérir la sagesse et une relation intimité avec Dieu.

Pas le marcionisme ou le montanisme, mais le Canon

L'œuvre de l'Esprit ne se limite pas à la paternité des Saintes Écritures. Nous reconnaissons également le rôle de l'Esprit dans la transmission des messages contenus dans les Saintes Écritures qui se présente sous forme d'un ensemble de textes. L'ensemble des livres qui composent la Bible sont connus sous le nom de **canon.** Le mot *canon* signifie « mesure », et il fait référence à l'ensemble des textes bibliques en tant qu'instrument de mesure de la foi et de la vie chrétiennes. Les chrétiens sont quelquefois surpris d'apprendre que le processus qui a donné naissance à la Bible, la canonisation, a impliqué l'intervention et les décisions des hommes, toutefois déclarer que la Bible est la Parole de Dieu et reconnaitre que l'Esprit Saint a œuvré à travers des êtres humains pour nous apporter cette Parole n'est pas une contradiction. Dieu agit parfois de manière surprenante, et il est disposé à utiliser des êtres humains pieux pour accomplir son œuvre.

Les livres qui composent le canon biblique ont été reconnus tacitement très tôt dans l'histoire de la foi chrétienne, mais il a fallu un certain temps pour que le contenu du canon soit établi. Vers l'an 140, un homme du nom de **Marcion** a exercé des pressions pour que l'église adopte une collection cohérente de textes, et il a proposé sa propre liste. Le canon de Marcion comprenait l'Évangile selon Luc, plusieurs épîtres de Paul modifiées par Marcion, et un rejet complet de l'Ancien Testament. Le rejet de l'Ancien Testament par Marcion était conforme à son opinion selon laquelle la nature de Dieu révélée dans l'Ancien Testament n'était pas conciliable avec la nature de Dieu révélée en Jésus-Christ. L'église a rejeté cette proposition. En revanche, elle a reconnu (par la puissance de l'Esprit) de nombreux autres livres dans le canon biblique. Le canon chrétien possède un caractère expansif que Marcion lui aurait refusé. Il inclut plus de voix, plus de siècles et plus de complexités que Marcion ne l'aurait permis. Cette caractéristique contribue à la bonté et à la richesse des Saintes Écritures.

Certaines personnes soutiennent que le canon établi par consensus, bien qu'il soit plus important que celui de Marcion, ne représente qu'une liste reflétant les préférences et les opinions de ceux qui avaient le pouvoir à l'époque où le Nouveau Testament a été élaboré. La portée du canon semble contredire cette idée, mais il est également utile de constater que l'Église primitive a établi des critères qui ont aidé le processus de reconnaissance des textes inspirés et destinés par l'Esprit à être intégrés dans la Bible. Les textes qui présentaient trois caractéristiques sont devenus canoniques : (1) les textes écrits par les apôtres, ceux qui avaient une connaissance intime de Jésus ; (2) les textes qui étaient largement utilisés dans le culte des églises ; et (3) les textes qui correspondaient à la règle de foi, les premiers résumés connus de la doctrine chrétienne. Ainsi, l'Esprit a utilisé ces critères pour guider le processus de canonisation. Le choix d'inclure dans le canon de nombreux livres, depuis Genèse jusqu'à Apocalypse, deux Testaments et quatre évangiles, signifie que nous, chrétiens, ne sommes pas libres de choisir nos propres textes. L'existence du canon implique que nous sommes liés à tous les textes qui y sont inclus. Nous ne pouvons pas limiter Dieu aux seuls textes qui ont le plus de sens à nos yeux. Nous devons accomplir le difficile travail de discernement de la nature de Dieu à partir du canon dans son ensemble. Le canon est expansif, mais il fournit également des limites à la vie chrétienne.

Le canon biblique est l'un des enseignements les plus anciens et les plus communément acceptés de la foi chrétienne. La foi chrétienne primitive est née de l'héritage du judaïsme primitif ; il est donc naturel que l'église continue à reconnaitre les textes juifs comme sacrés. Le Dieu que nous découvrons en Jésus-Christ est le même que celui que nous rencontrons dans l'Ancien Testament. Par ailleurs, compte tenu des œuvres nouvelles accomplies par Dieu en Jésus-Christ, il était évident que des personnes ayant côtoyé et aimé Jésus, et dont la vie avait été transformée par lui, écrivent à son sujet. Certains de ces écrits seront éventuellement reconnus comme des textes chrétiens et deviendront le Nouveau Testament. Il était logique pour l'Église primitive (comme pour la plupart des chrétiens d'aujourd'hui) d'accorder une autorité particulière aux événements et aux écrits émanant de l'époque de Jésus. Les écrits des apôtres, ceux qui avaient connu Jésus en personne et pouvaient rendre un témoignage fiable, ont donc été considérés comme des textes faisant autorité.

La **controverse montaniste** est peut-être l'un des catalyseurs qui a poussé l'église chrétienne vers le canon « fermé » de la Bible que nous connaissons sous la forme de l'Ancien et du Nouveau Testament. La controverse a éclaté au sujet des prophéties extatiques de Montanus, de Maximilla et de Prisca. Les montanistes prétendaient parler au nom du Saint-Esprit, ce qui soulevait des questions sur l'autorité relative des Saintes Écritures par rapport aux nouvelles revendications présentées comme étant la vérité.[34] L'historienne Margaret Miles explique que le montanisme rejetait « l'idée selon laquelle les débuts de la foi chrétienne étaient normatifs. »[35] En dénonçant le montanisme comme une hérésie, l'église soulignait le caractère autoritaire des événements de la vie, de la mort et de la résurrection de Jésus relatés dans les écrits apostoliques des disciples qui étaient des « témoins oculaires » de la « majesté » de Jésus (2 Pierre 1.16). Revendiquer l'autorité du canon fermé par rapport à toute nouvelle révélation revient à accorder une autorité spéciale aux œuvres de Dieu accomplies durant les années qui se rapprochent le plus de l'époque de Jésus. Le canon fermé reconnait que la révélation de Dieu nous parvient de manière singulière, dans l'histoire dans le temps et dans l'espace, et que lorsque Dieu est entré dans cette histoire en la personne de Jésus-Christ, la révélation s'est personnifiée. Le canon fermé fait référence à Jésus qui est la manifestation de Dieu dans la chair. Le canon fermé accorde la priorité à Jésus. Il donne la priorité aux événements relatifs à sa vie. Le rejet du montanisme par l'Église primitive et par l'église actuelle n'est pas un rejet de la puissance et de l'inspiration du Saint-Esprit. C'est au contraire, un rejet des fausses affirmations faites au nom de l'Esprit. Le canon biblique est fermé, ce qui signifie qu'il ne peut pas être modifié par de Montanus, ou par moi, car l'Esprit a conduit l'église à reconnaitre ces écrits, et aucun autre, comme de véritables témoignages de la foi.

Nous avons déjà évoqué le rôle de l'Esprit en tant qu'auteur des Saintes Écritures ; il est également important d'aborder l'action de l'Esprit dans la supervision du processus de canonisation. L'adoption des

Saintes Écritures par les chrétiens, comme une collection de textes, écrits par de multiples auteurs humains issus de différents siècles et communautés, est un témoignage de l'action de l'Esprit parmi nous. Certaines personnes prétendent que le processus de canonisation démontre que la Bible ne fait pas autorité. Cet argument repose sur l'hypothèse que la présence d'auteurs humains et la participation humaine à l'élaboration du canon est une preuve que ces livres ne constituent pas la Parole de Dieu. Cette position ne tient pas compte des méthodes d'action de l'Esprit dans le monde et avec les êtres humains. Dans la même logique, certains suggèrent que le rejet du montanisme et l'exclusion des révélations post-canoniques représentent un jeu de pouvoir, une tentative impérialiste de faire taire les voix dissidentes. Une fois de plus, cet argument ignore les méthodes de fonctionnement de l'Esprit. L'Esprit est un Esprit de vérité, et nous ne devons pas être surpris que l'Esprit distingue la vérité du mensonge. L'Esprit est celui de Jésus-Christ, il n'est donc pas étonnant que l'Esprit soit en accord avec Jésus et lui rende témoignage. La théologie chrétienne ne rejette pas les personnes qui prétendent connaitre la puissance du Saint-Esprit agissant dans leur vie et leur révélant la vérité, mais la théologie chrétienne insiste toujours sur la nécessité d'un discernement dans de tels témoignages. Un discernement avisé reconnait la vérité et la beauté irrésistibles de l'Évangile, la centralité de la vie, de la mort et de la résurrection de Jésus, ainsi que l'œuvre du Saint-Esprit, en tant qu'auteur des Saintes Écritures. Dieu est vrai, et Dieu est digne de confiance. Dieu ne se contredit pas, nous pouvons donc avoir l'assurance que le même Esprit qui a inspiré la Bible et dirigé le processus de canonisation agira dans nos vies aujourd'hui en conformité avec la Bible. La Bible, inspirée par l'Esprit, est la principale source d'autorité pour la foi et la vie chrétiennes et la clé du discernement spirituel.

Le débat sur le canon cache des divergences importantes entre les interprétations protestantes et catholiques de la relation entre les Saintes Écritures et la tradition de l'église. Dans le dernier chapitre, nous avons présenté la doctrine protestante de *sola scriptura* tout en soutenant que la Bible doit être notre première référence en matière de théologie. Les protestants considèrent que la Bible prime, inévitablement, sur l'autorité de l'église et de la tradition. Il ne s'agit pas d'un déni de l'importance de la tradition, mais d'une revendication fondée sur la conviction que nous avons besoin d'une « Parole externe », d'une autorité révélatrice venant de Dieu, extérieure à nous et capable de nous corriger. Les doctrines protestantes sur la Bible et les méthodologies théologiques placent la Bible au-dessus de la tradition en tant que « règle normative ».

Pour le catholicisme, **le concile de Trente** a clairement défini la relation entre la Bible et la tradition dans le cadre du catholicisme post-réforme. Le concile a rejeté le principe protestant de *sola scriptura* et a établi que la théologie catholique s'appuie à la fois sur la Bible et la tradition des êtres vivants comme sources interdépendantes et autoritaires pour la théologie. L'Église catholique « accepte et vénère tous les livres de l'Ancien et du Nouveau Testament, puisqu'un seul Dieu en est l'auteur, ainsi que les traditions (qu'elles concernent la foi ou la morale) comme ayant été dictées oralement par Christ ou par le Saint-Esprit, et conservées dans l'église catholique en une succession ininterrompue »[36]. Au vingtième siècle, l'Église catholique a réaffirmé le principe d'égalité entre la Bible et la tradition lors du **deuxième concile du Vatican**, où l'enseignement officiel décrit les textes sacrés et la tradition sacrée comme provenant d'une même révélation, la Parole de Dieu : la Bible « telle que consignée par écrit sous l'inspiration de l'Esprit divin », et la tradition « la parole de Dieu confiée par le Seigneur Jésus-Christ et l'Esprit Saint aux Apôtres ». [37] La vérité de la tradition est considérée comme garantie par la succession des évêques, de Pierre au pape actuel, qui gardent cette tradition « dans sa pleine pureté, afin que, guidés par la lumière de l'Esprit de vérité, ils puissent, en la proclamant, préserver fidèlement cette parole de Dieu, l'expliquer et la faire connaître plus largement ». Dans la théologie catholique, « La Sainte Tradition et les Saintes Écritures doivent être acceptées et vénérées avec la même loyauté et le même respect. »[38]

Les théologiens protestants considèrent cette position comme une surévaluation de la tradition associée à un optimisme excessif concernant

---

Les livres deutérocanoniques

De nombreux chrétiens sont conscients des différences entre le canon biblique reconnu par les protestants, les catholiques romains et les chrétiens orthodoxes orientaux. Au cours de la réforme protestante, l'intérêt croissant pour l'étude de la Bible dans les langues originales (grec et hébreu) a attiré l'attention sur l'absence d'une partie de l'Ancien Testament en hébreu. Le canon catholique romain, qui inclut les livres que les protestants considèrent comme deutérocanoniques ou apocryphes, a été officiellement proclamé au Concile de Trente malgré l'exclusion de ces livres par les protestants. Ces livres latins avaient longtemps été utilisés comme textes sacrés chrétiens, mais les protestants les avaient exclus du canon parce qu'ils n'étaient pas reconnus comme textes sacrés par le peuple juif. La plupart des livres deutérocanoniques ont été écrits pendant la période entre l'Ancien et le Nouveau Testament, et ces livres sont utiles pour comprendre cette époque.

les êtres humains et les institutions humaines. Les protestants évoquent la très longue durée qui sépare la résurrection de Jésus de notre époque et les abus épouvantables commis dans l'église comme raisons majeures pour justifier une plus grande méfiance à l'égard de l'autorité de la tradition. Les différences entre protestants et catholiques sur la relation entre la Bible et la tradition se reflètent dans les explications relatives à la formation du canon, car nous assistons à une rencontre très complexe entre la Bible (les textes du canon) et la tradition (le processus de canonisation). Lorsque les catholiques mettent en avant l'autorité de l'église dans la formation du canon, les protestants mettent en avant les textes eux-mêmes. Lorsque les catholiques invoquent une tradition ecclésiastique faisant autorité pour proclamer un canon, les protestants considèrent que l'église reconnait l'autorité déjà inhérente aux Saintes Écritures. Les chrétiens étaient en mesure de se soumettre à cette autorité, en partie, parce que leur foi « était façonnée très tôt par un grand nombre de documents qui sont par la suite devenus canoniques. »[39] Le théologien John Webster exprime une position résolument protestante lorsqu'il déclare : « La prise de position de l'église est un acte de confession des éléments qui la précèdent et qui s'imposent à elle. »[40]

Définir et défendre l'autorité

Les chrétiens qui parlent des la doctrine des Saintes Écritures utilisent une terminologie spécifique pour indiquer le caractère autoritaire du texte. Cette formulation est particulièrement importante dans les conversations au sein de l'évangélisme aux États-Unis. Affirmer que la Bible est **inerrante** revient à revendiquer avec force la véracité et la fiabilité des textes bibliques. Dieu ne se trompe jamais, et la Bible est la Parole de Dieu ; il est donc logique de proclamer l'inerrance de la Bible. D'autres évangéliques qui redoutent que le terme « inerrance » sous-entende des normes à caractère historique et scientifique étrangères aux contextes dans lesquels les auteurs bibliques ont écrit préfèrent parler de l'infaillibilité de la Bible. Parler d'infaillibilité de la Bible revient à affirmer que cette dernière ne faillira jamais. Le dessein de Dieu est que la Bible nous conduise au salut et nous guide dans la vie chrétienne, sur ce plan, elle est infaillible. Les deux revendications d'inerrance et d'infaillibilité sont des assertions sur l'autorité de la Bible qui est la Parole de Dieu, ces deux termes se retrouvent dans les déclarations doctrinales des institutions et des églises américaines. En toute logique, reconnaitre l'inerrance équivaut à accepter l'infaillibilité. Cependant, la formulation du débat montre que l'inverse n'est pas toujours vrai, la confession de l'infaillibilité constituant souvent une alternative à l'inerrance. Les revendications d'inerrance comme celles d'infaillibilité sont des déclarations de foi, des déclarations sur le type de livre que Dieu nous a donné. Les deux termes prennent une signification particulière dans l'évangélisme du vingtième et du vingt-et-unième siècle. Le terme « inerrance » n'était pas couramment utilisé avant le dix-neuvième siècle, mais comme le souligne l'historien Mark Noll, « La certitude que Dieu communique dans la Bible des révélations sur lui-même et sur ses actes, et que ces révélations sont entièrement véridiques, a toujours été une conviction commune à la plupart des catholiques, des protestants, des orthodoxes et même des sectes marginales du christianisme. »[41]

Parmi les évangéliques des États-Unis, l'utilisation des termes inerrance et infaillibilité suscite des tensions. Malheureusement, il existe plusieurs désaccords entre les groupes de chrétiens qui revendiquent ces doctrines. Les partisans de l'infaillibilité redoutent que la doctrine de l'inerrance impose « une norme moderne sur des écrits anciens, »[42] mais plusieurs chrétiens qui soutiennent l'inerrance de la Bible sont sensibles aux différences entre les contextes anciens et modernes et assurent que la Bible peut s'adapter à son époque et à son environnement. Par exemple, Carl Henry déclare qu'il ne faut pas exiger aux auteurs de la Bible « la précision avec laquelle la technologie moderne traite des statistiques et des mesures, le respect de la méthode historiographique moderne pour présenter les généalogies et autres données historiques, ou la pertinence de la méthode scientifique moderne pour traiter des questions cosmologiques. »[43] En d'autres termes, la doctrine de l'inerrance met l'accent sur la nécessité de valoriser les Saintes Écritures selon leurs propres termes et non selon « des normes de vérité et d'erreur qui sont étrangères à son usage ou à son objectif. »[44] Certes, les incriminations mutuelles entre les camps de l'inerrance et de l'infaillibilité ne sont pas rares, mais une lecture bienveillante des deux revendications doctrinales révèle de nombreuses similitudes. Les deux doctrines sont des affirmations fortes sur la fiabilité de la Bible, une crédibilité qui provient de Dieu en sa qualité d'auteur de la Bible. Toutes les deux sont des déclarations de foi. En d'autres termes, je ne peux pas apporter la « preuve » que la Bible est le texte qui fait autorité, comme je le crois. Mon acceptation de l'autorité biblique est une confession de foi, une confession sur le Dieu que je rencontre lorsque je lis la Bible. Lorsque nous étudions la Bible, la vérité qu'elle contient n'est pas toujours évidente, mais dans la foi, nous continuons à chercher la vérité de Dieu, confiants que la Bible est le moyen de révélation choisi par Dieu et que nous verrons davantage cette vérité au

> ## Sonnet : les Saintes Écritures
>
> Dans ce sonnet, le poète George Herbert (1593-1633) médite sur la « douceur universelle » de la Parole de Dieu, qu'il appelle « masse de délices étranges ». Pour emboîter le pas à Calvin qui compare la Bible et des lunettes, Herbert décrit la Bible comme une lentille « qui répare les yeux de l'observateur ».
>
> Ô, Livre ! Douceur universelle ! Que mon cœur
>   S'abreuve de chaque lettre, pour un gain harmonieux,
>   Précieux pour tout chagrin, en toute circonstance ;
> Pour purifier le cœur, pour apaiser toute douleur.
>
> Tu es la santé, une santé florissante,
>   Pour une éternité complète : tu es une masse
>   De délices étranges, que nous pouvons désirer et acquérir.
> Mesdames, regardez : c'est la lunette de la reconnaissance,
>
> Qui répare les yeux des observateurs ; c'est le puits
>   Qui lave ce qu'il révèle. Qui peut ne pas saluer
>   Tes louanges ? Tu es ici consolateur céleste,
> Œuvrant contre la mort et l'enfer.
>
>   Tu es la source de la joie : en toi repose le ciel,
>   Soumis au genou fléchi de tous les constructeurs.[a]
>
> a. *The Poetical Works of George Herbert* (New York: D. Appleton, 1857), 71-72.

fur et à mesure que nous grandissons dans notre intimité avec Dieu. Le théologien Alan Padgett déclare : « La vérité biblique concerne notre relation avec Christ, car une vérité personnelle exige une relation personnelle. »[45] Même si nous nous efforçons de formuler des doctrines fidèles à la nature de la Parole de Dieu contenue dans la Bible, nous connaissons ultimement la vérité de la Bible dans notre relation avec Celui à qui elle rend témoignage.

La mise en pratique de la doctrine des Saintes Écritures

À première vue, la doctrine de la révélation et celle des Saintes Écritures semblent très faciles à mettre en pratique dans la vie quotidienne, car cette mise en pratique débute par la lecture et l'étude de la Parole de Dieu. Depuis longtemps, les chrétiens ont pour habitude de mémoriser des pans de la Bible, d'intérioriser la Parole de Dieu, afin

3
Le Dieu que nous adorons

La doctrine de la Trinité

Car ainsi parle l'Éternel, le Créateur des cieux, le seul Dieu, qui a formé la terre, qui l'a faite et qui l'a affermie, qui l'a créée pour qu'elle ne fût pas déserte, qui l'a formée pour qu'elle fût habitée : je suis l'Éternel, et il n'y en a point d'autres. Je n'ai point parlé en cachette, dans un lieu ténébreux de la terre ; je n'ai point dit à la postérité de Jacob : cherchez-moi vainement ! Moi, l'Éternel, je dis ce qui est vrai, je proclame ce qui est droit. Assemblez-vous et venez, approchez ensemble, réchappés des nations ! Ils n'ont point d'intelligence, ceux qui portent leur idole de bois, et qui invoquent un dieu incapable de sauver.

Ésaïe 45.18-20

Ésaïe déclare un message puissant à savoir : il n'y a qu'un seul Dieu, et seul Dieu a le pouvoir de sauver. Il n'y a « aucun autre » Seigneur que le vrai Dieu, qui nous est révélé dans les Saintes Écritures. Parce que Dieu nous dit la vérité sur qui il est, l'identité de Dieu n'est pas secrète. Les adorateurs d'autres dieux, de faux dieux ont un double problème : d'abord, ils manquent de connaissance, et ensuite, leurs « dieux » ne peuvent pas sauver. Dans les Écritures, le problème grave de l'idolâtrie revient sans cesse. Pour les êtres humains pécheurs, l'idolâtrie représente une caractéristique fondamentale de leur vécu. Le cœur humain, selon le diagnostic de Jean Calvin, est une « usine d'idoles ». [49]

L'idolâtrie engendre des conséquences dévastatrices. Elle rend notre pensée « futile » et obscurcit notre « pensée dépourvue d'intelligence » (Romains 1.21). L'idolâtrie détruit en outre des vies humaines, car nous trouvons du plaisir dans nos faux dieux et agissons en fonction de ce plaisir (v. 26). L'adoration de faux dieux façonne des personnes qui sont comme le déclarent les paroles suivantes : « Ils accumulent toutes sortes d'injustices et de méchancetés, d'envies et de vices ; ils sont pleins de jalousie, de meurtres, de querelles, de trahisons, de perversités. Ce sont des médisants, des calomniateurs, des ennemis de Dieu, arrogants, orgueilleux, fanfarons, ingénieux à faire le mal ; ils manquent à leurs devoirs envers leurs parents » (v. 29-30). À plusieurs reprises, la Parole de Dieu nous avertit que nous deviendrons semblables aux dieux que nous servons. Selon G. K. Beale, « Les adorateurs reflètent dans leur caractère l'image impie de ce qu'ils adorent. »[50] Nous sommes façonnés à la ressemblance de nos faux dieux ; les personnes qui fabriquent des idoles « leur ressembleront [...], et tous ceux qui leur font confiance » (Psaumes 115.8). Lorsque nous commettons l'idolâtrie, nous ne connaissons pas Dieu, notre vie est un désordre, nous nous prosternons pitoyablement devant des « dieux » incapables d'offrir le salut. Les idolâtres sont « dépourvus d'intelligence et de loyauté, insensibles, impitoyables » (Romains 1.31).

Dieu nous sauve en fait de ce bourbier en nous révélant son caractère et son identité. Fuyant les idoles, nous courons vers le Dieu trinitaire, qui nous a montré son vrai caractère de Dieu unique : Père, Fils et Saint-Esprit. La doctrine de la Trinité nous interpelle à revenir au seul vrai Dieu, car elle nous enseigne à parler avec prudence de la personne de Dieu. Parce qu'elle nous enseigne l'identité de Dieu et nous aide à distinguer le Dieu vivant des fausses idoles, la doctrine de la Trinité est fondamentale dans la foi chrétienne. Elle fournit un enseignement de base sur Dieu, nous permettant de savoir qui nous adorons. Le mystère de la nature trinitaire de Dieu nous est révélé dans les Écritures, et ce don gracieux est aussi pratique, car il nous permet de mieux aimer et servir Dieu. Lorsque nous nous détournons des idoles et adorons le Dieu trinitaire, Dieu nous transforme à son image et nous lui ressemblons davantage.

Un seul Dieu en trois personnes

Le mystère de l'être de Dieu est la triunité de Dieu. L'unique vrai Dieu (le seul Dieu) existe éternellement en trois personnes, les mêmes trois personnes que nous voyons à l'œuvre lors du baptême de Jésus dans le Jourdain par son cousin Jean. « Au moment où il sortait de l'eau, il vit le ciel se déchirer et l'Esprit descendre sur lui comme une colombe. Une voix retentit alors du ciel : tu es mon Fils bien-aimé, tu fais toute ma joie » (Marc 1.10-11). Ici, le Père parle, le Fils sort de l'eau et l'Esprit descend. Les trois personnes du Dieu trinitaire sont actives en ce moment comme à chaque instant. Le Père est Dieu. Le Fils est Dieu. Le Saint-Esprit est Dieu. Ainsi, en totale harmonie avec l'Ancien Testament, il n'existe qu'un

Le Dieu que nous adorons

> ### Verset clé
>
> Jésus lui dit : « Je suis le chemin, la vérité, et la vie. Nul ne vient au Père que par moi. Si vous me connaissiez, vous connaitriez aussi mon Père. Et dès maintenant vous le connaissez, et vous l'avez vu. Philippe lui dit : Seigneur, montre-nous le Père, et cela nous suffit. Jésus lui dit : il y a si longtemps que je suis avec vous, et tu ne m'as pas connu, Philippe ! Celui qui m'a vu a vu le Père ; comment dis-tu : montre-nous le Père ? Ne crois-tu pas que je suis dans le Père, et que le Père est en moi ? Les paroles que je vous dis, je ne les dis pas de moi-même ; et le Père qui demeure en moi, c'est lui qui fait les oeuvres. Croyez-moi, je suis dans le Père, et le Père est en moi ; croyez du moins à cause de ces oeuvres. En vérité, en vérité, je vous le dis, celui qui croit en moi fera aussi les oeuvres que je fais, et il en fera de plus grandes, parce que je m'en vais au Père ; et tout ce que vous demanderez en mon nom, je le ferai, afin que le Père soit glorifié dans le Fils. Si vous demandez quelque chose en mon nom, je le ferai. Si vous m'aimez, gardez mes commandements. Et moi, je prierai le Père, et Il vous donnera un autre consolateur, afin qu'il demeure éternellement avec vous, l'Esprit de vérité, que le monde ne peut recevoir, parce qu'il ne le voit point et ne le connait point ; mais vous, vous le connaissez, car Il demeure avec vous, et Il sera en vous. Je ne vous laisserai pas orphelins, je viendrai à vous. Encore un peu de temps, et le monde ne me verra plus ; mais vous, vous me verrez, car je vis, et vous vivrez aussi. En ce jour-là, vous connaitrez que je suis en mon Père, que vous êtes en moi, et que je suis en vous. Celui qui a mes commandements et qui les garde, c'est celui qui m'aime ; et celui qui m'aime sera aimé de mon Père, je l'aimerai, et je me ferai connaitre à lui. » (Jean 14.6-21)

seul Dieu. Le Dieu trinitaire est le Dieu unique d'Israël ; Dieu n'est pas devenu trinitaire à un moment donné dans le temps. Au contraire, Dieu est éternellement Père, Fils et Saint-Esprit. Si nous voulons connaitre la vérité sur Dieu, nous devons nous tourner vers le Père, le Fils et l'Esprit. Nous devons étudier ce que le Dieu unique, c'est-à-dire, le Père, le Fils et le Saint-Esprit, a fait tout au long de l'histoire, de la création à nos jours, et nous comprendrons mieux cet enseignement si nous examinons l'évolution de la compréhension de la Trinité dans l'Église primitive.

Discerner la doctrine

Au cours des premiers siècles qui ont suivi la résurrection de Jésus, l'Église a connu une transition. Les chrétiens avaient besoin de donner un sens aux nouvelles oeuvres que Dieu avait faites en Jésus-Christ à la lumière des oeuvres que Dieu avait accomplies dans les siècles passés. Si ce qu'ils savaient de Dieu dans l'Écriture était vrai et si ce qu'ils savaient de Dieu en Jésus était vrai, comment pouvaient-ils alors rassembler tous ces éléments ? Que savaient-ils de Dieu maintenant que Jésus était ressuscité des morts ? À quoi ressemblerait l'adoration de Jésus et la fidélité au seul vrai Dieu ? Comment l'œuvre du Père, du Fils et du Saint-Esprit pouvait-elle avoir un sens à la lumière de la révélation que Dieu est un ? Un texte fondateur est tiré du livre de Deutéronome :

> Écoute, Israël : l'Éternel est notre Dieu, l'Éternel seul. Tu aimeras l'Éternel, ton Dieu, de tout ton cœur, de toute ton âme et de toute ta force. Garde dans ton cœur ces paroles que je te prescris aujourd'hui. Récite-les à tes enfants et parle-leur quand tu es à la maison et quand tu es loin, quand tu te couches et quand tu te lèves. Lie-les comme un signe sur ta main, fixe-les comme un emblème sur ton front, et écris-les sur les montants de ta maison et sur tes portes. (Deutéronome 6.4-9)

À travers des luttes permanentes contre l'idolâtrie, Israël a appris qu'il n'existe qu'un seul Dieu, « l'Éternel seul ». Il n'y a pas d'autres dieux que l'Éternel, et nous devons tout : notre cœur, notre âme et notre force, à ce Dieu. Cette vérité était si importante qu'elle exigeait des rappels pratiques quotidiens, notamment des paroles écrites sur les poteaux des portes et des causeries constantes à ce sujet. Les nouveaux chrétiens savaient parfaitement, comme Jésus aussi, que Dieu est « l'Éternel seul », un Dieu jaloux qui ne tolère pas la rivalité. Ils le savaient, et effectivement, ils adoraient Jésus et l'appelaient « Seigneur » (Matthieu 28.9 ; Luc 24.52 ; Hébreux 1.6). Le peuple de Dieu a formulé la doctrine de la Trinité, tout en cherchant un moyen de maintenir ensemble les vérités selon lesquelles (1) il n'existe qu'un seul Dieu et (2) Jésus est Dieu, digne d'être adoré. Historiquement, ces questions portaient d'abord sur la façon de penser à Jésus, mais il était devenu évident que l'église devait aussi répondre à ces questions concernant le Saint-Esprit.

Les hérésies trinitaires

il a fallu un travail théologique et une lecture minutieuse des Écritures pour comprendre que Dieu est trinitaire. De nombreuses façons de comprendre Jésus, son Père et l'Esprit ont été proposées, et l'Église a rejeté plusieurs de ces tentatives de compréhension, les considérant comme des façons inadéquates d'identifier le Dieu des Écritures. Ces méthodes maladroites de parler de Dieu sont désormais reconnues comme des hérésies. La compréhension de ces hérésies nous aidera à saisir la raison pour laquelle la doctrine de la Trinité est la meilleure façon de décrire le Dieu révélé à nous dans les Écritures. Notre prochaine tâche consiste donc à présenter plusieurs tentatives hérétiques d'expliquer la réalité du Père, du Fils et du Saint-Esprit. Les trois hérésies à savoir : l'adoptionnisme, le modalisme et l'arianisme, mettent l'accent sur le fait que Dieu est un, et toutes les trois souhaitent rejeter l'idolâtrie. Ces hérésies reposent toutes sur la même hypothèse erronée : elles suggèrent que reconnaitre Jésus et l'Esprit Saint comme Dieu porte atteinte au fait que Dieu est un. Elles acceptent que le Père est Dieu, mais elles supposent à tort que Jésus et l'Esprit Saint ne peuvent pas être réellement divins.

L'adoptionnisme

L'adoptionnisme est une forme de **subordinationnisme**, lequel ferait de Jésus et du Saint-Esprit des êtres inférieurs au Père. La conception **adoptionniste** de Jésus fait de lui un être humain ordinaire qui a mérité d'être adopté par Dieu, et c'est son « progrès moral qui lui a valu le titre de Fils de Dieu. »[51] Quelque soit le statut spécial de ce Jésus adoptif, ce n'est pas parce qu'il est vraiment divin, mais parce que Dieu le lui a conféré sur la base de sa vie obéissante. Ce Jésus n'est pas divin par nature ; au contraire, il a été promu au rang de Fils. Au fond, l'adoptionnisme tente de défendre le fait que Dieu est un en niant que Jésus est Dieu. Cette hérésie élimine Jésus en tant que rival du Père.

Bien que son impulsion vise à combattre l'idolâtrie, l'adoptionnisme fait défaut parce qu'il plonge en fin de compte l'Église chrétienne dans l'idolâtrie. Parce que le Jésus présenté par l'adoptionnisme n'est pas vraiment Dieu, quiconque l'adore tombe dans la catastrophe de l'idolâtrie. Ceux qui se tournent vers le Jésus présenté par l'adoptionnisme comme Seigneur et Sauveur sont abandonnés à eux-mêmes. Un autre être humain, une créature comme nous, ne peut pas nous sauver, pensent-ils. Nous avons besoin de Dieu pour nous sauver, et cet impératif laisse place à un autre grave fiasco de l'adoptionnisme. Il déforme la Bonne nouvelle du salut, la transformant en une histoire de récompenses gagnées en échange d'une vie bien menée. Si Jésus n'est que l'un d'entre nous, mais qu'il a vécu dans l'obéissance parfaite au Père et qu'il a ainsi été adopté comme Fils de Dieu, il semblerait que nous soyons tous appelés à faire de même. La Bonne nouvelle de Jésus, en tant que Sauveur, est remplacée par des exigences impossibles qui consistent à imiter un homme bon. Aucun exemple humain, aussi bon ou sage soit-il, ne peut offrir le salut. Dans l'adoptionnisme, la Bonne nouvelle devient une nouvelle brutale ; la gracieuse espérance du Christ Sauveur est remplacée par une offre de fausse espérance, une attente impossible à concrétiser. L'adoptionnisme nous crée par ailleurs des problèmes en vue de notre compréhension de la révélation. Lorsque le Jésus présenté par l'adoptionnisme parle, nous entendons une parole humaine et non la Parole de Dieu. Les christologies qui, comme l'adoptionnisme, nient la divinité de Jésus réfutent aussi qu'il est la vérité révélée de Dieu.

Le modalisme

il s'agit également d'une tentative de protéger le fait que Dieu est un, l'hérésie du **modalisme** (parfois appelée sabellianisme) est plus subtile que l'adoptionnisme. Au lieu de nier simplement que Jésus est Dieu, le modalisme suggère que le Père, le Fils et le Saint-Esprit forment trois modes par lesquels le Dieu unique agit dans le monde. Pour les modalistes, le Père, le Fils et l'Esprit ne sont pas la vérité la plus profonde sur Dieu. Au contraire, ils sont comme trois masques que Dieu porte lorsqu'il va travailler dans le monde. La véritable vérité sur Dieu, pour les modalistes, se cache derrière ces masques. Pour le modaliste, l'œuvre de Dieu est comprise comme une pièce de théâtre. Imaginez qu'un acteur présente un spectacle mettant en scène trois personnages. Le même acteur jouera les trois rôles, passant d'un masque à l'autre lorsqu'il est temps de jouer un autre rôle. Imaginez qu'après le baisser de rideau, quelqu'un nous présente l'acteur. Nous pourrions louer le talent de l'acteur ou commenter l'habileté requise pour jouer trois rôles différents. Toutefois, nous ne supposerions pas que l'acteur est le même que les trois personnages du spectacle, et nous n'aurions aucune raison de penser que nous connaissons personnellement cet acteur. Le fait que nous ayons vu l'acteur interpréter trois personnages ne nous révèle pas la vérité sur l'identité de cette personne.

Cette analogie nous aide à voir les problèmes que pose la conception modaliste de Dieu. Le Dieu modaliste semble trois, mais en réalité il n'est qu'un. En essayant de soutenir le fait que Dieu est un, le modalisme nie que le Père, le Fils et le Saint-Esprit sont la vérité relative à la personne de Dieu. Ainsi, le modalisme renonce à la beauté et au serieux de tout ce que le Père, le Fils et l'Esprit font dans le monde. Si le Jésus qui est mort sur la croix n'était pas le vrai Dieu, mais seulement un mode à travers lequel Dieu agissait, si la crucifixion n'est qu'un acte que Dieu mettait en scène, ce fait importe beaucoup moins que si le Jésus crucifié est le vrai Dieu qui proclame la vérité sur l'amour de Dieu pour le monde entier. Si Jésus est un mode de fonctionnement de Dieu, alors sa mort donne l'impression que Dieu nous aime. Si Jésus est vraiment Dieu, alors sa mort est la vérité que Dieu nous aime. Le modalisme ne peut expliquer les relations entre le Père, le Fils et l'Esprit, ni même les moments dans l'Écriture où plus d'un des trois est présent en même temps. Le modalisme ne permet pas de comprendre la raison pour laquelle ces trois modes sont spéciaux ou différents des autres modes possibles à travers lesquels Dieu pourrait choisir d'agir. Le Dieu modaliste pourrait-il agir dans un quatrième ou cinquième mode ? Enfin, parce que le Dieu modaliste n'est pas vraiment trois, le modalisme conduit à l'idée problématique du **patripassianisme**, ou la suggestion que Dieu le Père est mort sur la Croix. Soit la croix est une ruse, soit le modalisme voudrait dire que le Dieu éternel est mort.

Malgré ses intentions, le modalisme, comme l'adoptionnisme, constitue aussi une forme d'idolâtrie. Parce que le Père, le Fils et l'Esprit modalistes sont des rôles que Dieu joue dans le monde et non la vérité réelle sur le caractère et l'identité de Dieu, quiconque les adore tombe dans le piège de l'idolâtrie. Adorer un rôle au lieu du vrai Dieu nous prive ainsi de la vraie connaissance de Dieu ou d'une vraie relation avec le seul qui est digne d'être adoré et qui a le pouvoir de sauver. Dans le modalisme, la Bonne nouvelle devient une fausse nouvelle ; la vérité de l'amour de Dieu pour le monde devient une campagne publicitaire. Au lieu que le Père nous aime suffisamment pour envoyer le Fils mourir sur une croix et au lieu du sacrifice véritable et volontaire du Fils, le Dieu modaliste joue le rôle d'un homme crucifié. Au lieu de vaincre la mort alors que Jésus est ressuscité du tombeau par la puissance du Saint-Esprit, le Dieu modaliste met en scène pour nous une pièce dans laquelle il semble que la mort est vaincue. Le modalisme met une barrière entre la vérité sur Dieu et les oeuvres magnifiques que Dieu a accomplies dans l'univers.

L'arianisme

Dans une autre tentative de soutenir que Dieu est un, l'hérésie de **l'arianisme** enseignait que Jésus était la première et la plus suprême des créatures de Dieu. Arius (336 apJ.C) enseignait une forme de subordinationnisme bien plus sophistiquée sur le plan philosophique par rapport à l'adoptionnisme. Reconnaissant que l'une des vérités les plus fondamentales sur Dieu réside dans le fait qu'il n'a pas été créé, Arius était prêt à admettre que Jésus était « comme » Dieu à d'autres égards. En fait, l'arianisme accorde à Jésus une valeur autant que possible sans affirmer qu'il est éternel et n'a pas été créé. Fort de ce qui précède, l'arianisme va bien au-delà de l'adoptionnisme dans le statut divin qu'il accorde à Jésus. Là où l'adoptionnisme ne peut expliquer la « Parole qui est devenue homme » (Jean 1.14), l'arianisme tente de traiter ce texte et d'autres qui parlent de la grandeur de Jésus en les interprétant de manière subordonnée. L'arianisme proposerait un Jésus qui a été créé avant le début des temps, mais qui, comme les autres créatures, a quand même eu un commencement. L'enseignement arien sur Jésus se résumait au slogan « il existait quand il n'était pas ». Bien que l'arianisme ait accordé à Jésus un statut divin, il a nié qu'il est éternel, que seul Dieu peut l'être. L'arianisme insistait sur le fait que si nous pouvions remonter au commencement, avant la création, nous arriverions à l'endroit où Jésus n'existait pas encore. Nous rencontrerions le « était » dans lequel Jésus « n'était pas ». Le Jésus arien, aussi suprême créature qu'il soit, n'est pas incréé et éternel, il n'est donc pas vraiment Dieu.

À ce stade, un peu de terminologie grecque était importante pour le débat sur la question de savoir si Jésus est vraiment Dieu. Le mot *ousia* signifie « substance » ou « essence » ; il décrit le cœur même de quelque chose. La substance ou l'essence de Dieu, semble-t-il, est la divinité ou la nature divine. Le parti arien admettait que Jésus est la plus parfaite des créatures, mais insistait sur le fait que Jésus ne pouvait pas partager l'*ousia* du Père. Au contraire, pour les ariens, Jésus était semblable à Dieu par essence, ou *homoiousios* avec le Père. Les ariens soutenaient que la divinité de Jésus représente un don qu'il reçoit du Père. Le Jésus arien n'est pas Dieu en tant que tel, mais il est semi-divin, éternellement subordonné au Père. Les ariens considéraient que l'Esprit était lui aussi éternellement subordonné.

Il est assez facile d'utiliser l'Écriture pour prouver le texte en faveur de la position arienne. Il existe, après tout, de nombreux moments de subordination dans le Nouveau Testament, des moments où Jésus semble être en quelque sorte moins que le Père. Les ariens utilisaient des textes comme Jean 4.34, dans lequel Jésus déclare : « ce qui me nourrit, leur expliqua Jésus, c'est d'accomplir la volonté de celui qui m'a envoyé et de mener à bien l'œuvre qu'il m'a confiée », pour essayer de soutenir leur point de vue selon lequel Jésus ne pouvait pas vraiment être Dieu au sens plein du terme. Ce moment de l'histoire de la pensée chrétienne montre combien il est important de lire les Écritures dans son ensemble lorsqu'on essaie de comprendre la doctrine. Des versets isolés peuvent sembler prouver que les ariens avaient raison, mais une lecture de l'ensemble de la Bible, de Genèse à Apocalypse, révèle que l'affirmation arienne est contraire aux Écritures. Il n'est même pas nécessaire de quitter l'Évangile de Jean pour voir qu'un texte comme celui ci-dessus doit être lu en relation avec ceux qui témoignent que Jésus est Dieu, des textes comme Jean

10.30, dans lequel Jésus dit : « or, moi et le Père, nous ne sommes qu'un », ou Jean 20.28, où Thomas crie à Jésus ressuscité : « Mon Seigneur et mon Dieu ! » Au-delà des versets et contre-versets, quand même, la logique du canon nous oriente vers un Jésus qui est Dieu. Par exemple, l'historien John Behr explique : « La divinité de Jésus est exprimée dans le Nouveau Testament principalement en lui attribuant toutes les activités et propriétés qui, dans l'Écriture [l'Ancien Testament], appartiennent à Dieu seul. »[52] Behr, ici, lit la profonde unité entre les Testaments et reconnaît le portrait de Jésus dans le Nouveau Testament comme le portrait de nul autre que Dieu. Les textes subordinationistes doivent être lus à cette lumière, comme décrivant la relation terrestre entre Jésus incarné et son Père, et non les relations éternelles qui sont la vie même de Dieu.

Bien qu'il aille au-delà de l'adoptionnisme dans ce qu'il enseigne sur Jésus, l'arianisme échoue tout comme l'adoptionnisme. Ayant fait de Jésus une créature, la logique arienne ne peut pas affirmer simultanément l'interdiction claire de l'idolâtrie qui ressort dans toute la Bible et la recommandation claire des Écritures selon laquelle nous devons, comme les disciples et les anges, adorer Jésus-Christ (Matthieu 14.33 ; 28.9 ; Hébreux 1.6). Si Arius avait raison à propos de Jésus, alors adorer Jésus serait de l'idolâtrie. Puisque le Jésus arien n'est pas vraiment Dieu, il n'a pas la vraie connaissance du Père, et il ne peut pas vraiment nous révéler le Père. Peu importe la grandeur ou la perfection de la créature ; nous avons besoin de Dieu et non d'une créature. Michael Thompson l'exprime ainsi : « Le Fils ne peut pas être un pont entre Dieu et l'humanité si le pont n'atteint pas pleinement les deux extrémités. »[53] En taxant Jésus comme étant moins que Dieu, l'arianisme ne prend pas non plus au sérieux l'essence du Père. S'il y a eu un temps, même avant le moment, où Jésus, le Fils, n'avait pas d'existence, alors il y a eu aussi un temps où le Père n'existait pas en tant que Père. Dieu ne peut pas être, en vérité, le Père sans le Fils, car sans le Fils, il n y a pas de relation père-fils dans la vie de Dieu. L'arianisme déforme donc le Père de Jésus-Christ pour en faire une idole en laissant entendre que le Père est un Dieu différent de celui que nous rencontrons dans les Écritures, le Dieu qui est le Père du Seigneur Jésus-Christ.

La doctrine trinitaire de Nicée

Á l'an 325, des évêques de toute l'Église chrétienne se sont réunis au concile œcuménique de Nicée pour confronter le défi arien, et le concile a affirmé que Jésus est véritablement Dieu. Contre la suggestion arienne selon laquelle Jésus est « comme » Dieu ou *homoiousios* avec le Père, Nicée a proclamé avec audace que Jésus partage la divinité du Père. Dieu le Fils est *homoousios* avec Dieu le Père, le même en essence ou en substance. La différence d'une lettre grecque, le minuscule *iota*, entre l'*homoi* (semblable) de l'arianisme et l'*homo* (même) de l'orthodoxie, marque la différence incommensurable entre la réduction de Jésus au rang de créature et la confession qu'il est véritablement Dieu. La lutte contre l'arianisme s'est poursuivie et les conclusions du concile de Nicée ont été réaffirmées en 381 au concile de Constantinople. Les affirmations de ce concile sont résumées dans les mots du symbole de Nicée-Constantinople. Habituellement connue sous le nom de **symbole de Nicée** (souvent appelé simplement le crédo), cette déclaration renferme une grande quantité de théologie en très peu de mots. Ces mots distillent la vérité sur Dieu révélée dans les Écritures dans un format bref et facile à enseigner, qui nous aide à connaître le caractère et l'identité du Dieu trinitaire.

Tout d'abord, le crédo (le symbole) affirme qu'il n'existe qu'un seul Dieu, et il l'affirme en pleine relation avec la foi d'Israël. Ce crédo met l'accent sur l'unicité de Dieu et exclut la possibilité du **trithéisme**, la croyance qu'il existe trois Dieux. Loin d'être contraire à la foi monothéiste d'Israël, l'affirmation que Jésus et le Saint-Esprit sont vraiment Dieu est le seul moyen de maintenir cette foi, après qu'il est devenu clair que Jésus est le Sauveur. À la lumière de la révélation de Dieu en Jésus, la meilleure façon de rejeter l'idolâtrie et d'affirmer la confession fidèle d'Israël selon laquelle Dieu est « l'Éternel seul » est de reconnaitre le mystère de la Trinité. C'est pourquoi la théologienne Janet Soskice a raison d'affirmer, de manière contre-intuitive, que la doctrine de la Trinité est « le moyen par lequel le christianisme reste le plus proche de ses racines juives. »[54] Si Jésus était quelqu'un d'autre que le vrai Dieu, les chrétiens seraient en effet opposés au judaïsme lorsqu'ils se prosternent devant lui. Le Dieu unique confessé dans le symbole de Nicée est le même Dieu que nous connaissons en lisant l'histoire de la création dans le livre de Genèse, la délivrance d'Israël d'Égypte dans le livre d'Exode, ou les commandements de justice et d'obéissance dans les prophètes.

La confession que Jésus est *homoousios* avec le Père est faite contre le subordinationnisme. Jésus-Christ est pleinement Dieu, « Lumière de la Lumière, vrai Dieu du vrai Dieu ». Nous sommes en mesure de connaitre ce Jésus en le situant dans les événements historiques. Le Fils est l'homme qui a été crucifié sous Ponce Pilate. Nous confessons également que l'Esprit est Dieu, « Le Seigneur, celui qui donne la vie. » Le Seigneur Dieu est « un seul Dieu »; entendez l'écho de Deutéronome, et Jésus et l'Esprit, ainsi que le Père, sont à juste titre appelés Seigneur. Ce crédo affirme

Le Dieu que nous adorons

> ### Le crédo de Nicée-Constantinople[a] :
>
> Nous croyons en Dieu, Père tout-puissant,
> créateur du ciel et de la terre,
> de toutes les choses visibles et invisibles.
>
> Et en un seul Seigneur,
> Jésus-Christ, le Fils unique de Dieu,
> né du Père avant tous les siècles,
> lumière issue de la lumière,
> vrai Dieu issu du vrai Dieu,
> engendré et non créé,
> d'une même substance que le Père
> et par qui tout a été fait ;
> qui, pour nous les hommes et pour notre salut,
> est descendu des cieux
> et s'est incarné par le Saint-Esprit et la vierge Marie
> et a été fait homme.
> Il a été crucifié pour nous sous Ponce Pilate,
> il a souffert et il a été mis au tombeau ;
> il est ressuscité des morts le troisième jour, conformément aux Écritures ;
> il est monté aux cieux
> où il siège à la droite du Père.
> De là, il reviendra dans la gloire
> pour juger les vivants et les morts,
> et son règne n'aura pas de fin.
>
> Et en l'Esprit Saint
> qui règne et qui donne la vie,
> qui procède du Père,
> qui a parlé par les prophètes,
> qui, avec le Père et le Fils, est adoré et glorifié.
>
> Et une seule Église, sainte, universelle et apostolique.
> Nous confessons un seul baptême pour la rémission des péchés ;
> nous attendons la résurrection des morts
> et la vie du monde à venir.
> Amen.

également, contre le subordinationnisme et le modalisme, que Dieu par essence renvoie à une notion de relation. Le Fils est « engendré » par le Père, et l'Esprit « provient » du Père. Les relations d'amour entre le Père, le Fils et le Saint-Esprit vont droit au cœur et à l'essence de Dieu. Le Père, le Fils et le Saint-Esprit accomplissent tous les oeuvres que Dieu accomplit. Les trois personnes s'identifient à l'œuvre de Dieu en tant que Créateur : le Père est « Créateur du ciel et de la terre », le Fils est celui « par [qui] tout a été fait » et l'Esprit est « celui qui donne la vie ». Le crédo utilise les trois noms, le Père, le Fils et le Saint-Esprit, qui sont révélés dans les Écritures et confesse que ces trois personnes sont éternelles.

En tant qu'êtres humains limités, nous ne pouvons pas saisir la plénitude de la nature trinitaire de Dieu, et aucune pratique de la doctrine ne peut ou ne pourrait percer le mystère trinitaire. Malheureusement, les chrétiens suggèrent parfois que cet aspect rend la doctrine de la trinité dénuée de sens. Au contraire, la doctrine existe pour aider les chrétiens à enseigner l'identité de Dieu, telle que révélée dans les Écritures, aussi fidèlement et clairement que possible. Nous confessons que Dieu est trinitaire en nous soumettant à la logique de ce que Dieu (Père, Fils et Saint-Esprit) a accompli dans les Écritures. La doctrine n'efface ni n'explique le paradoxe de la Trinité dans le fait d'être un. Au contraire, elle reconnait que le fait pour Dieu d'être un n'a pas besoin d'être protégé contre nous, et elle nous demande de renoncer à l'orgueil qui consisterait à prétendre savoir ce qui doit être vrai et de nous réjouir de la bonté de la vie triune inattendue de Dieu.

Les Écritures et le langage sur la Trinité

La confession du symbole de Nicée est née d'un processus de discernement au cours duquel les chrétiens ont été confrontés à tout ce que les Écritures nous révèlent au sujet de Dieu et ont appris à parler de Dieu d'une manière qui ait un sens à la lumière de ces Écritures. Parfois, les hommes s'opposent au langage théologique parce qu'il n'est pas le langage direct des Écritures. Jean Calvin a entendu parler de la même objection, et il a répondu en soulignant que les termes théologiques comme « Trinité » et « personnes » sont utilisés dans le but de montrer la vérité des Écritures. « Indiquer que dans l'unique essence de Dieu il y a une trinité de personnes revient à souligner en un mot ce que les Écritures déclarent, et vous couperez court à tout bavardage vide. »[55] Le terme Trinité exprime des jugements bibliques sur la nature de Dieu,[56] et la doctrine coïncide avec les Écritures dans son ensemble, et ce n'est donc pas un enseignement que nous essayons de prouver avec une simple liste de versets. Au contraire, l'ensemble des Saintes Écritures, de Genèse à Apocalypse, témoignent le caractère et l'identité du Dieu trinitaire.

James Kombo sur la Trinité dans la pensée africaine :

Au chapitre 1, nous avons vu la réflexion du théologien kényan James Kombo sur la relation entre des contextes intellectuels particuliers et la doctrine. Ici, nous le voyons élaborer la doctrine de la Trinité en utilisant des catégories africaines d'une manière parallèle à l'utilisation par les Pères de Nicée de catégories grecques pour être fidèles au témoignage biblique dans le langage du crédo :

> Une christianisation soigneuse du concept africain de Dieu devrait d'abord accepter pleinement que Dieu est un. Les Africains savent déjà que Dieu est un, et que ce Dieu est l'explication de la genèse de l'homme et de tout l'ordre créé. En outre, dans le contexte africain, Dieu n'est pas une substance ou une essence statique, ni un simple homme à l'échelle infiniment agrandie. Au contraire, Il est le « Grand *Muntu* », un « sujet » doté de la personnalité ultime et donc distinct de tous et de tout le reste. [...] La pensée chrétienne africaine doit « Yahwhéiser » le « Grand *Muntu* » et le nommer en termes trinitaires. Il s'agit là d'un point de départ important qui doit être délibérément abordé. Le contexte africain, comme nous l'avons noté, connait le monothéisme, mais l'idée de Dieu comme Trinité est un concept complètement nouveau. Le point de départ du concept de la Trinité est l'incarnation. La Trinité est le point central dans l'adoration chrétienne et ce concept permet d'affirmer que Jésus-Christ est Dieu. Cette pensée est révolutionnaire pour un adorateur africain. Comme l'Africain connait Dieu par son nom, lui dire que Jésus est *Nyame, Leza ou Nyambe* revient à dire à un Juif que Jésus est Yahweh. Cette situation suscite un choc initial, une surprise et un déni. Mais telle est, pour être précis, la position scripturaire.[a]

a. James Henry Kombo, *The Doctrine of God in African Christian Thought* (Leiden : Brill, 2007), 235-36.

Nous connaissons Dieu comme Trinité parce que nous lisons le Nouveau Testament en pleine harmonie avec l'Ancien Testament. Certains passages du Nouveau Testament sont essentiels pour comprendre la nature triune de Dieu, mais ces passages clés ne sont pas isolés. Examinez ces paroles de Jésus tirées de l'Évangile de Jean :

> Quand le consolateur sera venu, l'Esprit de vérité, il vous conduira dans toute la vérité ; car il ne parlera pas de lui-même, mais il dira tout ce qu'il aura entendu, et il vous annoncera les choses à venir. Il me glorifiera, parce qu'il prendra de ce qui est à moi, et vous l'annoncera. Tout ce que le Père a est à moi ; c'est pourquoi j'ai dit qu'il prend de ce qui est à moi, et qu'il vous l'annoncera. (Jean 16.13-15)

Ce texte ne décrit pas la totalité de la doctrine de la Trinité, mais il inclut plusieurs des caractéristiques du discours néotestamentaire sur Dieu qui ont finalement poussé les chrétiens à formuler la doctrine. Dans ces quelques versets, le Père et l'Esprit sont nommés par le Fils. Il est clair que le Père, l'Esprit et le Fils qui parlent sont étroitement liés et dans une relation très significante les uns avec les autres. Il est clair que l'Esprit, en tant que celui qui nous guide dans la vérité, possède une immense autorité et que tout ce dont le Père dispose appartient à Jésus. Les choses qui appartiennent à Dieu appartiennent au Père, au Fils et à l'Esprit. De plus, la vérité que l'Esprit déclare est la vérité de Jésus. Ce texte et d'autres semblables contribuent donc à enseigner aux chrétiens comment bien parler de Dieu.

Plus nous nous habituons aux paroles des Saintes Écritures, plus ces paroles deviennent familières, plus nous sommes en mesure de parler fidèlement du Père, du Fils et de l'Esprit. Dans l'Évangile selon Matthieu, Jésus prie et remercie le Père de se manifester, puis il s'appuie sur sa relation avec le Père pour expliquer comment nous pouvons le connaitre. « Mon Père a remis toutes choses entre mes mains. Personne ne connait le Fils, si ce n'est le Père ; et personne ne connait le Père si ce n'est le Fils et celui à qui le Fils veut le révéler. » (Matthieu 11.27). Paul parle de l'Esprit qui sonde « les pensées les plus intimes de Dieu » (1 Corinthiens 2.10). Dans le livre de Hébreux, nous lisons que le Fils est venu pour faire la volonté de Dieu (Hébreux 10.7-10). L'Évangile de Jean est riche en langage sur le Dieu trinitaire. Nous y voyons que Jésus est le chemin vers le Père (Jean 14.6) et que voir Jésus revient à voir le Père. « Croyez-moi », déclare Jésus, « Je suis dans le Père et le Père est en moi » (v. 11). Les oeuvres que Jésus accomplit nous révèlent le Père, et la gloire du Père est « manifestée par le Fils » (v. 13). Nous ne sommes pas restés orphelins lorsque Jésus est allé vers le Père, car il a envoyé l'Esprit qui rend témoigne de lui (Jean 15. 26). Jésus a fait connaitre le nom du Père, et il nous a remplis de l'amour du Père et de sa présence (Jean 17.26). Jésus a accompli l'œuvre du Père, et lui et le Père « sont un » (Jean 10.30). La doctrine de la Trinité cherche à être fidèle aux modèles et aux jugements sur le Père, le Fils et l'Esprit reflétés dans les Écritures.

La vie comme une relation

En orientant notre langage sur Dieu, les Écritures nous donnent également des indices sur les relations entre le Père, le Fils et le Saint-Esprit. Lorsque nous reconnaissons que Dieu est Trinité, nous voyons qu'être en relation est inséparable de ce que signifie être Dieu. Comme le souligne Thomas d'Aquin (1225-1274), « Les relations existent en Dieu réellement. »[57] Thomas n'est pas le genre de penseur qui utilise un mot comme « réellement » à la légère. La relation est en droite ligne de la réalité de la vérité sur Dieu, et les relations impliquent « l'attention de l'un à l'autre »[58]. Par conséquent, lorsque nous reconnaissons les relations du Père, du Fils et de l'Esprit, nous sommes capables de parler de la vraie trinité en Dieu sans violer la vérité que Dieu est un. Parce que le Père, le Fils et l'Esprit sont Dieu, tout ce qui est vrai du Père est vrai du Fils et de l'Esprit, à l'exception de leurs relations particulières. Tout ce qui est vrai du Père est vrai du Fils, sauf que le Père n'est pas le Fils. Tout ce qui est vrai du Fils est vrai de l'Esprit, sauf que le Fils n'est pas l'Esprit. Ce genre de langage prudent n'est pas capricieux ; au contraire, c'est notre meilleure tentative de parler fidèlement de la merveille que constitue le fait que Dieu est vraiment un et vraiment trois.

Les hérésies trinitaires ne reconnaissent pas la nature relationnelle de Dieu dans les Écritures. Pour les ariens, il fut un temps où Jésus n'existait pas, et donc la relation entre le Père et le Fils n'existait pas. Le dieu arien n'est pas éternellement et fondamentalement relationnel. Dans le modalisme, Dieu semble seulement être Père, Fils et Esprit, mais il n'existe pas de relation au cœur de la vie divine. La perspicacité de Thomas dans le trinitarisme biblique est que la vie éternelle de Dieu est une vie de relation. Cette dimension nous aide à mieux connaitre la nature spécifique de la grandeur et de la gloire de Dieu. Ainsi, Dieu, en tant que communauté d'amour abondant, est complet dans sa propre vie. Parce que Dieu est relation, il n'a pas besoin de nous pour être en relation. Les récits du Nouveau Testament sur la vie de Jésus nous donnent des aperçus privilégiés de l'existence de Dieu dans la relation. Lorsque Jésus prie le Père, par exemple, il ne s'agit pas d'un acte qu'il pose pour nous. Nous lisons la vérité sur Dieu. Le terme **périchorèse**, qui signifie une demeure mutuelle, est utilisé en théologie pour souligner la nature relationnelle de Dieu. Le Père, le Fils et l'Esprit existent dans une relation unique, et la relation périchorétique n'a pas de parallèle en dehors de Dieu. Les trois personnes de la Trinité demeurent toutes l'une dans l'autre. Certains théologiens parlent de la périchorèse comme de la danse éternelle du Dieu trinitaire. Le mot périchorèse fait allusion à la fois à l'unité et à la trinité de Dieu. Reconnaitre cette unité et cette trinité fait partie de la joie de connaitre le vrai Dieu. Selon les propos de Calvin, « Il se proclame tellement l'unique Dieu qu'il s'offre lui-même pour être contemplé clairement en trois personnes. Si nous ne saisissons pas ces trois personnes, seul le nom de Dieu, nu et vide, circule dans notre cerveau, à l'exclusion du vrai Dieu. »[59]

Pratiquer la doctrine chrétienne

Bien cerner la Trinité et de l'unité

En résumé, la doctrine de la Trinité est la reconnaissance que Dieu est éternellement

un seul Dieu

en trois personnes : le Père, le Fils et le Saint-Esprit

Ce langage des « personnes » n'est pas parfait, et le corps de Christ n'a accepté de l'utiliser qu'après bien des hésitations. Les chrétiens ont reconnu que le terme pouvait impliquer à tort le trithéisme ou le fait que les personnes de la Trinité sont tout simplement comme des personnes humaines, mais l'Église a accepté de parler du Père, du Fils et de l'Esprit en tant que personnes parce que nous avions besoin d'un moyen de parler de la nature personnelle de la relation trinitaire. Le fait de nommer les trois personnes ne signifie pas que les trois sont des personnes au sens où vous et moi le sommes. En fait, vous et moi pouvons être assez confus sur ce que signifie être une personne. Le Père, le Fils et l'Esprit ne sont pas, par exemple, trois centres de conscience distincts. Toutefois, le Père, le Fils et l'Esprit sont véritablement personnels dans un sens profond et merveilleux du terme. La description de Shirley Guthrie est édifiante : « L'unité de Dieu n'est pas l'unité d'un individu distinct et autonome ; c'est l'unité d'une communauté de personnes qui s'aiment et vivent ensemble en harmonie. »[60] Guthrie poursuit en déclarant que « personnel signifie par définition inter-personnel ; on ne peut être vraiment personnel seul, mais seulement en relation avec d'autres personnes. Tels sont l'unité et le caractère personnel de Dieu le Père, le Fils et le Saint-Esprit. »[61] Les trois personnes de la Trinité existent dans une relation réelle les unes les autres, et parce qu'elles sont personnelles, nous, leurs créatures, pouvons avoir des relations personnelles avec elles. L'un des dons du Dieu personnel est d'entrer en relation personnelle avec nous. La doctrine de la Trinité enseigne que nous connaissons et sommes aimés par un Dieu personnel.

La trinité et l'unité de Dieu ne sont pas des concepts que nous pouvons pleinement saisir et dont nous pouvons parler parfaitement. Au contraire, la doctrine de la Trinité nous donne des garanties pour ne pas confondre le vrai Dieu avec de fausses idoles. Des règles sont inhérentes à cette doctrine et nous aident à parler de Dieu en toute vérité. D'abord, une ancienne règle régissant le discours trinitaire nous aide à parler du fait que Dieu est un : *les œuvres de Dieu sont indivisibles*. Cette règle reconnait que l'unité de Dieu est telle que toute œuvre que Dieu accomplit est

Ce à quoi la Trinité ne fait pas référence

«Dieu, Jésus et l'Esprit. » Cette façon de parler implique que Jésus et l'Esprit sont moins que Dieu. Plus encore, elle exclut le Père.

«Trois membres de la Trinité. » La Trinité n'est pas un club, et un langage comme « membre » implique qu'il existe quelque chose au-delà des trois personnes que le Père, le Fils et l'Esprit pourraient rejoindre. Le Père, le Fils et l'Esprit ne sont pas des membres de Dieu. Ils sont Dieu.

«La Trinité a trois parties. » Les parties ne sont pas relationnelles. Les personnes le sont. « Parties » implique un manque de plénitude, mais les trois personnes de la Trinité sont pleinement Dieu.

Augustin d'Hippo a écrit un énorme livre sur la Trinité dans lequel il explique comment diverses métaphores échouent. Cela ne signifie pas que nous devons fuir la métaphore lorsque nous essayons de comprendre la doctrine, mais il est sage d'être conscient des limites d'une métaphore.

«J'ai trois fonctions : mère, épouse et enseignante. » Cette métaphore est modaliste. Je ne suis pas mes fonctions, et mes fonctions n'ont pas de relations personnelles les uns les autres.

«C'est comme un œuf : la coquille, le blanc d'oeuf et le jaune d'oeuf forment un seul œuf». (Ou une pomme : la peau, la chair et le noyau. Ou un trèfle : une tige, trois feuilles.) Ces métaphores, comme celle des « trois fonctions », ne suggèrent pas les relations entre les personnes triunes. Elles ne nous aident pas non plus à adorer la pleine divinité des trois personnes. Aucune de ces images n'atteint la profondeur de l'unité des trois personnes divines, car chacune parle de trois parties qui sont bien distinctes et facilement séparables ; j'ai, dans ma cuisine, un séparateur d'œufs et un vide-pomme.

---

l'œuvre des trois personnes de la Trinité. Le Père, le Fils et l'Esprit, par exemple, ont accompli tous trois l'œuvre de la création. Tous trois ont accompli l'œuvre de la rédemption. Le Père, le Fils et l'Esprit sont un dans l'œuvre et un dans le but. Nous devons résister à la tentation de découper les oeuvres de Dieu en trois. Cette règle nous rappelle qu'il ne faut pas céder au genre de modalisme qui réduirait Dieu de trois personnes à trois fonctions. Le Père, le Fils et l'Esprit sont trois réalités personnelles, et non trois tâches que Dieu doit accomplir.

La **doctrine des appropriations** nous aide à parler de la trinité de Dieu. En lisant les récits bibliques des trois personnes triunes, nous voyons qu'il est approprié de parler de l'œuvre distincte que chacune des personnes divines accomplies dans l'univers. Si l'œuvre de rédemption de Dieu est indivisiblement l'œuvre du Père, du Fils et de l'Esprit, il est aussi tout à fait approprié de parler de l'œuvre rédemptrice du

Fils sur la croix ou de l'œuvre sanctifiante de l'Esprit dans le corps de Christ. L'œuvre de chacune des trois personnes dans l'univers nous permet d'attribuer à l'une d'entre elles quelque chose qui est vrai des trois personnes. Le Dieu trinitaire unique « est amour » (1 Jean 4.8), et il est aussi parfaitement logique de désigner cet amour à la deuxième personne de la Trinité lorsque Jésus agit avec le plus grand amour en donnant sa vie pour ses amis (Jean 15.13). Le théologien contemporain Eugene Rogers déclare : « Parce que les trois personnes sont distinctes les unes des autres, Dieu peut 'être' amour. »[62] La doctrine de la Trinité nous enseigne ce que cela signifie et ce que cela ne signifie pas pour Dieu d'être amour. Samuel Powell explique : « Sans la doctrine de la Trinité, notre discours sur l'amour de Dieu peut être trop sentimental, car nous attribuons à Dieu des émotions humaines. Par contre, dans le contexte de la doctrine de la Trinité, l'amour de Dieu ne peut signifier qu'une seule chose : que le Père a envoyé le Fils mourir en tant que sacrifice expiatoire et que le Saint-Esprit est venu pour poursuivre le ministère de Jésus et susciter notre réponse à Dieu sous la forme de l'obéissance et de la louange. »[63] L'amour de Dieu est relationnel. L'amour de Dieu est un don de soi, et cet amour nous transforme d'une manière qui correspond à l'amour de Dieu lui-même.

La mise en pratique de la doctrine de la Trinité

Au début du livre des Hébreux, l'auteur établit une comparaison entre les anges et le Fils. Même si Dieu a doté les anges des grandes capacités, ceux-ci restent néanmoins des créatures. La différence ultime entre les créatures, notamment les anges, et le Fils est que le Fils est digne d'être adoré. L'épître aux Hébreux commence par adorer le Fils, que Dieu a « fait de lui héritier de toutes choses » et « c'est aussi par lui qu'il a créé l'univers » (Hébreux 1.2). Le langage d'adoration de Jésus se poursuit dans les versets suivants :

> Ce Fils est le rayonnement de la gloire de Dieu et l'expression parfaite de son être. Il soutient toutes choses par sa parole puissante et, après avoir accompli la purification des péchés, il siège dans les cieux à la droite du Dieu suprême. Il a ainsi acquis un rang bien plus éminent que celui des anges, dans la mesure où le titre que Dieu lui a donné est incomparablement supérieur au leur. (vv. 3-4)

Contrairement aux anges, Jésus est le Fils engendré du Père. Inversement aux anges, le trône de Jésus « subsiste pour toute éternité » (Hébreux 1.8). Le Père dit au Fils : « viens siéger à ma droite jusqu'à ce que j'aie mis tes ennemis comme un escabeau sous tes pieds » (v. 13). Au début de l'épître aux Éphésiens, Paul établit un lien entre Dieu le Père et Christ le Seigneur et loue Dieu pour ce qu'il est et ce qu'il a fait, en particulier pour la grâce qui nous a été donnée en Jésus.

> Loué soit Dieu, le Père de notre Seigneur : Jésus le Christ, car il nous a comblés des bénédictions de l'Esprit dans le monde céleste qui, toutes, sont en Christ. En lui, bien avant de poser les fondations du monde, il nous a choisi pour que nous soyons saints et sans reproche devant lui. Puisqu'il nous a aimés, il nous a destinés d'avance à être ses enfants qu'il voulait adopter par Jésus-Christ. Voilà ce que, dans sa bonté, il a voulu pour nous afin que nous célébrions la gloire de sa grâce qu'il nous a accordée en son Fils bien-aimé. En Christ, parce qu'il s'est offert en sacrifice, nous avons reçu le pardon de nos fautes. Dieu a ainsi manifesté sa grâce dans toute sa richesse, et il l'a répandue sur nous avec surabondance, en nous donnant pleine sagesse et pleine intelligence, pour que nous connaissions le secret de son plan. Ce plan ; il l'a fixé d'avance, dans sa bonté, en Christ, pour conduire les temps vers l'accomplissement. Selon ce plan, tout ce qui est au ciel et tout ce qui est sur la terre doivent être réunis sous le gouvernement du Christ. Et c'est aussi en Christ que nous avons été choisis pour lui appartenir conformément à ce qu'avait fixé celui qui met en oeuvre toutes choses, selon l'intention qui inspire sa décision. Ainsi, nous avons été destinés d'avance à célébrer sa gloire nous qui, les tout premiers, avons place notre espérance dans le Messie. Et en Christ, vous aussi, vous avez entendu le message de vérité, cet Évangile qui vous apportait le salut ; oui, c'est aussi en Christ que vous avez obtenu de Dieu l'Esprit Saint qu'il avait promis et par lequel il vous a marqués de son sceau pour lui appartenir. C'est cet Esprit qui constitue l'acompte de notre héritage en attendant la délivrance du peuple que Dieu s'est acquis. Ainsi tout aboutit à célébrer sa gloire. (Éphésiens 1.3-14)

Ici, nous apprenons à adorer le Dieu trinitaire qui nous comble des bénédictions « en Christ » et nous choisit « en Christ ». Nous louons la « grâce glorieuse » de Dieu, un don déversé sur nous par Jésus. Parce que notre espérance se trouve « en Christ », nous vivons dans l'adoration, « pour la louange de sa gloire ». L'Esprit nous marque comme le peuple de Dieu, un peuple qui loue à nouveau sa gloire. Les paroles d'Éphésiens sont exprimées pour adorer le Dieu trinitaire, et l'activité d'adoration est joyeuse. Il y a de la joie à

> ## Viens, ô, Roi Tout-Puissant !
>
> Cet hymne trinitaire attribué à Charles Wesley loue les trois personnes en un seul Dieu. Il s'adresse à chacune des trois personnes en tant que divinité, et il relie la doctrine de la Trinité à l'adoration et à la relation personnelle avec les adorateurs qui demandent à Dieu de diriger leurs cœurs.
>
> Viens, ô, Roi Tout-Puissant,
> Aide-nous à chanter ton nom,
> Aide-nous à le louer !
> Père tout glorieux,
> Par-dessus tout victorieux,
> Viens et règne sur nous,
> Ancien des jours !
>
> Viens, toi la parole faite chair,
> Ceins ton épée puissante,
> Que notre prière soit entendue !
> Viens, et que ton peuple te bénisse,
> Et donne à ta parole le succès ;
> Esprit de sainteté,
> Descends sur nous !
>
> Viens, saint Consolateur,
> Porte ton témoignage sacré
> En cette heure de joie.
> Toi qui es tout-puissant,
> Règne maintenant dans tous les cœurs,
> Et ne t'éloigne jamais de nous,
> Esprit de puissance !
>
> À toi, grand Un en Trois,
> Soit loué éternellement,
> Pour les siècles des siècles.
> Ta majesté souveraine
> Que nous puissions voir dans la gloire,
> Et pour l'éternité
> Aimer et adorer !

connaitre Dieu. Il y a de la joie à être aimé. Il y a de la joie dans l'ampleur et la générosité de ce que le Père, le Fils et l'Esprit ont fait pour nous.

Julienne de Norwich (1342-vers 1416) a écrit sur la joie qu'elle ressentait en adorant le Dieu trinitaire. Selon ses paroles, « La Trinité m'a remplie d'une joie sincère, et j'ai su que toute l'éternité était ainsi pour ceux qui atteignent le Ciel. Car la Trinité est Dieu, et Dieu la Trinité ; la Trinité est notre créateur et notre gardien, notre amour, notre joie et notre bonheur éternels, et ce, à travers notre Seigneur Jésus-Christ. »[64] La pratique de la doctrine du Dieu trinitaire donne lieu à une abondante adoration. Le cœur de la doctrine concerne la personne que nous adorons, et il n'y a rien de plus merveilleux, de plus vivifiant ou de plus joyeux que d'adorer le Dieu vrai et vivant, en reconnaissant que Dieu est merveilleusement différent et supérieur à tout faux dieu que nous pouvons imaginer. Le résultat le plus approprié et le plus important de la doctrine est l'adoration, et nous ne pouvons pas oublier la vérité qui a introduit le chapitre. Si l'idolâtrie nous transforme en échos de nos idoles, l'adoration du vrai Dieu nous façonne aussi, nous attirant dans la vie relationnelle d'amour propre à Dieu et nous changeant en reflets lumineux de la vraie nature de Dieu. John Wesley a décrit la vie chrétienne comme la vie dans laquelle, « par-dessus tout, nous souvenant que Dieu est amour », nous sommes « conformés à la même ressemblance. »[65] Lorsque nous adorons le Dieu trinitaire, Dieu dévoile nos visages, de sorte que les autres peuvent voir en nous « la gloire du Seigneur comme si elle était reflétée dans un miroir », tandis que nous sommes « transformés en son image, dans une gloire dont l'éclat ne cesse de grandir » (2 Corinthiens 3.18).

Dieu (le Père, le Fils et le Saint-Esprit) nous sauve de la dépendance à l'égard des faux dieux. Dieu ouvre nos yeux pour voir que les idoles sont impuissantes pour sauver. Nous sommes sauvés des dieux vagues, des dieux cruels et des dieux qui ne sont rien d'autre que de tristes reflets de nos propres désirs pécheurs. Au lieu de refléter le flou générique, la brutalité ou l'égoïsme de ces faux dieux, nous sommes transformés à l'image du Dieu particulier et aimable que nous connaissons dans le Père, le Fils et le Saint-Esprit. Nous sommes transférés de l'autorité tyrannique des faux dieux qui nous demandent d'aimer les mauvaises choses à l'autorité juste du Dieu trinitaire, qui nous montre comment aimer. Parce que Dieu se fait connaitre à nous à travers la révélation, nous savons de qui nous parlons lorsque nous parlons de la croyance en Dieu. Nous savons qui nous adorons. Nous savons qui est le Dieu qui nous permet de témoigner et de servir en son nom. Nous savons à quoi ressemble la transformation dans l'amour, parce que nous avons vu l'amour à l'œuvre dans la volonté du Père de nous envoyer son Fils unique, du Fils de mourir pour nous, et de l'Esprit de nous remplir de sa sainte puissance, afin que nous devenions des phares de l'amour trinitaire.

4
Un monde agréable

Les doctrines de la création et de la providence

Puis, il a continué à me montrer, un minuscule objet ayant la taille d'une noisette et la forme d'un ballon. Le fixant d'un air curieux, je me suis demandé, « C'est quoi ça ? » et la réponse qui m'est venue à l'esprit était : « Il s'agit de toute la création. » J'étais surpris par sa capacité à survivre au lieu de se désintégrer soudainement. C'était tellement minuscule. À ce moment, j'ai une fois de plus pensé : « Cela existe maintenant et à jamais, car Dieu l'aime. » En effet, toute la création doit son existence à l'amour de Dieu. [66]

Ces propos sont attribués à Julienne de Norwich, une chrétienne du Moyen-Âge qui avait entrepris de composer un récit des révélations ayant trait à l'amour de Dieu. La vision mentionnée ci-dessus dans laquelle Dieu montre « toute la création » à Julienne représentée par « un objet minuscule ayant la taille d'une noisette » est l'une des révélations les plus connues de Julienne. Considérant cette vision sur la fragilité de la création, et sur sa dépendance à outrance en Dieu, Julienne, étonnée par son existence a pu constater trois vérités :

Primo, il s'agit de la création de Dieu ;

Secundo, Dieu l'aime ;

Tertio, elle survit grâce à Dieu. [67]

Par une approche élégante, Julienne résume la doctrine chrétienne de la création de manière à affecter à la fois le cœur et les méninges. La doctrine de la création n'accorde pas d'attention particulière aux points polémiques débattus lors des conversations des Nord-Américains. À ce sujet, nous pourrions avoir besoin d'un recyclage, afin d'appliquer convenablement ladite doctrine. Au moment où est prononcé le mot création, notre pensée a pour coutume d'anticiper, soit à un hommage

Pratiquer la doctrine chrétienne

> **Passage clé**
>
> Louez l'Eternel,
> louez l'Eternel du haut des cieux !
> Louez-le, dans les hauteurs !
> Louez-le, vous tous ses anges !
> Louez-le, vous toutes ses armées !
> Louez-le, soleil et lune !
> Oui, louez-le tous, astres lumineux !
> Louez-le, ô cieux des cieux,
> vous aussi, nuages chargés d'eau
> là-haut dans le ciel !
> Que tous ces êtres louent l'Eternel !
> Car il a donné ses ordres |et ils ont été créés.
> Il les a tous établis |pour toujours,
> il leur a fixé des lois immuables.
>
> Louez l'Eternel vous qui êtes sur la terre,
> vous, monstres marins, et vous tous, abîmes,
> foudre, grêle, neige, brume,
> vents impétueux qui exécutez ses ordres !
> Vous, montagnes et collines,
> arbres fruitiers, tous les cèdres,
> animaux sauvages et tout le bétail,
> tout ce qui rampe ou qui vole,
> rois du monde et tous les peuples,
> les chefs et tous les dirigeants de la terre,
> jeunes gens et jeunes filles,
> vieillards et enfants,
> qu'ils louent l'Éternel !
> Car lui seul est admirable,
> et sa majesté domine la terre et le ciel.
> Il a préparé un puissant libérateur
> pour son peuple.
> C'est un sujet de louange
> pour tous ceux qui lui sont attachés,
> pour tous les Israélites,
> peuple qui vit près de lui.
>
> Louez l'Eternel !
>
> (Psaume 148)

à la nature, soit à une réflexion scientifique au sujet de l'origine de l'univers. Nous pensons aux déserts et aux pins majestueux, à l'évolution des dinosaures ou à la datation au carbone. Les chrétiens pourraient avoir bien à dire à ces sujets, mais si nous restons focalisés sur ces détails, nous allons manquer la meilleure partie au cœur de la doctrine en question. Janet Martin Soskice affirme : « les discussions bibliques sur la création » ne se préoccupaient « pas particulièrement de savoir d'où venait le monde, mais plutôt de qui il venait, pas tellement de savoir quel type de création elle était au commencement, mais plutôt quel type de création elle était et elle est actuellement ».[68] La doctrine de la création traite de la dépendance de toutes les créatures à l'égard de Dieu le créateur et, comme l'a indiqué Julienne, de l'amour que le créateur porte à tout ce qu'il a créé.

Par conséquent, la doctrine de la création ne peut débuter par une admiration de la beauté naturelle, et encore moins par un échange scientifique. Son introduction doit initialement porter sur la nature de Dieu, le créateur, qui nous a créés, nous aime et nous soutient. Voici pourquoi le chapitre sur la Trinité a dû précéder à ce dernier. Les chrétiens font généralement deux constats au sujet du Dieu trinitaire en rapport avec la création. Avant tout, Dieu n'est pas une des créations contenues dans l'univers, de ce fait, la doctrine sur l'univers doit tenir compte de la différence incompréhensible entre le monde et Dieu. le Créateur est complètement différent de la création. Face à une telle différence, le Psalmiste a déclaré : « Avant que les montagnes fussent nées, et que tu eusses créé la terre et le monde, d'éternité en éternité tu es Dieu. » (Psaume 90.2). Enfin, Dieu n'est pas une création du monde, mais il s'implique d'arrache-pied dans son fonctionnement. En effet, la création dépend de Dieu pour sa subsistance perpétuelle, à tout moment. La doctrine de la création porte sur Dieu, ce qui devrait justifier le fait d'entamer notre édification sur le sujet en examinant la Parole révélatrice de Dieu en lieu et place de la création. Non pas en étudiant les papillons ou les étoiles, mais « Par la foi, nous comprenons que l'univers a été harmonieusement organisé par la parole de Dieu, et qu'ainsi le monde visible tire son origine de l'invisible » (Hébreux 11.3). Le Dieu trinitaire n'est pas un Dieu commun, et la doctrine de la création doit s'attarder sur la relation entre la création et le Créateur. Dans le Créateur se trouvent le Père, le Fils et le Saint-Esprit. « Tout a été créé par lui ; rien de ce qui a été créé n'a été créé sans lui. » (Jean 1.3). Il s'agit du Dieu de l'intimité qui vit à travers une relation personnelle avec sa création.

    La doctrine de la création nous enseigne à faire preuve d'une fidélité digne des créatures du Créateur (Dieu). Des êtres vivants dans un monde dont l'existence est fondée sur l'aimable dessein de Dieu : « Car nous sommes son ouvrage, ayant été créés en Jésus Christ pour de bonnes œuvres, que Dieu a préparées d'avance, afin que nous les pratiquions. » (Éphésiens 2.10). Nous avons été créés en (et pour) Jésus-Christ : « Car en lui ont été créées toutes les choses qui sont dans les cieux et sur la terre, les visibles et les invisibles, trônes, dignités, dominations, autorités. Tout a été créé par lui et pour lui. » (Colossiens 1.16). Jésus est la source et le but de la création. Nous vivons dans un monde qui a un sens, un monde qui a de l'importance. La bonne nouvelle selon laquelle « toutes les choses » ont été créées « pour lui » comporte d'énormes implications dans la vie chrétienne. Le reste du chapitre aborde quelques points clés de la doctrine de la création en rapport aux trois vérités de Julienne citées plus haut.

Pratiquer la doctrine chrétienne

Dieu en est le Créateur :
creatio ex nihilo et la puissance de Dieu

La catégorisation opérée par Julienne démontre comment la portée de la doctrine de la création ne se limite pas à sa Genèse, à l'acte créateur de Dieu à l'origine de l'existence de toute chose, même s'il est commun de voir les discussions chrétiennes commencées par là. Tout comme les Saintes Écritures avec la mythique phrase d'accroche de Genèse qui déclare : « Au commencement, Dieu créa le ciel et la terre » (Genèse 1.1). Les premiers chapitres de Genèse nous présentent un monde dans lequel Dieu a créé toutes choses. Ces premiers chapitres définissent une approche pour penser au Dieu qui a créé tout ce qui est et à la relation de Dieu avec la création. L'érudite de l'Ancien Testament Sandra Richter résume la vision théologique du récit de la création, en le distinguant de celui des voisins de l'ancien Israël.

> L'Éternel se distingue des dieux du Proche-Orient ancien au regard de son indépendance et sa supériorité sur sa création, un Dieu sans rival qui s'est fait des enfants et non des esclaves en créant l'humanité. À cet effet, il est possible de considérer le chapitre premier de Genèse comme une répétition des évènements de la création (où auriez-vous bien pu débuter l'histoire ?) liée à l'intention théologique prédominante visant à décrire la nature de Dieu et sa relation avec sa création (particulièrement avec l'humanité). [69]

Ce n'est pas uniquement le premier chapitre de Genèse, mais toute la Bible parle du Dieu créateur. Le témoignage de Genèse est identique au témoignage figurant à la fin de la Bible, notamment dans le livre d'Apocalypse, où la louange à Dieu est rendue ainsi : « Tu es digne, notre Seigneur et notre Dieu, de recevoir la gloire et l'honneur et la puissance ; car tu as créé toutes choses, et c'est par ta volonté qu'elles existent et qu'elles ont été créées. » (Apocalypse 4.11). Le Créateur n'a aucun rival ; néanmoins, toute la création est appelée à être en relation harmonieuse avec lui (le Dieu souverain.)

Selon la tradition chrétienne, l'expression latine **creatio ex nihilo** qui signifie « Dieu a tout créé à partir de rien » résume et confirme le témoignage biblique qui rend compte de la nature de l'acte par lequel Dieu a tout créé. Dieu a tout créé, l'expression énoncée se résume sur la conclusion « à partir de rien ». Cette expression évoque la majesté indéniable du Dieu créateur sans laquelle rien n'existe ou n'existerait. Cette expression révèle aussi la vérité selon laquelle tout ce qui existe, toute la création sans exception, est l'ouvrage de Dieu et lui appartient. Selon le symbole nicéenne, « tout ce qui est visible et invisible » appartient à Dieu. Les implications de la doctrine de la *creatio ex nihilo* peuvent mieux être cernées en comparant la doctrine aux alternatives erronées qu'elle écarte. Si Dieu a créé à partir de rien, alors Dieu n'a pas créé à partir d'une chose ; ou alors, si Dieu a créé à partir de rien, est-il possible qu'il est puisé de sa divinité pour créer.

Il est plus facile pour nous de penser à une création à partir d'une matière. Le sculpteur crée en se servant de la pierre ou de l'agile. Aussi, les dieux des voisins d'Israël du Proche-Orient ancien étaient créés à partir du chaos préexistant ou des cadavres décapités de leurs ennemis.[70] Selon d'autres explications, un dieu pouvait être créé à partir d'une matière préexistante, à partir d'une matière créée en même temps que le dieu en question, à partir d'une soupe primordiale ou à partir de la matière d'un noyau dense de chaleur qui allait exploser d'un coup. Penser que Dieu a créé, pas à partir de quelque chose, mais *ex nihilo*, signifie que nul n'a de statut semblable à Dieu. Le témoignage répété des Saintes Écritures considère Dieu comme l'unique Éternel ; lui seul n'a de commencement ; nul n'est semblable à lui.

Réfuter que Dieu a créé à partir de choses préexistantes revient à contester que toute chose, dans toute la création, revêt un statut divin. La doctrine de la *creatio ex nihilo* est simplement une implication du monothéisme ; et une manière de dire « l'Éternel est notre Dieu, il est le seul Éternel. » (Deutéronome 6.4) Étant donné que la doctrine de la Trinité est une compréhension plus profonde de cette réalité fondamentale de l'Ancien Testament, la *creatio ex nihilo* est aussi une implication de la théologie trinitaire. Nul n'est comme l'Éternel, nul n'est semblable à lui. La doctrine de la création réfute le fait que Dieu ait créé à partir de quelque chose, qu'il s'agisse du chaos ou d'un dragon des mers, d'une soupe primordiale ou d'un noyau chaud et dense, mais elle ne conteste pas que Dieu, ayant déjà créé, travaille ensuite dans et avec toutes sortes de choses créées. L'acte initial de création de Dieu est *ex nihilo*, mais il n'empêche pas Dieu de travailler avec et à travers ce qu'il a déjà créé. Ainsi, la doctrine de la création pourrait très bien faire bon ménage avec les théories contemporaines d'ordre cosmologique ou de l'évolution biologique. Toutefois, la doctrine de la création ne peut faire bon mariage avec l'idolâtrie. La philosophie chrétienne ne trouve aucun inconvénient à l'explication scientifique au sujet du fonctionnement de la création, mais elle ne peut s'accommoder avec l'idolâtrie du scientisme qui limite la création à ce qui est visible et mesurable. Un monde créé par Dieu à partir de rien ne saurait se limiter à un simple matérialisme dépourvu d'une réalité divine. Un monde divinement créé à partir de rien ne saurait être un monde de **déisme** dans lequel Dieu se tient à l'écart et à distance de sa création. Un monde *ex nihilo*, au contraire, est un monde rempli de la présence et de la puissance de Dieu.

Réfuter l'idée selon laquelle Dieu a créé en puisant dans sa divinité permet de le distinguer de sa création. Cette différence est fondamentale pour la pensée chrétienne, et le fait de se la rappeler constitue l'essence permanente de la vie chrétienne. Nous pouvons imaginer des actes de création à partir de notre propre être. Il est possible de faire l'analogie avec la reproduction. Les bébés sont formés à partir de la semence de leurs parents, les hydres reproduisent de nouvelles hydres par voie de bourgeonnement, et autant les bébés humains que les hydres nouvellement bourgeonnées sont de la même espèce que leurs « créateurs ». Nous pourrions imaginer un dieu qui façonne la création à partir de son propre être, créant une création qui serait elle-même divine. Le monde entier, comme le décrit la Bible (où nous est présenté le Dieu au-dessus de notre imagination et qui surpasse tous les éléments dudit monde) nous enseigne le contraire. Raison pour laquelle la philosophie chrétienne réfute avec véhémence toutes formes de **panthéisme,** la croyance selon laquelle le moi en lui-même est divin, et le **panenthéisme,** la croyance qui considère Dieu comme étant intimement lié au monde au point où il n'existerait pas de Dieu en l'absence du monde.

En revanche, les chrétiens perçoivent une distinction incommensurable et qualitative entre le Créateur et la créature, entre Dieu et tout ce qui a été créé. Dieu est Dieu, et nous ne le sont pas. Nous avions déjà abordé ce thème relativement à la doctrine de la Trinité. Elle se complète et étend sa portée à mesure que nous mettons en pratique la doctrine de la création. Il s'agit d'une autre manière par laquelle l'affirmation de Dieu comme créateur *ex nihilo* représente une réaffirmation de l'interdiction biblique relative à l'idolâtrie. Les pécheurs confondent de façon répétée la créature au Créateur, prenant le monde pour un dieu, « ils ont délibérément échangé la vérité concernant Dieu contre le mensonge, ils ont adoré et servi la créature au lieu du Créateur » (Romains 1.25), mais la doctrine de la création nous forme autrement en nous rappelant qu'il n'existe d'autres divinités en dehors de Dieu. La doctrine de la création reconnait le caractère parfait de la création de Dieu (plus de détails à ce sujet ci-dessous), sans toutefois vouer un culte à la nature encore moins, tolérer l'adoration des êtres humains ou la quête des intérêts égoïstes des hommes. La doctrine de la création ramène le Créateur et la création

Un monde agréable

à leurs places respectives en mettant l'accent sur leur caractère dépendant, limité et éternellement subordonné au Créateur.

Relativement à l'aspect de la doctrine mentionné plus haut, la théologie chrétienne reconnaît et rend grâce à Dieu pour la suffisance et la liberté. La suffisance de Dieu est le revers de la dépendance des créatures. Tandis que nous dépendons de Dieu pour exister et pour toutes les autres bonnes œuvres, Dieu se suffit. Une autre façon de voir cette réalité consiste à reconnaitre que le Dieu qui est vraiment différent de la création n'est pas un Dieu nécessiteux. En d'autres termes, il n'a nullement besoin de la création pour être Dieu ; il n'est point en manque d'amour, de bonheur ou d'affection d'une quelconque manière qui lui rende dépendant de la création. Le théologien Stephen Long l'explique ainsi : « Dieu ne crée pas parce qu'il se sent seul, il ne le fait non plus parce qu'il a besoin d'amis. Dieu n'est pas un patriarche solitaire, timide et discret qui ressent le besoin de s'ouvrir secrètement à nous sans savoir comment s'y prendre sans notre aide. Dieu ne crée pas par contrainte. »[71] Une telle affirmation nous permet de mieux cerner son grand don. Dieu ne nous a pas créés parce qu'il le fallait, mais bien parce qu'il nous désire. Alors, Rowan Williams nous demande

> de fournir l'effort psychologique nécessaire pour admettre la dure réalité selon laquelle notre existence est le fruit d'une magnanimité inconditionnelle. L'amour témoigné par Dieu depuis la création du monde, et même après, est dépourvu de toute ombre ou once d'intérêt personnel. Son amour nous est adressé entièrement et sans réserve. Dieu ne veut pas dissimuler une envie de tirer profit de la création, ce qui serait une absurdité quant à notre croyance au sujet de la nature éternelle de Dieu.[72]

La création est le fruit de l'abondant amour et bonté de Dieu externe à son existence. La création est excessive. La création comporte toutes les caractéristiques d'un don agréable : elle est un don libéral, dénuée de contrainte, elle est offerte par amour pour les autres et sans intérêt égoïste ; elle ne provient ni d'une désinvolture ni d'une avarice, et n'est pas conditionnée. La création est l'ouvrage volontaire du Dieu Tout-Puissant d'abondance, lui dont l'amour et la miséricorde surpassent toujours notre imagination. Athanasius (vers 296-373) s'en réjouissait ainsi : « Dieu est bon ou plutôt, il est la source du bonheur, et il est impossible que le bon devienne désagréable du tout. Du néant, il a suscité la création à l'aide de sa Parole : notre Seigneur Jésus-Christ. »[73] La création a été conçue pour être en relation avec son bienfaiteur : Dieu,

> ## L'harmonie et la doctrine de la création
>
> Paul Schultz et George Tinker établissent un lien entre les thèmes bibliques portant sur la création et les éléments de la culture indigène nord-américaine.
>
>> Tout d'abord, nous célébrons d'abord le don de la plénitude et de la vie que Dieu nous a accordé, ainsi qu'au reste du monde. Prendre au sérieux une telle considération implique de ne plus se sentir supérieur ou responsable des êtres créés, mais plutôt de se considérer comme l'une des créatures, liée au reste des créatures de Dieu à l'instar des autres êtres humains, des quadrupèdes, des animaux qui possèdent des ailes, et même des arbres, des ruisseaux d'eau ou encore des montagnes. Les indigènes ont toujours accordé une valeur essentielle à la quête de l'harmonie et de l'équilibre, de la santé et de la plénitude, tant au niveau individuel qu'au niveau communautaire, pour les peuples et pour la création. Nos ancêtres se sont consacrés à cette tâche, car il s'agit en fait de la réaction attendue par le Créateur en rapport avec l'acte gracieux de la création.[a]
>
> Terry LeBlanc perçoit en la culture amérindienne des obstacles au dualisme hiérarchique. LeBlanc établit un lien entre la doctrine de la création et celle du Salut.
>
>> À bien y réfléchir, les Saintes Écritures chrétiennes, tout comme nos propres expériences regorgent d'évidences palpables soutenant la vérité selon laquelle la rédemption à travers le sacrifice accompli par Jésus sur la croix recèle de lourdes implications, bien au-delà de l'attention restreinte portée sur la restauration des humains séparés de leur Créateur. Toute la création, comme l'affirme Paul, attend sa rédemption (Romains 8.18-25). Même si nous nous accordons de manière tacite avec ce passage quand il s'agit des théologies chrétiennes, nous échouons lamentablement au moment de manifester l'œuvre de l'Esprit, devrais-je dire les dons de l'Esprit, qui est bien plus visible dans le reste de la création, à travers lequel ce gémissement devient de plus en plus perceptible et dont nous pourrions tirer une leçon sur les moyens et la trajectoire du Salut, si nous étions plus attentifs.[b]
>
> a. "Rivers of Life: Native Spirituality for Native Churches," in *Native and Christian: Indigenous Voices on Religious Identity in the United States and Canada*, ed. James Treat (New York: Routledge, 1996), 59.
> b. Terry LeBlanc, "New Old Perspectives: Theological Observations Reflecting Indigenous Worldviews," in *Global Theology in Evangelical Perspective: Exploring the Contextual Nature of Theology and Mission*, ed. Jef-frey P. Greenman and Gene L. Green (Downers Grove, IL: IVP Academic, 2012), 168–69.

et comme le souligne la théologienne Kathryn Tanner : « Elle a pour fondement rien d'autre en dehors de l'amour gratuit de Dieu à notre égard. De ce fait, le point approprié pour examiner notre statut de créature est la grâce. »[74]

« Une création à partir de rien » comme doctrine, pourvoit une lecture complémentaire permettant au chrétien de comprendre les origines de toute la création. La foi chrétienne n'est ni panthéiste, ni en faveur d'un matérialisme, et encore moins d'un déisme à l'état brut.

Un monde agréable

Au contraire, les chrétiens adorent le Dieu qui, bien qu'étant en dehors du monde, y demeure puissamment et pleinement, sans dédain. Dieu, le Créateur *ex nihilo* aime le monde et y règne souverainement. Le Dieu Créateur de la lumière et des ténèbres, des eaux et du ciel est le même qui a ressuscité Jésus d'entre les morts, qui « celui qui donne la vie aux morts et appelle à l'existence ce qui n'existe pas » (Romains 4.17).

Dieu l'aime : savourer la bonté, être aimé

L'histoire de la création décrite dans le livre de Genèse renseigne sur les évènements du commencement, mais aussi sur la nature de chaque création de Dieu. En observant l'univers, et les créatures de Dieu, nous comprenons quelle est leur nature : une qui est agréable. Dans le premier chapitre de Genèse, le mot bon(ne) apparait à sept reprises. Le caractère bon de la création est révélé par la récurrence du mot bon(ne), une redondance digne d'intérêt.

La lumière « était bonne » (Genèse 1.4). Dieu a vu que la terre ferme et l'amas des eaux et que « c'était bon » (v. 10). La verdure et les arbres : « c'était bon » (v. 12). Le soleil présidait au jour et la lune à la nuit, et « c'était bon » (v. 18). La « multitude d'animaux vivants » dans les eaux et les oiseaux qui volaient dans le ciel, au-dessus de la terre, Dieu a vu que « c'était bon » (vv. 20-21). « Dieu fit les animaux sauvages selon leur sorte, il fit les bestiaux selon leur sorte, les reptiles et les insectes selon leur sorte. Et Dieu vit que c'était bon. » (v. 25). Les « hommes » créés à l'image de Dieu et la vie mise à leur disposition par Dieu d'une vie de fertilité, de domination et de bénédiction étaient « très bons » (vv. 27-31).

Dans le cadre de la doctrine chrétienne, le caractère bon de la création constitue une réalité indéniable. Pour nous les chrétiens, nous vivons avec et au sein de cette réalité. La création est aussi merveilleuse du fait d'être le fruit d'un merveilleux ouvrage du Dieu trinitaire. La réalité au sujet du caractère bon de la création ne se limite pas à la beauté de la nature (un rayon de soleil tacheté répercuté sur le feuillage, les vagues ondulantes de l'océan, les particularités complexes des gènes). Si tel était le cas alors, elle serait entachée par l'occurrence d'un ouragan, l'existence d'un prédateur, ou par une mutation dévastatrice. Le caractère bon de la création n'est non plus assuré par les œuvres mémorables des êtres humains à l'instar des architectures impressionnantes, des prouesses de la pâtisserie ou des enfants aimables. Si c'était le cas alors, elle serait défaite par la confection des bombes, la gabegie de ressources ou encore par les abus infligés à certaines personnes par d'autres. La vie chrétienne considère le caractère bon de la création comme une réalité tangible, palpable et inaliénable parce que Dieu en est l'auteur et la finalité. Pour reprendre les propos de Julienne, parce que « Dieu l'aime », nous devons de même voir et saluer la merveille dans ce qu'il a créé. Nous reconnaissons la beauté de la création parce qu'elle est l'ouvrage de Dieu qui la trouve bonne et nous le révèle. Les sept mentions « bon(ne) » du chapitre premier de Genèse, ainsi que le reste des Saintes Écritures témoignent de la nature parfaite de la création. Dieu, « quoiqu'il n'ait cessé de rendre témoignage de ce qu'il est, en faisant du bien, en vous dispensant du ciel les pluies et les saisons fertiles, en vous donnant la nourriture avec abondance et en remplissant vos cœurs de joie », même quand les nations pécheresses s'étaient rebellées. (Actes 14.17) En Christ, nous devons aimer la création avec actions de grâces, « Car tout ce que Dieu a créé est bon, et rien ne doit être rejeté, pourvu qu'on le prenne avec actions de grâces » (1 Timothée 4.4)

Souscrire au caractère bon de la création parait simple, mais au regard des méthodes communes sollicitées pour comprendre l'univers, elle est révolutionnaire. La réalité du caractère bon de la création est cruciale en ce qui concerne le mode de vie du chrétien dans le monde. Très tôt dans l'histoire de l'église, les penseurs chrétiens ont vu cet aspect être remis en question par une forme d'opposition appelée le gnosticisme, lequel s'est révélé par la suite être une véritable épine dans le pied du peuple de Dieu. Le **gnosticisme** renvoie à une doctrine prônée par une variété de groupes des temps anciens qui prétendaient avoir accès à une certaine forme spéciale de *gnosis*, un savoir secret uniquement accessible aux membres des groupes gnostiques, un savoir qui allait frayer le chemin vers le salut. Ils évoluaient en rangs dispersés, mais ils étaient désignés comme des « gnostiques » à cause des traits qu'ils avaient en commun. Quand des théologiens contemporains identifient des tendances gnostiques au sein des cultures ou des églises du vingt et unième siècle, ils ne prétendent pas souligner que la secte gnostique ancienne du premier siècle a survécu au fil du temps. Au contraire, ils pensent que les églises et les cultures contemporaines expriment des caractéristiques importantes identiques au gnosticisme des temps anciens, notamment la prétention à un savoir secret et singulièrement au sujet de la doctrine de la création, un point de vue global enraciné dans le dualisme hiérarchique.

Le **dualisme hiérarchique** des gnostiques subdivise la création en deux : le monde matériel et celui spirituel. Ce dualisme est hiérarchique en ce qu'il ne différencie pas ces deux éléments, mais les considère comme dotés d'une valeur égale ; pourtant, ils ont une

> ### L'avis de Gerard Manley Hopkins
> ### sur la grandeur de Dieu
>
> L'univers est chargé de la grandeur de Dieu.
> Elle doit jaillir tels les feux d'une feuille d'or qu'on froisse.
> Elle s'amoncelle à force comme l'huile comprimée
> Gicle. Pourquoi donc les hommes font-ils fi de son fouet ?
> Les générations ont piétiné, piétiné, piétiné,
> Tout est flétri par le négoce ; par le labeur brouillé, souillé,
> Porte la crasse de l'homme, suinte l'odeur de l'homme ; le sol
> est nu maintenant, et le pied ne peut le sentir étant chaussé.
>
> N'importe ! La nature n'est jamais épuisée,
> La plus tendre fraîcheur vit au fin fond des choses ;
> Et bien que l'ultime lueur ait sombré à l'Ouest sombre,
> Au bord brun de l'Orient, oh ! jaillit le matin -
> Parce que le Saint-Esprit couve le courbe
> monde de la chaleur de son sein et de la lumière ah ! de ses ailes.[a]
>
> [a] Gerard Manley *Hopkins, Grandeur de Dieu et autres poèmes* (1876-1889), traduits par Jean Mambrino, préface de Kathleen Raine, éditions granit, collection du Miroir MCMLXXX, 1980 et aux Éditions NOUS

grande différence en matière de valeur. Le monde spirituel est bon tandis que le monde matériel ne l'est pas. Le dualisme hiérarchique des gnostiques repartit tout ce qui existe en fonction de cette hiérarchie. Autrement dit, chaque création est, soit de l'ordre du matériel ou du spirituel, soit bonne ou mauvaise. La matérialité mauvaise et problématique est associée aux corps et aux fonctions corporelles, notamment la naissance, l'alimentation et la mort. Tout élément physique ou tangible est considéré comme partie intégrante du problème. La spiritualité bonne et salvatrice est associée à la rationalité et à l'invisible, à des réalités qui, comme la spiritualité, sont invisibles ou intouchables. Le gnosticisme a transposé son concept du dualisme hiérarchique dans l'enseignement traitant de Dieu et de la création. Kurt Rudolph décrit le dualisme gnostique comme : « Un anti-cosmique dont la conception renvoie à une évaluation négative sans équivoque du monde visible et de son créateur ; il est rangé du côté du royaume des ténèbres. »[75] Considérant la mauvaise nature de la matérialité, la logique gnostique conclut qu'elle ne peut pas être l'ouvrage d'un Dieu qui est bon. Les groupes gnostiques d'antan soutenaient que Dieu ne peut pas être l'auteur de la création, qu'il était certainement le créateur de la réalité spirituelle, tandis que

Pratiquer la doctrine chrétienne

la réalité matérielle est le fruit d'un être inférieur. Autres fois, les gnostiques considéraient Dieu comme le créateur de la réalité spirituelle et expliquaient que la réalité matérielle est le résultat du péché. Dans les deux cas, la création du monde matériel n'était pas attribuée à Dieu, car elle n'avait rien de bon.

La doctrine chrétienne de la création, qui reconnaît la bonté et la puissance de Dieu ainsi que son aimable intention envers toutes choses, insiste sur une vision du monde qui rame à contre-courant du gnosticisme. Le Dieu du chrétien, le Père, le Fils, et le Saint-Esprit, est le Créateur de tout ce qui existe. Comme nous l'avons vu plus haut, c'est une vérité sans exception. Il est le Créateur du visible et de l'invisible, du ciel et de la terre, du spirituel et du matériel, du corps, de l'âme et de l'esprit. Tout ce qui existe fait partie du bon ouvrage de Dieu, et non une œuvre du temps, des anges, des lois de la nature. Surtout pas d'une matière. Tous sont l'œuvre de Dieu, et parce qu'il est l'expression par excellence de la perfection, il a tout fait bien. Pareil postulat anti-gnostique réoriente entièrement notre rapport au monde. Mettre en pratique la doctrine chrétienne de la création revient à se réjouir de la perfection de toute la création de Dieu et de reconnaitre qu'elle est aimée de Dieu et façonner pour Christ. L'enseignement chrétien y inclut la matérialité, avec toute sa particularité tangible, physique, sensorielle. Lorsque la pensée gnostique a refait surface des siècles plus tard, l'église s'est toujours inspirée des Saintes Écritures pour la recadrer en affirmant le caractère bon de la création comme l'atteste la réplique d'un homme de l'époque du moyen âge face aux accusations d'hérésie : « Je ne suis pas un hérétique, car j'ai une épouse avec qui je dors. J'ai des fils, je mange de la viande, je mens, je jure et je suis un chrétien fidèle. »[76] Les derniers arguments qu'il avance (le mensonge et le juron) est peut-être un peu à côté de la plaque, mais les premières preuves sont solidement ancrées dans la pratique chrétienne qui consiste à savourer la bonté de la création. En fait, notre accusé n'est pas loin de citer 1 Timothée.

> Mais l'Esprit dit expressément que, dans les derniers temps, quelques-uns abandonneront la foi, pour s'attacher à des esprits séducteurs et à des doctrines de démons, par l'hypocrisie de faux docteurs portant la marque de la flétrissure dans leur propre conscience, prescrivant de ne pas se marier, et de s'abstenir d'aliments que Dieu a créés pour qu'ils soient pris avec actions de grâces par ceux qui sont fidèles et qui ont connu la vérité. Car tout ce que Dieu a créé est bon, et rien ne doit être rejeté, pourvu qu'on le prenne avec actions de grâces,

parce que tout est sanctifié par la parole de Dieu et par la prière. En exposant ces choses aux frères, tu seras un bon ministre de Jésus Christ, nourri des paroles de la foi et de la bonne doctrine que tu as exactement suivie. (1 Timothée 4.1-6)

Se réjouir du caractère bon de la création nous permet de prendre connaissance de ces innombrables domaines dont elle regorge et qui sont des dons merveilleux d'un bon Dieu, mais aussi, d'éviter la répugnance d'inclure ces dons merveilleux au rang des quelques vulgarités qui font les choux gras des gnostiques. La vie matérielle est agréable, nos limites dues au fait d'être créés ne sont non plus désagréables. Les chrétiens ne peuvent pas être déçus par la nature du monde ou s'en isoler.

La doctrine de la création comporte un holisme ancré, conscient de la nature parfaite de toute la création de Dieu. Contrairement à la classification du monde en bien ou en mal opérée par les gnostiques, les chrétiens vivent dans un monde unifié, où tous les éléments créés font partie du caractère bon de la création. Dans le milieu chrétien, toute existence est assujettie au règne de Dieu. Cet holisme est l'opposé dramatique et transformateur de vie du dualisme gnostique. Parfois, cependant, en s'opposant au dualisme hiérarchique, une théologie s'appuie tellement sur l'holisme qu'elle menace de réfuter l'existence et le caractère bon de la différence. Nonobstant son holisme, la théologie chrétienne reconnaît la réalité de

> ### « Vous, créations de notre Dieu »
>
> Ce cantique composé par François d'Assise (Apr J.C. 1182-1226), interpelle toute la création, être humain ou pas, à louer le Dieu trinitaire.
>
> Vous, créations de notre Dieu,
> Vos voix élevez vers les cieux !
> Alléluia ! Alléluia !
> Toi, brûlant soleil de midi,
> Toi, lune d'argent dans la nuit,
> Alléluia ! Alléluia !
> Alléluia ! Louez Dieu Roi ! Alléluia !
>
> Toi, vent puissant, impétueux,
> Et vous, nuages vaporeux.
> Alléluia ! Alléluia !
> Sois réjoui, matin levant,
> Et vous, feux dorés du couchant,
> Alléluia ! Alléluia !
>
> Vous, flots limpides des ruisseaux,
> Offrez aux cieux le chant de l'eau,
> Alléluia ! Alléluia !
> Toi, feu pétillant et rieur,
> Donnant la vie et la chaleur,
> Alléluia ! Alléluia !
> Alléluia ! Louez Dieu Roi ! Alléluia !
>
> Ô, terre qui, jour après jour,
> Nous offre la vie et l'amour,
> Alléluia ! Alléluia !
> Par les forêts, les fruits, les fleurs,
> Tu chantes gloire au Créateur,
> Alléluia ! Alléluia !
> Alléluia ! Louez Dieu Roi ! Alléluia !

la diversité au sein de la création. La litanie du caractère bon révélée en Genèse 1 concerne également la différenciation opérée par Dieu : la séparation de la lumière d'avec les ténèbres, l'étendue de terre sèche d'avec l'amas d'eaux et celle des fruits et des animaux de « toutes espèces ». Le plus important demeure la distinction entre Dieu et sa création. Il convient de noter qu'en dépit du déni du christianisme classique au dualisme hiérarchique, il reconnaît toutefois l'existence de la diversité. Par contre, il s'oppose à la classification par ordre hiérarchique de ladite diversité plaçant l'un au-dessus de l'autre. Tandis que le gnosticisme suggère le dénigrement du corps et l'élévation de l'esprit, comme l'une des implications de l'existence de la différence en question. La philosophie chrétienne propose une approche plus difficile, mais plus plausible et capable de faciliter la cohabitation entre les différentes créations. Dieu est capable d'aimer l'ensemble de la création dans sa diversité magnifique.

Dieu la préserve : vivre sous la providence attentionnée

Jésus, uni à Dieu le Père, et au Saint-Esprit, forme « Alpha et l'Oméga, le commencement et le but » (Apocalypse 21.6), mais il est aussi le milieu qui « soutient toutes choses par sa parole puissante » (Hébreux 1.3). Nous, ses créatures, vivons dans ce milieu béni, et le soin créatif de Dieu à l'égard du monde est aussi réel en ce temps qu'il était au commencement ou qu'il sera à la fin. À côté de la genèse, la doctrine de la création porte également sur l'ouvrage perpétuel de Dieu (le Seigneur de toute la création) ; son règne attentionné et son implication dans le fonctionnement de l'univers. L'enseignement chrétien au sujet de l'ouvrage créateur perpétuel de Dieu est une sous-section des doctrines de la création et de la **providence**. Les Saintes Écritures attestent des différentes manières par lesquelles Dieu se soucie de satisfaire les besoins de sa création. Le livre de Proverbes encourage le lecteur en ces mots : « Recommande à l'Éternel tes œuvres, et tes projets réussiront. » (Proverbes 16.3) et déclare : « L'Éternel a tout fait pour un but » (Proverbes 16.4). Le psalmiste quant à lui lève ses yeux pour voir d'où lui viendra le secours, « Mon secours vient de l'Éternel qui a fait le ciel et la terre il ne dort, jamais il ne sommeille, le gardien d'Israël. » (Psaume 121.2, 4). Jésus de son côté a rassuré son auditoire de ce que Dieu se soucie même des moindres détails, avant d'ajouter que pas un seul moineau « ne tombe à terre sans le consentement de votre Père » (Matthieu 10.29).

Avoir foi aux soins providentiels de Dieu à l'égard la création est un élément majeur dans les Saintes Écritures. Le Dieu de la Bible est actif et impliqué vis-à-vis de la création. À de nombreuses reprises, la Bible identifie et loue Dieu pour les œuvres puissantes qu'il a accomplies au fil du temps. Nous pouvons avoir un exemple à partir des propos du prophète Esdras, qui a su établir le lien entre l'ouvrage initial du Dieu créateur et sa manifestation au cours de l'histoire du peuple d'Israël.

> C'est toi, Éternel, toi seul, qui as fait les cieux, les cieux des cieux et toute leur armée, la terre et tout ce qui est sur elle, les mers et tout ce qu'elles renferment. Tu donnes la vie à toutes ces choses, et l'armée des cieux se prosterne devant toi. C'est toi, Éternel Dieu, qui as choisi Abram, qui l'as fait sortir d'Ur en Chaldée, et qui lui as donné le nom d'Abraham. Tu trouvas son cœur fidèle devant toi, tu fis alliance avec lui, et tu promis de donner à sa postérité le pays des Cananéens, des Héthiens, des Amoréens, des Phéréziens, des Jébusiens et des Guirgasiens. Et tu as tenu ta parole, car tu es juste. (Néhémie 9.6-8)

Le Dieu qui crée est le même qui choisit, apporte et donne. Il sonde les cœurs et établit des alliances. Dieu est fidèle pour accomplir ses promesses. Esdras décrit de quelle manière Dieu a délivré le peuple d'Israël de la servitude en Égypte en les guidant « le jour par une colonne de nuée, et la nuit par une colonne de feu » (Néhémie 9.12), en leur donnant des lois de vérité sur la montagne de Sinaï ; pourvoyant pour leur subsistance dans le désert pendant quarante années, jusqu'à ce qu'ils entrent en possession de la Terre promise sous sa houlette. Esdras ne se limite pas au don de la vie offert au peuple, mais, assimile également leurs défaites et leur exile à l'œuvre providentielle de Dieu à l'endroit du peuple qui s'est rebellé contre lui, il « les a livrés au pouvoir de leurs ennemis » (v. 27). Esdras bénit le Seigneur pour avoir prêté attention aux souffrances de son peuple. Le Dieu d'Esdras n'est pas seulement puissant dans ses actes. Il est aussi juste et miséricordieux.

Le ton employé dans le discours d'Esdras est typique de celui utilisé dans les Saintes Écritures : un ton confiant de la manifestation de Dieu dans le monde. Il a foi en la providence de Dieu. À partir de ce témoignage, il va sans dire que la providence de Dieu est adressée à l'égard et en faveur des personnes de bonne foi. Tout de même, l'on dénote à partir ce discours, une difficulté humaine liée à la doctrine de la providence. Comment comprendre la providence divine lorsque nous sommes confrontés à une injustice ? En se référant à l'exile d'Israël, Esdras nous exhorte dans ce cas à avoir foi en la justice et en la miséricorde de Dieu même si, et surtout quand les autres choisissent d'agir en dehors de sa volonté. Le prophète loue Dieu, car il est « un Dieu qui pardonne, un Dieu compatissant et qui fait grâce, il est lent à se mettre en colère et d'une

Pratiquer la doctrine chrétienne

immense bonté : Il ne les a pas abandonnés » (Néhémie 9.17). Il continue : « Tu as été juste dans tout ce qui nous est arrivé, car tu as agi en toute fidélité, alors que nous, nous avons fait le mal » (Néhémie 9.33). La providence de Dieu est réelle, affectueuse et juste. Nombreuses sont ces notions qui nous échappent encore au sujet de l'œuvre providentielle manifestée par Dieu dans le monde, et les chrétiens ne sont pas encore unanimes sur la meilleure façon de décrire cette œuvre. Toujours est-il, l'affirmation de la providence de Dieu, et subséquemment la confiance en la pérennité des bonnes œuvres de Dieu, constitue une particularité clé de la pensée chrétienne. Nous avons confiance en l'œuvre de Dieu, et comme Julienne, nous pouvons lui être reconnaissants de préserver la création.

Parfois, les analyses de la doctrine aboutissent à trois catégories de providence notamment : la préservation, la concurrence (ou la conservation) et la gouvernance. La **préservation** fait référence à l'œuvre et à la volonté de Dieu grâce auxquelles la création subsiste. La **concurrence** renvoie à l'œuvre que Dieu a opérée au sein et à travers sa création. Enfin, la **gouvernance** quant à elle indique la manière par laquelle Dieu organise toutes choses en vue d'accomplir le but de leur création, ainsi que la manifestation de son règne sur la création. De manière pratique, il est difficile de s'accorder sur l'une des trois catégories qui correspondent le mieux à la providence ; néanmoins, les trois renseignent sur sa portée. Sa portée est globale. Dieu préserve toute la création, il collabore avec elle et la fait parvenir à ses bons desseins. Dieu est le maitre de toute la création, il est souverain sur l'espace et sur le temps, et le seigneur de toutes les réalités. Dans un monde moderne où nos attentes à l'égard de l'univers sont mécaniques, cet aspect de la portée de la providence défie toute attente. Nous sommes préconditionnés à percevoir le monde comme un concept parfaitement compréhensible et à agir comme si la création était sous notre contrôle. Nous avons été formés à considérer le monde comme indépendant de Dieu. Le fait de reconnaitre la providence de Dieu à travers la préservation de ce qui existe à chaque instant, avec le concours et par le canal de ses créatures, ainsi que par le biais du règne qu'il exerce sur l'ensemble de la création, nous permet de contempler la plénitude de la présence et de la puissance de Dieu manifestée dans le monde. Charles Wesley, le frère de John Wesley, décrit un pareil monde de la manière suivante : « Dieu soutient également tout ce qu'il a créé. Il supporte, relève et préserve toute la création à travers sa Parole puissante ; cette même Parole qui a créé tout à partir de rien. De même qu'elle était absolument nécessaire pour le début de l'existence de ses œuvres, elle l'est pour leur subsistance ; si son influence omnipotente se retire, elles ne pourront pas tenir un moment. »[77] Ce monde n'a jamais été placé sous notre contrôle et nous ne parviendrons jamais à percer tous ses mystères.

Lorsque nous songeons à la portée des soins providentiels de Dieu, nous pouvons nous perdre au premier abord, puis nous retrouver comme des créatures soudainement conscientes d'être dans un monde qui est, selon les mots du poète Gerard Manley Hopkins, « chargé de la grandeur de Dieu ».[78] Hopkins perçoit l'univers d'un même œil que le Psaume suivant :

> Car la parole de l'Éternel est droite, et toutes ses œuvres s'accomplissent avec fidélité. Il aime la justice et la droiture. La bonté de l'Éternel remplit la terre. Les cieux ont été faits par la parole de l'Éternel, et toute leur armée par le souffle de sa bouche. Il amoncelle en un tas les eaux de la mer, il met dans des réservoirs les abîmes. Que toute la terre craigne l'Éternel ! Que tous les habitants du monde tremblent devant lui ! Car il dit, et la chose arrive. Il ordonne, et elle existe. (Psaume 33.4-9)

Un monde sous le contrôle de la providence est un univers dans lequel nous reconnaissons que la nature appartient sans aucun doute à Dieu. Les lois de la nature sont l'œuvre providentielle de Dieu, au même titre que les miracles.

Plus que vainqueurs

L'affirmation de la providence de Dieu suscite des questions sur ce que Dieu entreprend lorsque des malheurs frappent de plein fouet le monde. Comment un Dieu bon et puissant permet que s'abattent malheurs et souffrances ? Telle est la question adressée par la **théodicée**, une doctrine qui s'efforce de justifier les actes de Dieu à la lumière de l'existence du mal. Plusieurs approches philosophiques et théologiques essayent d'expliquer le problème du mal. D'aucuns considèrent le mal comme un pédagogue ou soulignent que Dieu s'en sert pour accomplir un but supérieur. Pour d'autres, le mal existe du fait du bon libre arbitre de Dieu par lequel il accorde une véritable liberté à ses créatures, notamment la liberté de se rebeller contre sa bonté. Ces stratégies ont des arguments utiles, mais aucun d'entre eux ne résout véritablement le problème du mal et généralement ce genre de stratégies échouent lamentablement lorsqu'elles sont dépersonnalisées. Aucune personne souffrante n'aimerait écouter des banalités répandues qui ne correspondent pas à la profondeur de sa douleur. Ce qui ne voudrait non plus dire que les chrétiens n'ont rien à dire à sujet. Pour le théologien Colin Gunton, « Le mal ne saurait être expliqué, mais nous voyons en la providence une voie par laquelle la victoire sur le mal est promise et octroyée. »[79] Notre réaction de foi au mal ne peut pas être une bonne solution logique, mais plutôt un mode de vie conforme aux Saintes Écritures dépeignant le péché et la mort comme ne faisant pas partie des bons desseins de Dieu pour la création, et où le mal est surmonté à travers l'œuvre de Christ. La décision de Dieu de demeurer pleinement avec nous, de souffrir avec et pour nous, est source de réconfort. À cet effet, nous vivons en étant confiants de la victoire finale de Dieu sur le péché, le mal et la souffrance.

Julienne, dont nous avons parlé au début du chapitre, s'était habituée à la souffrance. Au cours de sa vie, elle a été témoin de deux fléaux qui se sont abattus, et ont causé des ravages de grande ampleur dans la ville de Norwich. Amy Frykholm s'est exprimé sur l'effet de ces incidents sur Julienne ainsi : « Julienne ne pouvait ignorer l'existence du péché, encore moins la réalité de la souffrance, car l'image irrévocable des corps des victimes de la peste ravageuse en pleine putréfaction l'a laissée avec un ensemble de questions au sujet de la grâce de Dieu, et qui vraisemblablement, sont restées sans réponse. Le plus grand mystère était le péché. »[80] Plus tard, Julienne a transposé ces interrogations à sa foi, et munie d'une affection pastorale, elle a écrit : « tandis que nous croyons en la puissance de Dieu, il peut nous arriver de remettre en doute l'amour de Dieu ».[81] L'admiration qu'elle avait des souffrances de Christ, qu'elle a pris le soin d'en décrire la manifestation physique à l'aide de propos intimes, l'a convaincue de reconnaitre que la puissance et l'amour de Dieu se trouvent enveloppés dans le corps de Christ sur la croix. Comme le décrit Frederick Bauerschmidt dans la biographie de Julienne dont il est l'auteur, « La puissance de la croix est divine, et grâce à son attention corporelle, Julienne perçoit la réalité de la nature de Dieu manifestée à travers la rédemption de l'humanité qu'il opère. »[82] Julienne se demandait avec plein étonnement pourquoi Dieu avait permis au péché d'entrer dans le monde et cette préoccupation lui procurait une grande tristesse. En méditant sur l'amour de Dieu symbolisé par la croix, elle a compris que

> la souffrance de notre Seigneur nous réconforte contre tous ces vices, ainsi que sa volonté bénie. En considérant la tendresse et les soins affectueux manifestés par le Seigneur à l'endroit de quiconque sera sauvé, il les réconforte rapidement et avec amour, ce qui signifie :

Un monde agréable

« en vérité, le péché est la source de toutes les peines

Mais tout ira bien

Et tout ira bien,

Oui ! Tout problème sera résolu. »

Ces paroles exprimées avec tellement d'émotion feront de moi le pire des injustes si je venais à blâmer Dieu pour mes péchés, vu qu'il ne me blâme pas à cause du péché. Entre ces lignes, j'ai pu déceler un grand et merveilleux secret caché en Dieu, qu'il nous révèlera ouvertement au Ciel, et à la suite duquel nous connaîtrons la véritable raison pour laquelle il permet au péché de sévir, à cet instant, nous nous réjouirons éternellement en notre Seigneur Dieu.[83]

Le « tout ira bien » de Julienne est encore plus remarquable dû aux ravages qu'elle a subis. Elle exprime ainsi sa foi et sa confiance en l'amour de Dieu à notre égard et en la victoire sur le péché, déclaration qui sied au témoignage biblique relatif à l'amour providentiel et créateur de Dieu. Le piège à éviter avec l'expression de Julienne est de la prendre à la légère. « Tout ira bien » n'est pas un slogan à employer lors des souffrances. Il s'agit d'une vérité de la foi qui nous est enseignée durant toute la vie, et elle ne doit pas être utilisée en dehors du contexte dans lequel se trouvait Julienne lorsqu'elle l'a employée : dans un état pleinement conscient des horreurs du péché et d'une ferme conviction quant à la bonté et à la fidélité de Dieu qui surpasse de loin les horreurs du péché. À l'instar de Julienne, cette déclaration peut être employée lorsqu'on fixe les regards sur le Christ crucifié et ressuscité, lui qui est la personnification de la solution divine pour résoudre le problème du péché et de la souffrance. Se trouvant dans cette condition (conscient du péché, mais confiant en Dieu et en Jésus Christ), Paul avait reformulé en ses propres mots l'expression de sa foi en temps de souffrance.

Que dirons-nous donc à l'égard de ces choses ? Si Dieu est pour nous, qui sera contre nous ? Lui, qui n'a point épargné son propre Fils, mais qui l'a livré pour nous tous, comment ne nous donnera-t-il pas aussi toutes choses avec lui ? Qui accusera les élus de Dieu? C'est Dieu qui justifie ! Qui les condamnera ? Christ est mort ; bien plus, il est ressuscité, il est à la droite de Dieu, et il intercède pour nous ! Qui nous séparera de l'amour de Christ ? Sera-ce la tribulation, ou l'angoisse, ou la persécution, ou la faim, ou la nudité, ou le péril, ou l'épée ? Selon qu'il est écrit : c'est à cause de toi qu'on nous met à mort tout le jour, qu'on nous regarde comme des brebis destinées à la boucherie. Mais dans toutes ces choses, nous sommes plus que vainqueurs par celui qui nous a aimés. Car j'ai l'assurance que ni la mort ni la vie, ni les anges ni les dominations, ni les choses présentes ni les choses à venir, ni les puissances, ni la hauteur, ni la profondeur, ni aucune autre créature ne pourra nous séparer de l'amour de Dieu manifesté en Jésus Christ notre Seigneur. (Romains 8.31-39)

Agissez comme des creatures

La mise en pratique de la doctrine est liée à notre nature de créature. Elle ne trouve son sens que lorsqu'elle est effectuée en connexion avec notre créateur. La portée de la mise en pratique de la doctrine s'applique à tous les domaines de la vie chrétienne. La vie dans son intégralité est une création de Dieu. La doctrine de la création examine nos œuvres et nos loisirs, nos âmes et nos corps. Elle traite de chaque détail singulier de notre vie quotidienne : la nutrition, le divertissement, le sommeil, et la gestion du temps. À la lumière de la doctrine de la création, nous apprenons à reconnaitre tous ces aspects, les petits comme les grands tels que ces ouvrages de Dieu, bons et à dessein. À force d'honorer de manière pratique la doctrine de la création, notre vie va prendre une nouvelle tournure. Nous allons apprendre à agir conformément à la puissance de l'Esprit passant :

- du dédain pour la création à l'émerveillement chrétien par son caractère bon ;
- de l'impulsion gnostique en faveur d'un échappisme à un engagement à être présent et à s'impliquer dans le monde ;
- des tentatives orgueilleuses et d'un contrôle méticuleux à une considération gracieuse de l'œuvre de Dieu dans nos vies ;
- de la frustration par rapport au caractère limité de notre vie à l'appréciation de sa grâce ;
- de la fatalité et de la résignation à une implication active dans le monde créé par Dieu, en menant un combat contre le péché et l'injustice ;
- de la détermination infernale à être complètement indépendant à la gratitude d'une dépendance en Dieu et à la validation d'une interdépendance avec les autres ;

- du désespoir causé par le péché, à l'étonnement au sujet de la souveraineté de Dieu et la foi en son dessein ;
- de la possession à l'intendance ;
- de l'avarice au partage ;
- de l'abstémiosité à la joie ;
- de l'attention accordée à cette voix interne qui nous appelle indigne à notre nouvelle assurance provenant de notre valeur en Dieu ;

> ### Des extraits « de la sauvegarde de la création : une déclaration évangélique sur la sauvegarde de la création »[a]
>
> Parce que nous adorons et honorons le Créateur, nous cherchons à chérir et à prendre soin de la création. Parce que nous avons péché, nous avons manqué à notre rôle de gérants de la création. C'est pourquoi nous nous repentons de la façon dont nous avons pollué, dénaturé et détruit une si grande partie de l'œuvre du Créateur. Parce que, en Christ, Dieu nous a guéris de ce qui nous aliénait de lui et nous a donné les prémices de la réconciliation de toutes choses, nous nous engageons à travailler avec la puissance de l'Esprit Saint pour porter la Bonne nouvelle de Christ en paroles et en actes, à travailler à la réconciliation de tous les êtres avec Christ et à apporter la guérison de Christ à une création souffrante.... Dieu nous appelle à confesser les attitudes qui dévaluent la création et tordent ou passent sous silence la révélation biblique pour excuser le mauvais usage que nous en faisons. Dieu nous a donné en gestion des talents que nous avons souvent pervertis de leur raison d'être première : connaître, nommer, garder les créatures de Dieu et en tirer notre plaisir ; construire la civilisation avec amour, créativité et obéissance à Dieu ; et rendre la création et la civilisation au Créateur comme une louange. Nous avons outrepassé nos limites dues au fait d'être créés et avons usé de la terre avec cupidité au lieu d'en user avec soin. Nous croyons qu'en Christ se trouve l'espérance, non seulement pour les hommes, les femmes et les enfants, mais aussi pour le reste de la création qui souffre des conséquences du péché des êtres humains. Nous exhortons ardemment les chrétiens et les églises à être des centres de soin et de renouveau de la création, en jouissant de la création comme un don que Dieu nous fait par lequel Il pourvoit à nos besoins, et ce, de manière à soutenir et guérir le tissu endommagé de la création que Dieu nous a confiée.
>
> a. Déclaration évangélique sur la sauvegarde de la création, Evangelical Environmental Network, accessed January 29, 2013, http://www.creationcare.org/blank.php?id=39.

- du cynisme à une culture de l'émerveillement ; et
- de l'arrogance au souci à l'égard de la création.

Parce que Dieu nous accorde l'attention digne de ses créatures, nous devons réciproquer cette attitude à l'égard de la création, prenant la voix et la posture du Psalmiste qui a chanté : « Les œuvres de l'Éternel sont grandes, recherchées par tous ceux qui les aiment. Son œuvre n'est que splendeur et magnificence, et sa justice subsiste à jamais. » (Psaume 111.2-3)

5
Refléter l'image de Dieu

L'anthropologie théologique

Nous abordons le sujet sur l'essence de l'humanité, ce thème est d'une pertinence directe pour nos vies. Néanmoins, si l'être humain devient le sujet principal de la théologie, nous ne faisons plus de la théologie. Lorsque les théologiens chrétiens parlent des êtres humains, ils le font en ce qui concerne leur relation avec Dieu. Ainsi, les humains ne sont pas au centre de leur propre histoire : même ici spécialement dans cette étude, l'histoire concerne Dieu d'abord ; ensuite, nous les humains. Parce que la théologie concerne l'étude de Dieu, les théologiens ont en tout temps été contraints d'aborder le sujet de la vie et de l'existence humaines avec humilité. [84]

La doctrine de l'être humain, quelle sorte de créatures nous sommes et à quoi nous ressemblons, est connue sous le nom **d'anthropologie théologique**. Les anthropologues culturels s'impliquent dans la vie de certains peuples afin d'étudier leurs habitudes, leurs pratiques et leurs coutumes. En se joignant aux personnes qui mangent, célèbrent, sont endeuillées ou font la fête, les anthropologues peuvent donner un aperçu de la vie d'une petite tribu dans une forêt tropicale, d'une congrégation religieuse unique ou d'une mystérieuse cohorte d'individus comme les étudiants de première année universitaire. [85] L'anthropologue culturel relève les différences et les similitudes entre les cultures, ce qui les aide à mieux connaitre l'humanité. Le travail de l'anthropologue théologique, tel que je suis, est différent. Notre travail consiste à décrire, non pas une tranche de l'humanité, mais l'humanité tout entière, et à le faire à la lumière de la relation de l'humanité avec Dieu.

L'anthropologue théologique s'efforce de comprendre l'humanité à la fois telle que Dieu l'a voulue et qu'elle est réellement, et les deux aspects sont souvent très différents. En tant qu'anthropologues théologiques, nous prenons très au sérieux le fait que Dieu nous a créés. Pour savoir ce que signifie être humain, nous devons savoir ce que signifie être créé à l'image de Dieu. La doctrine de la création n'est pas le seul mouvement de cette histoire ; cependant, les anthropologues théologiques doivent également prendre au sérieux le péché humain, en tenant compte de la distorsion et de la déformation de la nature humaine sous son poids. Heureusement, notre histoire ne s'arrête pas là non plus. L'étude de l'homme, en tant que pécheur, nous conduit inexorablement à celui qui sauve les êtres humains du péché : Jésus-Christ. Cette situation soulève un point essentiel pour les théologiens qui réfléchissent sur les êtres humains : nous prenons au sérieux l'humanité parce que Dieu la prend suffisamment au sérieux au point de devenir humain en la personne de Jésus-Christ. En effet, parler du Dieu trinitaire revient à nous pencher sur le Dieu qui s'est fait humain pour nous et pour notre salut ; par conséquent, toute doctrine sur les êtres humains doit trouver son fondement dans un seul être humain, Jésus de Nazareth. Quand nous regardons Jésus, nous savons ce que signifie être vraiment humain, parce qu'il nous montre à quoi ressemble une vie humaine lorsqu'elle est vécue en parfaite relation avec le Père par la puissance du Saint-Esprit. La forme de la vie de Jésus remet en question la compréhension que nous avons de nos propres vies, en sapant notre autoabsorption et nos présomptions sur le sens de nos vies. La vie de Jésus nous montre à quoi ressemble la véritable humanité ; Jésus-Christ seul nous permet de nous exercer à être humains. Ce chapitre présente l'anthropologie théologique en examinant l'homme en tant que créature, pécheur et nouvelle création en Christ.

> **Verset clé**
>
> « Au chef des chantres. Sur la guitthith. Psaume de David. Éternel, notre Seigneur ! Que ton nom est magnifique sur toute la terre ! Ta majesté s'élève au-dessus des cieux. Par la bouche des enfants et de ceux qui sont à la mamelle, tu as fondé ta gloire, pour confondre tes adversaires, pour imposer silence à l'ennemi et au vindicatif. Quand je contemple les cieux, ouvrage de tes mains, la lune et les étoiles que tu as créées : qu'est-ce que l'homme, pour que tu te souviennes de lui ? Et le fils de l'homme, pour que tu prennes garde à lui ? Tu l'as fait de peu inférieur à Dieu, et tu l'as couronné de gloire et de magnificence. Tu lui as donné la domination sur les oeuvres de tes mains, tu as tout mis sous ses pieds, les brebis comme les boeufs, et les animaux des champs, les oiseaux du ciel et les poissons de la mer, tout ce qui parcourt les sentiers des mers. Éternel, notre Seigneur ! Que ton nom est magnifique sur toute la terre ! » (Psaume 8)

Refléter l'image de Dieu

L'homme en tant que créature

L'être humain est une créature qui de façon irrévocable fait partie du reste de la création. Nous appartenons au côté créé de la distinction entre Dieu et tout ce qui est créé. Ainsi, notre étude de la doctrine de la création dans le chapitre précédent s'applique directement aux êtres humains. Comme la création est bonne, l'humanité est donc « très bonne » (Genèse 1.31). Comme la création est totalement dépendante du Dieu souverain pour son existence, l'humanité l'est aussi. Contrairement à Dieu, nous, les humains, sommes caractérisés par la nature limitée. Contrairement à Dieu, qui est tout en tous, nous sommes limités, liés et dépendants.[86] L'humanité n'est pas Dieu et ne doit jamais être adorée.

La nature dépendante de l'existence humaine est un don en soi. Les chrétiens des cultures individualistes ont beaucoup à apprendre sur la pratique de l'interdépendance des chrétiens dans les cultures qui comprennent l'être humain comme étant communautaires. « J'existe parce que j'appartiens à une famille », a écrit le théologien africain John Pobee, qui a en plus déclaré que « les relations familiales déterminent »[87] notre vision de l'anthropologie théologique. Si le caractère humain limité, la vulnérabilité et la dépendance sont des réalités contre lesquelles l'Amérique du Nord contemporaine a tendance à lutter, ces réalités de l'existence humaine restent aussi au cœur des bonnes intentions de Dieu à notre égard. Le philosophe Alasdair MacIntyre parle des « vertus de la dépendance reconnue ».[88] Le fait d'être limité et créé signifie que nous dépendons les uns des autres, que nous recevons le don d'apprendre à vivre avec et pour les autres, et, par-dessus tout, que nous avons besoin de Dieu. Le père de l'Église, Irénée de Lyon (vers 130-202), l'a exprimé ainsi :

> Les personnes qui n'attendent pas la période de croissance, qui attribuent à Dieu la faiblesse de leur nature, sont complètement déraisonnables. Elles ne comprennent ni Dieu ni eux-mêmes ; elles sont ingrates et jamais satisfaites. D'emblée, elles refusent d'être ce pour quoi elles ont été faites : des êtres humains soumis aux passions. Elles passent outre la loi de la nature humaine ; elles veulent déjà être comme Dieu le Créateur avant même de devenir des êtres humains. Elles veulent supprimer toutes les différences entre le Dieu incréé et les humains créés.[89]

Irénée est antipathique avec nous lorsque nous sommes incapables d'accepter le don de notre de condition de créature. Ses paroles suggèrent que nous prions pour obtenir la grâce de cultiver une manière d'être des créatures humaines qui ne luttent pas contre notre caractère d'êtres limités. Au contraire, nous pouvons, précisément en tant que créatures, chercher à être à la fois reconnaissants et accomplis dans notre caractère limité. Irénée parle de l'être humain, non pas comme un attribut que nous pouvons considérer comme acquis, mais comme quelque chose que nous devons devenir.

Des créatures intermédiaires

Si les êtres humains en tant que créatures partagent des caractéristiques importantes avec le reste de la création de Dieu, qu'est-ce qui nous rend uniquement humains ? Qu'est-ce qui nous distingue des oiseaux, des chiens, des singes et des papillons ? Quel genre spécifique de créature est l'être humain ? Du large consensus de la pensée chrétienne, nous pouvons tirer une réponse partielle. L'être humain est une sorte de créature intermédiaire. Ni purement esprit, comme les anges, ni purement physique, comme les bêtes, l'être humain se situe au milieu de la création spirituelle et physique. L'Écriture témoigne de notre création par Dieu comme une unité psychosomatique, une créature qui est toujours à la fois physique et spirituelle. Nous pouvons considérer l'être humain comme une sorte d'amphibien, comme le triton qui vit à la fois sur terre et dans l'eau, sauf que dans notre cas, nous vivons et sommes en relation avec Dieu à la fois spirituellement et physiquement. L'affirmation selon laquelle l'être humain est une créature intermédiaire est, en pratique, très importante. Nous pouvons voir le bénéfice de cet aspect de la doctrine si nous le comparons à deux autres possibilités : le dualisme hiérarchique et le matérialisme réducteur.

L'Écriture ne divise pas l'être humain en morceaux dans ses relations avec Dieu. La pensée chrétienne sur la créature humaine, comme la pensée chrétienne sur la création, rejette le dualisme hiérarchique. L'être humain n'est pas une âme en relation hostile avec un corps. L'être humain est toujours une seule chose, une seule créature, dans la vie devant Dieu. Nous sommes à la fois corporels et spirituels, et le corporel et le spirituel sont unis en nous. Comparez ce fait à la conception dualiste de l'être humain dans laquelle le corps et l'âme sont associés de manière antagoniste, le corps n'ayant aucune importance pour ce que signifie être véritablement humain. Le dualisme hiérarchique oppose le corps à l'âme, et le corps est considéré comme un obstacle ou un fardeau. Les chrétiens rejettent le dualisme platonicien dans lequel l'âme est « liée et collée au corps, et est obligée de voir les choses comme à travers une prison. »⁹⁰ Les chrétiens savent que le corps n'est pas une prison. Il fait partie intégrante des bonnes intentions de Dieu à notre égard. Le corps est pour la gloire de Dieu (1 Corinthiens 6.20). Selon l'influent philosophe René Descartes (1596-1650), « Tandis que le corps peut très facilement périr, l'esprit est immortel par sa nature même. »⁹¹ En revanche, dans la pensée chrétienne, nous reconnaissons que seul Dieu est « immortel par nature » ou véritablement éternel. La vie éternelle à laquelle les humains aspirent, en se basant sur les promesses de Dieu, sera la nôtre, non pas par nature, mais par le don de Dieu. Lorsque Jésus est venu habiter parmi nous, il est venu dans la plénitude de l'unité psychosomatique humaine. La Parole a été faite chair et Jésus a pris soin de la chair. Son corps était et reste extrêmement important pour l'oeuvre que Dieu accomplit dans le monde. Il en va de même pour notre corps.

Notre problème en tant qu'êtres humains n'est pas notre corps. Notre problème est que nos êtres entiers, en tant qu'unités psychosomatiques, sont soumis au péché. Paul témoigne la manière dont l'incarnation et la résurrection de Jésus-Christ agissent pour l'être humain tout entier, spirituellement et physiquement. Il s'attend à ce que notre rédemption inclue le corps lorsqu'il écrit : « Si l'Esprit de celui qui a ressuscité Jésus d'entre les morts habite en vous, celui qui a ressuscité le Christ d'entre les morts rendra aussi la vie à vos corps mortels par son Esprit qui habite en vous. » (Romains 8.11). Dans un monde influencé par Platon et Descartes, un concept dualiste de ce que signifie être humain comporte des racines rampantes enfouies profondément en nous. Nos conceptions par défaut de l'être humain sont donc souvent plus platoniciennes, cartésiennes ou gnostiques que chrétiennes. Nous parlons tout le temps comme si la partie vraiment importante de ce que nous sommes était une chose immatérielle, spirituelle, ou même purement cognitive. La doctrine chrétienne nous aide à nous exercer à parler de nous-mêmes comme d'un tout, à lutter contre l'habitude de nous diviser en partie. Le célèbre théologien Augustin (354-430) raconte la rupture de sa jeunesse, en partie, comme une période où il a perdu son unité, son intégrité personnelle, alors que la domination du péché dans sa vie menaçait de le dissoudre en morceaux. Il a tenté d'écrire honnêtement sur son passé en ces termes : « J'essaierai désormais de donner un compte rendu cohérent de mon moi désintégré, car lorsque je me suis détourné de toi, le Dieu unique, et que j'ai poursuivi une multitude de choses, j'ai été mis en pièces. »⁹² Seul Dieu pouvait recoller les morceaux pour Augustin, et comme nous recherchons la plénitude, l'intégrité et l'unité, en tant qu'êtres humains qui suivent l'intégrité de Christ, Dieu rendra

L'analyse de Gustavo Gutiérrez sur le péché

En écrivant sur la pauvreté et l'oppression, Gutiérrez attire notre attention sur la dévastation du péché, nous rappelant que le péché est plus grand que nous aimerions parfois le prétendre. Remarquez la critique de Gutiérrez d'un dualisme qui ignorerait le péché contre les corps. Gutiérrez écrit que le péché n'est pas

> une réalité individuelle, privée, ou simplement intérieure, affirmée juste assez pour nécessiter une rédemption « spirituelle » qui ne remet pas en cause l'ordre dans lequel nous vivons. Le péché est considéré comme un fait social, historique, l'absence de communion et d'amour dans les relations entre les personnes, la rupture de l'amitié avec Dieu et avec les autres personnes, et donc une fracture intérieure, personnelle. En le considérant de cette manière, on redécouvre les dimensions collectives du péché. José María González Ruiz appelle cette notion biblique la « hamartiosphère », la sphère du péché : « une sorte de paramètre ou de structure qui conditionne objectivement le déroulement de l'histoire humaine elle-même ». En outre, le péché n'apparaît pas comme une réflexion après coup, un détail à mentionner pour ne pas s'écarter de la tradition ou se laisser attaquer. Il ne s'agit pas non plus d'une fuite dans un spiritualisme sans chair. Le péché se manifeste dans les structures d'oppression, dans l'exploitation des humains par les humains, dans la domination et l'esclavage des peuples, des races et des classes sociales. Le péché apparaît donc comme l'aliénation fondamentale, la racine d'une situation d'injustice et d'exploitation. [a]

a. Gustavo Gutiérrez, *A Theology of Liberation*, 15th anniversary ed. (Maryknoll, NY: Orbis Books, 1994), 102-3.

ces dons gracieux réels dans nos vies aussi.

À l'opposé du dualisme, l'anthropologie théologique chrétienne rejette également tout **matérialisme** qui nierait l'existence du spirituel ou réduirait l'être humain à une constellation de parties du corps et rien de plus. Si la pensée populaire est souvent dualiste, les hypothèses du scientisme empirique sont matérialistes. Les chrétiens rejettent les conceptions réductrices de la vie humaine qui insistent sur le fait que nous pouvons être réduits à une série de réponses à des stimuli ou à un système compliqué de nerfs et de synapses. En rejetant le matérialisme, la pensée chrétienne ne rejette pas la pensée scientifique. De nombreux penseurs chrétiens fidèles s'efforcent de donner un sens à l'être humain en tant que créature spirituelle-physique tout en apprenant des sciences. Le fait que notre vie spirituelle est unie à nos neurones ne devrait pas surprendre les chrétiens qui reconnaissent que Dieu nous a créés comme des unités psychosomatiques. Toutefois, en rejetant le matérialisme, la pensée chrétienne rejette fermement toute notion selon laquelle l'être humain n'existe que comme une sorte de machine biologique, comme si l'être humain pouvait être expliqué d'une manière mécanique qui ne laisse aucune place à une relation spirituelle à Dieu. Wendell Berry (né en 1934) formule une critique puissante des conceptions réductrices de l'être humain. Berry considère la façon dont nous identifions les êtres humains aux machines et y voit « le souhait humain, ou le péché de souhaiter, que la vie soit, ou deviendrait, prévisible. »[93] La réduction de l'être humain à une machine engendre des implications pratiques et morales. La vie humaine, relève Berry, « ne peut pas, sauf par la réduction et le risque grave de dommages, être contrôlée. Elle est [...] sacrée. Penser autrement, c'est asservir la vie et faire de l'humanité, mais aussi de quelques humains, ses maitres ineptes et prévisibles. »[94]

Le témoignage biblique nous interdit de rejeter, soit notre physicalité, soit notre spiritualité, mais cette situation ouvre la voie à un débat interne dans la pensée chrétienne sur la constitution exacte de l'être humain en tant qu'unité psychosomatique. Les chrétiens en dialogue avec la philosophie, la psychologie, la biologie et l'éthique proposent différentes conceptions de la nature humaine. Certains plaident pour **un physicalisme non réducteur**, une sorte de matérialisme qui reconnait toujours l'être humain dans sa relation à Dieu.[95] D'autres travaillent avec le langage du dualisme âme-corps, différenciant un **dualisme holistique** chrétien du dualisme hiérarchique qui dégrade le corps.[96] Malgré ces différents points de vue, il existe un large consensus sur le fait que la doctrine et la pratique chrétiennes doivent rejeter à la fois le dualisme hiérarchique et le matérialisme réducteur. Cet accord exclut le dualiste qui dénigre le corps en n'accordant que peu de valeur au caractère charnel de la vie humaine quotidienne et le matérialiste qui nie que la vie humaine est destinée à être une vie spirituelle vécue dans une relation vibrante avec le Dieu vivant. En revanche, l'affirmation chrétienne selon laquelle l'être humain est une créature intermédiaire, à la fois matérielle et spirituelle, est cohérente avec un autre type de pratique humaine. Josémaria Escriva (1902-1975) parle de

> la tentation [...] de mener une sorte de double vie : d'une part, une vie intérieure, une vie en relation avec Dieu ; et d'autre part, comme quelque chose de séparé et de distinct, leur vie professionnelle, sociale et familiale, faite de petites réalités terrestres. Non, mes enfants ! Nous ne pouvons pas mener une double vie. Nous ne pouvons pas avoir une double personnalité si nous voulons être chrétiens. Il n'y a qu'une seule vie, faite de chair et d'esprit. Et c'est cette vie qui

doit devenir, dans l'âme et dans le corps, sainte et remplie de Dieu : nous découvrons le Dieu invisible dans les choses les plus visibles et les plus matérielles.[97]

En tant que chrétiens s'exerçant à être des créatures humaines, nous devons apprendre de Jésus à valoriser à juste titre la chair et l'esprit. Nous apprenons que les « petites réalités terrestres » d'Escriva sont importantes. Les êtres humains ne sont pas libres de compartimenter leurs vies, offrant une partie à Dieu mais pas le tout. La reconnaissance du fait que nous sommes des créatures intermédiaires, que tout ce que Dieu destine aux êtres humains est destiné à nous en tant qu'ensembles psychosomatiques, nous aide à voir que l'ensemble de la vie humaine est à propos de Dieu et pour Dieu.

Les créatures à l'image de Dieu

En tant que corps psychosomatiques, les êtres humains sont créés à l'image de Dieu (en latin, ***imago Dei***). La doctrine de l'image de Dieu commence avec le livre de Genèse 1.26-27.

> Et Dieu dit : « Faisons les hommes pour qu'ils soient notre image, ceux qui nous ressemblent. Qu'ils dominent sur les poissons de la mer, sur les oiseaux du ciel, sur les bestiaux, sur toute la terre et sur tous les reptiles qui rampent sur la terre. Dieu créa les hommes pour qu'ils soient son image, oui, il les créa, homme et femme. »

Il y a quelque chose dans le fait d'être humain qui reflète la propre identité de Dieu. Mais quel est ce quelque chose ? Les chrétiens ont proposé diverses réponses à cette question au cours de l'histoire, et les théologiens regroupent souvent ces réponses dans l'une des trois catégories suivantes : l'image en tant que ressemblance substantielle à Dieu, l'image en tant que fonction par rapport à la création, et l'image en tant que relation avec les autres êtres humains.

D'abord, certains chrétiens situent l'*imago Dei* dans notre ressemblance humaine à quelque chose de la nature même de Dieu. Ils décrivent cette image comme résidant dans une capacité ou une caractéristique de notre existence qui nous permettent d'entrer en relation avec Dieu d'une manière impossible aux autres animaux. On l'appelle parfois une **vision substantielle** de l'image de Dieu, car elle considère que les êtres humains partagent un aspect de la substance de Dieu. Les théologiens parlent souvent de l'âme humaine, comme un aspect qui nous rend uniques. La présence d'une âme explique-t-elle l'image de Dieu en nous ? Si d'autres créatures avaient également une âme ? Il se pourrait que les

Refléter l'image de Dieu

humains soient uniques parce que nos âmes sont différentes de celles des animaux. Peut-être l'âme humaine est-elle différente parce qu'elle confère à l'homme des caractéristiques uniques telles que la capacité de penser rationnellement, la capacité de rechercher le bien, une capacité spéciale d'aimer les autres ou un sens inné de Dieu. Peut-être que de telles caractéristiques distinguent les humains de tous les autres animaux et qu'elles nous rendent capables d'entrer en relation avec Dieu de manière unique.

Nous pourrions également avoir une **vision fonctionnelle** de l'image de Dieu, en mettant l'accent sur la fonction unique que les êtres humains ont à prendre soin de la création de Dieu. Cette vision s'appuie sur les paroles de Dieu adressées à Adam et à Ève « Puis Dieu dit : faisons l'homme à notre image, selon notre ressemblance, et qu'il domine sur les poissons de la mer, sur les oiseaux du ciel, sur le bétail, sur toute la terre, et sur tous les reptiles qui rampent sur la terre. » (Genèse 1.26). L'image de Dieu se reflète dans l'autorité et les responsabilités données par Dieu aux humains. De même que les rois du Proche-Orient antique érigeaient des images pour représenter leur pouvoir royal, Dieu place les êtres humains dans la création en tant que représentants divins. Ainsi, notre fonction est de rappeler à la création la présence, la puissance et le caractère du véritable Roi. Le psalmiste souligne que ce détail fait partie de ce qui rend l'être humain unique et lui confère une dignité particulière : « Tu l'as fait de peu inférieur à Dieu, et tu l'as couronné de gloire et de magnificence. Tu lui as donné la domination sur les oeuvres de tes mains, tu as tout mis sous ses pieds » (Psaume 8.5-6). L'*imago Dei* se trouve ici dans ce que les humains font, et non dans ce qu'ils sont. Peut-être les humains sont-ils uniques parce que nous avons été créés pour fonctionner ou agir comme Dieu dans la manière dont nous vivons dans la création ; cette responsabilité unique signifie que les humains ont une manière d'être que les bêtes et les papillons n'ont tout simplement pas.

De nombreux théologiens contemporains proposent une vision **relationnelle de l'image** de Dieu. Cette vision commence souvent par la nature trinitaire de Dieu, en mettant l'accent sur la vie de Dieu en tant que relation parfaite entre le Père, le Fils et le Saint-Esprit. Être à l'image de Dieu pourrait donc signifier que les humains sont, au fond, des êtres créés pour exister en relation avec les autres. Aucun humain ne peut vraiment être humain tout seul. De plus, contrairement à tous les autres animaux, la sociabilité humaine reflète, ou devrait refléter, l'amour de Dieu. Beaucoup pensent que le récit de la création dans le livre de Genèse montre l'exemple paradigmatique de cet amour relationnel dans la vie humaine. Juste après que Dieu a déclaré : « Faisons les hommes pour qu'ils soient à notre image », nous lisons que « Dieu créa l'homme à son image, il le créa à l'image de Dieu, il créa l'homme et la femme » (Genèse 1.27). La mention de « homme et femme », et l'implication de la relation entre les deux, suggère qu'une partie de ce que signifie refléter l'image de Dieu est d'être dans une relation d'amour avec les autres. Ni Adam ni Ève ne peut être vraiment ce qu'il ou elle est, c'est-à-dire être vraiment un humain à l'image de Dieu, sans sa relation avec l'autre et son amour pour lui ou elle (2.18-24).

Comment faire le tri entre ces différentes manières de comprendre l'*imago Dei* ? Toutes trois sont révélatrices pour la pratique chrétienne et s'inspirent de thèmes bibliques. Il est certainement vrai que les humains possèdent des qualités qui les rendent différents des autres animaux. Il est également vrai que les humains ont reçu un certain objectif dans l'ordre créé par Dieu. Aussi, une fois de plus, il est vrai que les humains le sont dans le cadre de leurs relations avec Dieu et les autres. Ces trois façons de penser l'image de Dieu impliquent des pratiques pour la vie chrétienne. Par exemple, le modèle relationnel de l'*imago Dei* suggère aux chrétiens des façons de modeler leurs relations avec les autres, comme celles qui se produisent à la maison, à l'église ou dans la société en général, sur le modèle de relationnalité que nous voyons dans la Trinité.[98] Le modèle fonctionnaliste pourrait nous pousser à agir correctement en tant qu'économes de la bonne création de Dieu et témoins de son amour. Un récit substantiel qui se concentre sur la capacité de l'âme à entrer en relation avec Dieu pourrait nous offrir des moyens d'orienter les capacités humaines comme la raison ou le langage vers la glorification de Dieu. Tous ces détails sont passionnants pour les chrétiens qui veulent réfléchir sur la forme de nos vies en tant que créatures de Dieu.

Toutefois, il s'est souvent avéré dangereux de croire que nous pouvons cerner la capacité, la fonction ou la relation qui nous rend humains. Cette façon de penser a été utilisée pour exclure certains êtres humains du partage de ce que signifie être humain.[99] Par exemple, lorsque la rationalité a été élevée au rang de ce qui nous rend humains, il a été assez facile pour nous, créatures pécheresses, de suggérer que quiconque est moins rationnel est probablement moins humain aussi. Les chrétiens ont longtemps supposé que les enfants en bas âge, par exemple, sont en fait humains. Néanmoins, si la rationalité définit ce que signifie être humain, il est facile de suggérer qu'une créature rougeaude, hurlante et agitée dans un berceau n'est finalement pas si humaine que ça. Certains défenseurs contemporains de la liberté morale de l'avortement utilisent précisément cette logique.[100] Les récits de la domination humaine sur la création ont été enlevés du contexte biblique qui nous aide à voir à quoi devrait ressembler la domination. Ils ont été utilisés pour justifier des abus négligents et même violents à l'encontre de la création de Dieu. Les récits relationnels ne tiennent pas toujours compte du fait que nos relations humaines sont brisées. Au lieu de refléter l'amour de Dieu, notre socialité humaine est marquée par la violence, la cupidité et l'exploitation. Les recommandations spécifiques concernant le modelage des relations humaines sur l'amour de Dieu sont très variées. Aimer comme la Trinité ressemble-t-il à une démocratie égalitaire, ou implique-t-il la soumission à l'autorité ? Les récits sur la façon dont la socialité humaine devrait refléter l'amour trinitaire peuvent facilement se transformer en justifications pour nos politiques préférées. De tels comptes rendus ne reconnaissent pas toujours les façons dont l'amour humain ne peut tout simplement pas être parallèle à l'amour trinitaire parce que les humains ne sont pas trinitaires.

Il semble clair que nous passons à côté d'une vérité lorsque nous essayons de comprendre l'humain à l'image de Dieu de l'une de ces manières. En réalité, nous avons un problème sérieux lorsque nous essayons de relier la doctrine de l'*imago Dei* à la pratique chrétienne. Le problème est le suivant : chacune de ces vues de l'*imago Dei* se concentre sur l'être humain tel qu'il a été créé par Dieu, c'est-à-dire l'être humain avant le péché. Nous ne pouvons pas parler de la façon dont notre création à « l'image de Dieu » affecte la pratique chrétienne sans d'abord reconnaitre le fait brutal que l'image de Dieu a été déformée et brisée par le péché. En vérité, si nous voulons parler des humains tels que nous sommes réellement, ce qui est la façon dont nous devons parler si nous voulons pratiquer notre doctrine, nous devons alors parler de l'humain pécheur qui ne vit pas, au sens le plus complet du terme, comme une image de Dieu de la façon dont Dieu l'a voulue. Les êtres humains sont des pécheurs. Nous sommes coupables d'avoir renié notre véritable être, d'avoir renoncé au rôle d'économe de la création que Dieu nous a donné et d'avoir brisé nos relations avec Dieu et les autres. Est-ce à conclure que nous ne pouvons plus parler d'humains à l'image de Dieu ? Non, comme nous allons le voir, il est possible de parler de l'*imago Dei* en ce qui concerne l'humain, même sous le péché. Nous devons comprendre la véritable nature de notre péché et de son remède. Alors, nous serons en mesure d'entrevoir ce que signifie porter l'image de Dieu.

Pratiquer la doctrine chrétienne

L'humain comme pécheur

Les mêmes humains qui ont été créés à l'image de Dieu ont corrompu cette image par le péché. L'anthropologie théologique doit tenir compte de ce péché, reconnaître que « tous ont péché, en effet, et sont privés de la glorieuse présence de Dieu » (Romain 3.23). Le récit d'Adam et d'Ève dans le livre de Genèse nous montre des humains bénis par une relation intime avec Dieu. Dieu leur donne la domination sur les créatures de la terre (Genèse 1.26) et leur demande de manger le fruit de tous les arbres du jardin, sauf un : « le fruit de l'arbre du choix entre le bien et le mal. De celui-là, n'en mange pas, car le jour où tu en mangeras, tu mourras » (2.16). La parole de Dieu est mise à l'épreuve lorsqu'un serpent, une image souvent associée à Satan, prétend que manger le fruit défendu rendra les humains « [...] comme Dieu, choisissant vous-mêmes entre le bien et le mal » (3.5). Adam et Ève vont-ils saisir l'appât du serpent ou faire confiance à Dieu ? Leur choix a engendré des conséquences tragiques sur leurs relations avec Dieu, la création et entre eux. Accablés par la honte, ils se sont cachés loin de la face Dieu. Leur relation intime avec Dieu a été brisée, et leur vie a désormais été soumise à la mort. « Les épines et les chardons » (v. 18) marqueront la relation brisée entre les êtres humains et le reste de la création. La relation matrimoniale, qui préfigure toutes les relations entre les êtres humains, est également marquée par le péché ; les désirs d'Ève se porteront sur son mari et celui-ci dominera sur elle (v. 16). Que l'image de Dieu dans l'être humain soit substantielle, fonctionnelle ou relationnelle, elle est brisée par le péché.

Pour les chrétiens, l'histoire de la chute d'Adam et d'Ève dans le péché est notre histoire. Paul parle de la manière dont les êtres humains participent à des réalités bien plus grandes que notre propre individualité. Nous sommes véritablement « en union avec Adam » (1 Corinthiens 15.22). L'histoire d'Adam et d'Ève est l'histoire de l'humanité dans son ensemble. C'est aussi l'histoire de chacun d'entre nous. Aurons-nous confiance dans la Parole de Dieu, ou essaierons-nous de nous transformer en dieux et de choisir notre propre voie ? La réalité de la **chute** a changé ce qui est possible pour les êtres humains. Brisés par le péché, nous voulons suivre notre propre voie ; nous choisissons de suivre notre propre voie. Nous sommes le genre de créatures qui veut vraiment vivre dans le péché, même comme le péché nous rend inhumains. Le péché raconté au début du livre de Genèse est le nôtre, et nous en partageons à juste titre la culpabilité et les terribles conséquences.

Refléter l'image de Dieu

La nature du péché

Le péché est dense et a plusieurs niveaux. Il est à la fois individuel et collectif, infectant des êtres humains individuels et des institutions humaines. Le péché est à la fois personnel et systémique. Tandis qu'il est une caractéristique particulière des êtres humains, il blesse aussi la création, « qui est unie dans un profond gémissement » (Romains 8.22). Le péché s'étend à tous les aspects de la vie humaine : le corps et l'âme, nos connaissances et nos émotions, le travail et les relations, nos espérances et nos désirs. Le péché nous sépare de la sainteté de Dieu.

En décrivant la nature du péché, de nombreux théologiens soulignent le rôle joué par l'orgueil.[101] La racine du péché d'Adam et d'Ève réside dans leur désir d'être « comme Dieu », d'affirmer leur autosuffisance et leur autonomie plutôt que leur dépendance et leur responsabilité envers Dieu. De nombreux chrétiens relient ce désir à la tendance humaine, relevée par Paul, de fonder notre justice sur nous-mêmes plutôt que sur Dieu (Romains 10.3). Si nous pensons, ici, aux pires connotations de « la justice de soi », nous aurons une idée de ce que ce concept signifie. L'orgueil a joué un rôle dans la décision d'Adam et d'Ève, qui ont défié délibérément Dieu dans le but d'être comme Dieu. Jean Calvin suggère que la racine du péché est l'incrédulité, et que « le commencement de la ruine par laquelle la race humaine a été renversée a été une défection du commandement de Dieu ».[102] En d'autres termes, le désir orgueilleux d'être comme Dieu était le résultat d'un manque de confiance dans la Parole de Dieu. Cette méfiance affecte notre volonté de suivre Dieu, et elle frappe également la base de notre compréhension de notre propre être en tant que créatures.

Si Adam et Ève ont douté du commandement de Dieu concernant l'arbre, ont-ils également douté du jugement de Dieu selon lequel ils étaient « très bons ? » (Genèse 1.31) Nous pouvons lire Adam et Ève, cherchant leur propre connaissance du bien et du mal, doutant du jugement de Dieu à leur sujet. Leur péché montre qu'ils n'ont pas cru à la Parole de Dieu, non seulement en rapport avec l'arbre, mais aussi en ce qui les concerne. Le péché implique un manque de confiance en Dieu, et cet aspect nous conduit à un aspect plus profond de la nature du péché, qui concerne la contrevérité.[103] Adam et Ève n'ont pas seulement manqué de croire Dieu, ils ont cru la fausse parole du serpent. Cette situation met en évidence la nature perfide du péché : il prend ce qui est bon et le nie, le déforme en quelque chose de mauvais. La création de Dieu est bonne. Le péché doit prendre ce qui est bon et le plier dans la mauvaise direction, le tordre loin de Dieu. C. S. Lewis souligne ce point lorsqu'il imagine un démon donnant des instructions à un jeune tentateur en ces termes : « Tout doit être tordu avant de nous être utile, rien n'est naturellement un acquis ». [104]

Voir le péché comme une contrevérité nous aide à comprendre ce que signifie dire que l'être humain est un pécheur. À un certain niveau, le fait que le péché est un mot faux signifie qu'il ne peut pas être la vérité la plus fondamentale sur l'existence humaine. Même sous le péché, la vérité sur les êtres humains est toujours que nous sommes des créatures « très bonnes », créées à l'image de Dieu. Le fait que nous sommes pécheurs ne défait pas la bonne création de Dieu, comme si les humains pouvaient détruire l'œuvre de Dieu. Le fait que nous sommes pécheurs signifie que les humains vivent dans le mensonge. Pour reprendre les mots d'Eberhard Jüngel (né en 1934), « La vie du pécheur devient une existence falsifiée. » [105] Paul aborde ce thème lorsqu'il relie la « méchanceté » humaine à ceux qui « étouffent ainsi malhonnêtement la vérité » (Romains 1.18). Le péché étouffe la Parole de Dieu qui nous est adressée et qui nous concerne en la déformant pour en faire quelque chose de faux. La conséquence est que les humains « au lieu d'adorer le Dieu immortel et glorieux, ils adorent des idoles, images d'hommes mortels, d'oiseaux, de quadrupèdes ou à de reptiles » (v. 23). Notez l'inversion de l'intention originelle de Dieu pour les humains : au lieu de dominer les créatures, nous les traitons maintenant comme des dieux !

Les humains pécheurs sont devenus une parodie de ce que Dieu voulait que nous soyons. Nous avons, comme le dit Paul, « échangé la vérité concernant Dieu contre le mensonge » (v. 25). Sous l'empire du péché, nous sommes infidèles à Dieu et nous devenons des porteurs infidèles de l'image divine, de faux témoins du Dieu qui nous a créés pour porter l'image divine. Nous vivons une vie de mensonge, marquée par l'égoïsme, l'adoration de faux dieux, et « toute sorte de méchanceté » (v. 29). Cette vie nous fait du mal, et elle est un affront à Dieu. Nous sommes éloignés de Dieu, et comme nous rejetons le Créateur et la source de toute vie, nous, pécheurs, existons, selon les termes d'Athanase, « dans l'état de mort et de corruption. » [106] Le péché est littéralement déshumanisant. La mort, tant physique que spirituelle, est la conséquence du péché (Romains 6.23). Parce qu'aucun humain n'est sans péché, nous sommes tous sujets à la mort. « Il n'y a pas de juste », déclare Paul, « pas même un seul » (3.10).

Refléter l'image de Dieu

Le péché original

Les chrétiens utilisent le langage du **péché originel** pour décrire la réalité selon laquelle tous les êtres humains sont nés dans la condition du péché, sont des pécheurs liés et enchaînés. Pour comprendre ce que signifie naitre dans le péché, nous pouvons examiner le lien que Paul établit entre le péché d'Adam et le péché de toute l'humanité : « C'est pourquoi, comme par un seul homme le péché est entré dans le monde, et par le péché la mort, et qu'ainsi la mort s'est étendue sur tous les hommes, parce que tous ont péché » (Romains 5.12). L'idée que le péché et la mort se sont répandus d'Adam à toute l'humanité signifie que le péché ne concerne pas seulement des actes spécifiques, que ce soit ceux d'Adam ou les nôtres, mais qu'il concerne aussi la nature pécheresse. Nous sommes tous inclus dans le péché d'Adam, et nous partageons tous une nature humaine pécheresse, celle qui a été endommagée par la chute. Le péché est « originel » parce que chaque humain nait sous son règne. Nous sommes incapables d'entrer dans une relation juste avec Dieu.

Pélage (vers 390-418), un défunt moine de l'époque qui vivait dans ce qui est aujourd'hui la Grande-Bretagne, insistait sur le fait que les humains n'héritent pas d'une nature corrompue ou pécheresse. Il enseignait que chacun d'entre nous se trouve dans la même position qu'Adam, et que chaque acte pécheur résulte d'une décision d'obéissance ou de désobéissance aux commandements de Dieu. Ainsi, selon Pélage, la nature humaine est fondamentalement neutre, non-pécheresse, et chacun de nous est responsable de ses propres choix moraux. Alors, Pélage affirme que : « Nous ne faisons le bien ou le mal que par notre propre volonté ; puisque nous restons toujours capables des deux, nous sommes toujours libres de faire l'un ou l'autre. »[107] Pour Pélage, chaque humain a le pouvoir d'agir selon la justice ou l'injustice. Lorsque les humains agissent selon la justice, c'est parce qu'ils choisissent de le faire. Lorsqu'ils pèchent, c'est parce qu'ils choisissent de pécher. La clé de la vie chrétienne consiste à se défaire de l'habitude du péché. Selon Pélage, l'exemple de Jésus-Christ, qui a mené une vie juste en choisissant de ne pas pécher, nous incite à le faire.

Une telle doctrine terrifiait Augustin, qui voyait que la vision de la nature humaine de Pélage déformait la vérité de l'Évangile. Augustin était très conscient de ses propres luttes avec le péché, de la façon dont il avait planté ses griffes profondément en lui et l'avait enfermé dans son emprise. Il pensait que la description de la nature humaine faite par Pélage était cruelle parce qu'elle offrait un faux évangile, qu'elle narguait les pécheurs brisés avec une fausse espérance. Selon Augustin, Pélage confiait aux personnes enchaînées au fond d'un trou très profond de grimper pour en sortir. Augustin lisait le témoignage biblique pour attester que, sous la condition du péché, nous, les humains, sommes dans un trou dont nous ne pouvons pas sortir par nos propres moyens. Le concile d'Orange était unanime à rejeter la pensée **pélagienne** comme une hérésie.

> Si quelqu'un prétend que la personne entière, c'est-à-dire le corps et l'âme, n'a pas été changée pour le pire par l'offense de la transgression d'Adam, mais que seul le corps est devenu sujet à la corruption, la liberté de l'âme étant indemne, alors il a été trompé par l'erreur de Pélage. Si quelqu'un affirme que la transgression d'Adam a nui à lui seul et non à sa progéniture, ou que le dommage est seulement dû à la mort du corps, qui est un châtiment pour le péché, et qu'il n'avoue pas ainsi que le péché lui-même, qui est la mort de l'âme, est aussi passé par une personne dans toute la race humaine, alors il commet une injustice envers Dieu. [108]

Nous voyons ici les affirmations selon lesquelles le péché détruit effectivement la nature humaine, et le châtiment du au péché s'applique justement à toute la race humaine. Il s'agit d'une nouvelle qui est bonne, car nous pouvons donc abandonner nos tristes tentatives de faire ce que nous ne pouvons pas faire, de nous sauver par des actes justes. Nous sommes libres de nous en remettre à la miséricorde de Jésus-Christ. Pour Augustin et pour l'essentiel de la pensée chrétienne occidentale après lui, c'est la meilleure des nouvelles. « Connaissez votre maladie ! », prêchait John Wesley. « Connaissez votre remède ! Vous êtes nés dans le péché ; c'est pourquoi vous devez naitre de nouveau, naitre de Dieu. Par nature, vous êtes entièrement corrompu ; par la grâce, vous serez entièrement renouvelés. » [109]

Les chrétiens ont proposé au moins deux interprétations des moyens par lesquels toute l'humanité est incluse dans la culpabilité et le châtiment du péché originel. La première décrit la transmission de la nature pécheresse comme une sorte de maladie héréditaire transmise de génération en génération. [110] Cette idée ne supprime pas notre responsabilité dans le péché ; selon l'explication d'Augustin, nous sommes responsables de notre péché parce que le péché est précisément ce que nous voulons. Nous désirons le péché. Le fait que le péché nous piège, que ses effets se font sentir dans nos vies comme une maladie incurable, ne fait pas que le péché ne nous appartient pas moins. Une autre

> ## Quelle nature humaine ?
>
> L'anthropologie théologique d'Augustin, élaborée contre le pélagianisme, fait des distinctions entre ce qui est possible pour la nature humaine telle qu'elle a été créée à l'origine, tel qu'elle est déchue, rachetée, et telle qu'elle sera à la fin. Pour Augustin, si nous voulons parler de ce que signifie être humain, nous devons toujours nous demander de quel état d'humanité nous parlons. Augustin le décrit en matière de notre relation au péché.[a]
>
> Augustin considère que la nature humaine créée existe dans un état de justice originelle, dans lequel nous sommes libres de choisir ou non de pécher :
> - Nature humaine créée : posse peccare (capable de pécher)
> - La chute, cependant, a changé les conditions de possibilité pour l'humanité, liant la volonté humaine au péché :
> - La nature humaine déchue : non posse non peccare (incapable de ne pas pécher).
> - L'œuvre rédemptrice de Jésus ouvre de nouvelles possibilités pour la nature humaine et la volonté humaine :
> - La nature humaine rachetée : posse non peccare (capable de ne pas pécher).
> - Dans cette vie, cependant, notre liberté par rapport au péché est partielle. Augustin s'attend à ce que la liberté de la gloire soit une liberté totale du péché :
> - La nature humaine glorifiée : non posse peccare (ne peut pas pécher).
>
> a. Voir Augustine, *Enchiridion* (Washington, DC: Regnery, 1961).

approche utilise une explication juridique pour décrire la manière dont le péché d'Adam et les dommages qu'il cause s'appliquent aux humains aujourd'hui.[111] L'histoire d'Adam est propre à chaque humain parce qu'il représente toute la race humaine dans une relation juridique. Comme le souligne Paul, « la faute d'un seul homme a entraîné la condamnation de tous » (Romains 5.18). Certains expliquent ce concept par l'idée d'imputation. À chaque être humain, Dieu impute, ou applique, la culpabilité du péché d'Adam. Selon ce point de vue, notre culpabilité légale nous conduit inévitablement à prendre la même décision que celle d'Adam et à commettre nos propres péchés, mais cette décision reste la nôtre et nous en sommes responsables.

Quelle que soit la façon dont nous concevons les moyens par lesquels nous sommes inclus dans le péché originel, il est vrai que chaque être humain naît dans un monde dominé par le péché et la mort. Le péché précède notre vie, et nous vivons avec ses effets depuis notre toute première respiration jusqu'à la dernière. Entre-temps, nous apporterons nos propres contributions à ce monde pécheur en commettant nous-mêmes des actes pécheurs, et ces actes affecteront à leur tour d'autres personnes. Nous partageons donc la culpabilité d'Adam et d'Ève, non seulement parce que nous suivons leurs traces pécheresses, mais aussi parce que notre péché, comme le leur, engendre des conséquences tragiques pour le monde qui nous entoure. Heureusement, ce n'est pas la fin de l'histoire humaine. En effet, le péché n'est pas le dernier mot ni le mot le plus important à notre sujet. Nous sommes aussi ceux qui ont été transformés par l'œuvre de Jésus-Christ.

L'homme en tant que nouvelle création en Christ

Tout ce qui précède nous ramène à la question de savoir comment nous devons mettre en pratique la doctrine de l'image de Dieu. Étant donné que la nature humaine telle que nous la connaissons est pécheresse, où pouvons-nous trouver une image de la véritable humanité qui s'applique à nous ? La réponse est que nous devons nous tourner vers Jésus de Nazareth, le Messie. Les chrétiens confessent que cet être humain est l'image de Dieu (2 Corinthiens 4.4). Par conséquent, nous devons repenser les notions de l'*imago Dei* qui ne sont fondées que sur l'acte de création de Dieu. Nous ne pouvons pas comprendre notre propre humanité si nous nous arrêtons à Adam. Cette situation nous pousse au-delà des conceptions de l'*imago Dei* examinées ci-dessus, idéologies qui sont utiles, mais qui rencontrent néanmoins leurs limites dans le péché. Adam « est comparable à celui qui devait venir » (Romains 5.14), le précurseur de Jésus-Christ. Ainsi, si nous voulons savoir à quoi ressemble la véritable humanité, nous ne devons pas regarder vers Adam, mais vers Jésus. En effet, nous devons premièrement regarder à Jésus, car il est celui qui est « l'image du Dieu que nul ne voit, il est le premier-né de toute la création » (Colossiens 1.15). Jésus est le véritable être humain, plus humain que nous.

S'exercer à être humain

Le Nouveau Testament promet que la véritable humanité de Jésus peut s'appliquer directement à nous, afin qu'elle devienne la nôtre. En d'autres termes, nous pouvons devenir des êtres véritablement humains et mener une vie véritablement humaine à travers Jésus. Nous devenons des humains à travers la résurrection. « Car, puisque la mort est venue par un homme, c'est aussi par un homme qu'est venue la résurrection des morts. Et comme tous meurent en Adam, de même aussi tous revivront en Christ, » (1 Corinthiens 15.21-22). Nous sommes tous des pécheurs éloignés de l'intention originelle de Dieu à notre égard. Par notre péché, nous avons corrompu l'image de Dieu en nous, mais Dieu n'a pas permis au péché de nous caractériser. « Ainsi donc, comme par une seule offense la condamnation a atteint tous les hommes, de même par un seul acte de justice la justification qui donne la vie s'étend à tous les hommes. » (Romains 5.18). Si nos vies étaient marquées par la mort à cause du péché, elles sont maintenant marquées par la vie de Christ. Sa justice supplante notre état de pécheur. Alors, ce que nous sommes réellement, en tant qu'êtres humains, n'est pas uniquement fonction de ce pour quoi Dieu nous a créés ; il ne dépend pas non plus de notre péché. C'est plutôt Jésus-Christ qui définit notre humanité. L'être humain deviendra complet lorsqu'il deviendra « semblable à lui » (1 Jean 3.2), refait à l'image de son humanité parfaite. Ou, comme l'indique Paul, « et comme nous avons porté l'image de l'homme formé de poussière, nous porterons aussi l'image de l'homme qui appartient au ciel » (1 Corinthiens 15.49). Au sens le plus vrai, nous sommes ce que nous devenons dans et par Christ.

Nous pratiquons l'anthropologie théologique lorsque nous demandons à Dieu de transformer notre vie ici et maintenant comme un avant-goût de ce que nous deviendrons à la fin. Cette transformation se produit lorsque nos vies commencent à être transformées à la ressemblance de Christ.

« Eu égard à votre vie passée, du vieil homme qui se corrompt par les convoitises trompeuses, à être renouvelés dans l'esprit de votre intelligence, et à revêtir l'homme nouveau, créé selon Dieu dans une justice et une sainteté que produit la vérité ». (Éphésiens 4.22-24)

« Ne mentez pas les uns aux autres, vous étant dépouillés du vieil homme et de ses oeuvres, et ayant revêtu l'homme nouveau, qui se renouvelle, dans la connaissance, selon l'image de celui qui l'a créé ». (Colossiens 3.9-10)

Notez que Paul utilise le terme « image » ici. L'image de Dieu n'est pas quelque chose que nous possédons, et elle n'est pas limitée à un rôle que nous jouons dans le Royaume de Dieu ni constituée uniquement par nos relations. L'image est quelque chose que nous recevons en Christ. Alors, nous ne sommes plus « revêtus » de notre nature pécheresse, mais de la nature humaine de Jésus (Galates 3.27). C'est ce que signifie exister à « l'image de Dieu ». Le théologien contemporain David Kelsey (né en 1932), affirme que *imago* ce n'est pas un « quoi » mais un « qui ». « Qui est l'« image » ?... La réponse est « Jésus-Christ »[112]. En pratiquant l'anthropologie théologique, nous apprenons que le véritable être humain est un don, et que nous le recevons à travers Christ par la puissance de sa résurrection. Nous apprenons à fonder nos espérances sur ce que signifie être humain sur ce que Dieu a fait et fait parmi nous en Jésus. Nous apprendrons, dans la puissance de l'Esprit Saint, à être des porteurs fidèles de l'image de Dieu, à être transformés, corps et âme, à la ressemblance à Christ. L'être humain n'est pas quelque chose que nous avons ou que nous sommes ; c'est quelque chose que nous devenons dans le cadre de notre relation avec Dieu. En pratiquant l'anthropologie théologique, nous pourrions faire de notre prière celle de Charles Wesley :

> *Montre maintenant ta puissance Salvatrice,*
> *Restaure la nature ruinée ;*
> *Maintenant, dans une union mystique, joins*
> *La tienne à la nôtre, et la nôtre à la Tienne.*
> *La ressemblance d'Adam, Seigneur, Efface-la,*
> *Imprime votre image à sa place.*
> *Le deuxième Adam venu d'en haut,*
> *Réinstalle-nous dans ton amour.*
> *Laisse-nous te retrouver, même si nous T'avons perdu,*
> *Toi, la vie, l'homme intérieur :*
> *Ô, donne à tous ta vie,*
> *Formée dans chaque coeur croyant.*[113]

6
La personne de Jésus-Christ

La christologie

Jésus-Christ est l'image parfaite de Dieu. Il est Dieu qui s'est fait chair ; il est l'origine et l'essence de la foi chrétienne. Jésus-Christ est aussi le Dieu éternel, le Fils, la deuxième personne de la Trinité. Il est Jésus de Nazareth, un homme juif qui a vécu au premier siècle, une personne que les populations locales pouvaient identifier par ses liens familiaux, comme le témoigne la question suivante : « N'est-il pas le fils du charpentier ? N'est-il pas le fils de Marie, et le frère de Jacques, de Joseph, de Simon et de Jude ! » (Matthieu 13.55). Jésus-Christ confère à la foi chrétienne sa nature et son identité. Jésus a révélé son identité en se manifestant dans la chair, comme un être humain : « Nous avons contemplé sa gloire, la gloire du Fils unique envoyé par son Père : plénitude de grâce et de vérité ! » (Jean 1.14). Il s'est révélé à travers ses paroles et ses actes, notamment par son sacrifice sur la croix, un acte que l'érudit biblique Richard Hays qualifie « d'acte majeur caractéristique de son identité. »[114] En le ressuscitant d'entre les morts, l'Esprit et le Père nous ont apporté des connaissances supplémentaires sur la nature de Jésus : « Mais Dieu a brisé les liens de la mort : Il l'a ressuscité, car il était impossible que la mort le retienne captif » (Actes 2.24). La foi chrétienne se caractérise par une relation avec Jésus, qui est Dieu et homme simultanément.

Pratiquer la christologie nous aide à mieux cerner l'identité de Jésus et à mieux comprendre les rapports que nous entretenons avec lui dans la vie chrétienne, sur les plans individuel et collectif. Dans l'introduction de son livre *Jésus de Nazareth,* le pape Benoît XVI (né en 1927) explique comment les sociétés contemporaines « ont façonné une idée reçue : l'impression que nous disposons de très peu d'informations fiables sur Jésus et que le Jésus que nous connaissons aujourd'hui est le résultat de notre foi en sa divinité ». De plus, « cette impression est désormais profondément ancrée dans la pensée collective des chrétiens. C'est une

Passage clé

« Qui a cru à ce qui nous était annoncé ? Qui a reconnu le bras de l'Éternel ? Il s›est élevé devant lui comme une faible plante, comme un rejeton qui sort d'une terre desséchée ; Il n'avait ni beauté ni éclat pour attirer nos regards, et son aspect n'avait rien pour nous plaire. Méprisé et abandonné des hommes, Homme de douleur et habitué à la souffrance, semblable à celui dont on détourne le visage, nous l'avons dédaigné, nous n'avons fait de lui aucun cas.

Cependant, ce sont nos souffrances qu'il a portées, c'est de nos douleurs qu'il s'est chargé ; et nous l'avons considéré comme puni, frappé de Dieu, et humilié. Mais il était blessé pour nos péchés, brisé pour nos iniquités ; le châtiment qui nous donne la paix est tombé sur lui, Et c'est par ses meurtrissures que nous sommes guéris. Nous étions tous errants comme des brebis, chacun suivait sa propre voie ; et l'Éternel a fait retomber sur lui l'iniquité de nous tous. Il a été maltraité et opprimé, Et il n'a point ouvert la bouche, semblable à un agneau qu'on mène à la boucherie, A une brebis muette devant ceux qui la tondent ; Il n'a point ouvert la bouche.

Il a été enlevé par l'angoisse et le châtiment ; et parmi ceux de sa génération, qui a cru qu'il était retranché de la terre des vivants et frappé pour les péchés de mon peuple ? On a mis son sépulcre parmi les méchants, son tombeau avec le riche, quoiqu'il n'eût point commis de violence et qu'il n'y eût point de fraude dans sa bouche. Il a plu à l'Éternel de le briser par la souffrance... Après avoir livré sa vie en sacrifice pour le péché, Il verra une postérité et prolongera ses jours ; et l'œuvre de l'Éternel prospérera entre ses mains.

À cause du travail de son âme, il rassasiera ses regards ; par sa connaissance mon serviteur juste justifiera beaucoup d'hommes, et il se chargera de leurs iniquités. C'est pourquoi je lui donnerai sa part avec les grands ; Il partagera le butin avec les puissants, parce qu'il s'est livré lui-même à la mort, et qu'il a été mis au nombre des malfaiteurs, parce qu'il a porté les péchés de beaucoup d'hommes, et qu'il a intercédé pour les coupables. » (Ésaïe 53)

situation dramatique pour la foi, car son point de référence est remis en question : l'amitié intime avec Jésus, qui conditionne la foi chrétienne, risque d'être mise en péril. »[115] La christologie apporte un témoignage contre cette situation de crise, elle nous aide à mieux connaitre Jésus, à découvrir son identité et à approfondir notre relation avec lui.

L'identité de Jésus faisait déjà l'objet de discussions durant sa vie, et les récits bibliques sur cette question révèlent des principes importants pour nous permettre de mettre en pratique la christologie. Lorsque Jésus a demandé à ses disciples : « Que disent les gens au sujet du Fils de

La personne de Jésus-Christ

l'homme ? » (Matthieu 16.13), les disciples ont évoqué différentes théories qui circulaient : « Pour les uns, c'est Jean-Baptiste ; pour d'autres : Élie ; pour d'autres encore : Jérémie ou un autre prophète. » (v. 14). Jésus ne semblait pas préoccupé par les spéculations extérieures. Il désirait connaitre les opinions de ses disciples (ceux qui le connaissaient de manière intime et personnelle). Il leur a demandé : « Qui dites-vous que je suis ? Simon Pierre lui répondit : tu es le Messie, le Fils du Dieu vivant. Jésus lui dit alors : tu es heureux, Simon, fils de Jonas, car ce n'est pas de toi-même que tu as trouvé cela. C'est mon Père céleste qui te l'a révélé » (vv. 15-17). Cette anecdote démontre que l'existence d'une variété de théories concernant l'identité de Jésus n'est pas nouvelle. Nous constatons également que ces théories sont moins importantes que les connaissances acquises sur l'identité de Jésus par les personnes qui entretiennent une relation étroite avec lui. Les convictions christologiques naissent de la connaissance de Jésus. Les récits bibliques qui témoignent de son identité nous permettent de le connaitre intimement.

La personne de Jésus

À mesure que nous nous familiarisons avec la Bible, nous avons le privilège d'apprendre à connaitre Jésus. Nous découvrons des récits de sa vie, de ses enseignements et de ses amitiés. La Bible regorge d'informations relatives à l'identité de Jésus, comme dans le récit de Matthieu que nous venons de parcourir, dans ce texte, Jésus est dénommé le « Messie », « le Fils de l'homme » et « le Fils du Dieu vivant ». Dire que Jésus est le Messie est une indication de la pérennité de l'œuvre de Dieu à travers l'Ancien et le Nouveau Testament. Jésus le Messie est le rédempteur promis par Dieu, l'oint, le Sauveur. Le titre de « Fils de l'homme » semble faire référence à l'humanité de Jésus, mais dans le contexte biblique, il désigne davantage sa divinité. (Il existe de nombreux éléments du Nouveau Testament qui illustrent l'humanité de Jésus, mais le sens premier du terme « Fils de l'homme » n'y fait pas référence). Dans la vision apocalyptique du livre de Daniel, le prophète déclare : « Sur les nuées du ciel, je vis venir quelqu'un semblable à un fils d'homme. » (Daniel 7.13). Dans l'Évangile selon Matthieu, Jésus fait écho aux paroles de Daniel lorsqu'il répond à l'accusation du grand-prêtre qui lui reproche de se prendre pour « le Messie, le Fils de Dieu », Jésus répond par ces paroles : « Tu l'as dit toi-même. De plus, je vous le déclare : à partir de maintenant, vous verrez le Fils de l'homme siéger à la droite du Tout-Puissant et venir en gloire sur les nuées du ciel. » (v. 64). Le grand-prêtre a considéré cette déclaration comme une affirmation de la puissance et de l'autorité divines de Jésus, si cette affirmation n'était pas fondée, elle correspondrait effectivement à la définition qu'en donne le grand-prêtre : « des paroles blasphématoires » (Matthieu 26.65). [116] Le Fils de l'homme est celui qui a reçu « la souveraineté, et la gloire et la royauté, et tous les peuples, toutes les nations, les hommes de toutes les langues lui apportèrent leurs hommages. Sa souveraineté est éternelle, elle ne passera jamais, et quant à son royaume, il ne sera jamais détruit. » (Daniel 7.14). Jésus le « Fils de l'homme » est aussi Jésus le « Fils de Dieu », il est intime avec le Père, aimé du Père, nous savons qu'il est « le rayonnement de la gloire de Dieu et l'expression parfaite de son être. » (Hébreux 1.3).

La doctrine chrétienne, née de la lecture et de l'examen des témoignages contenus dans le Nouveau Testament, identifie Jésus comme étant à la fois divin et humain. Jésus notre Sauveur est en réalité Dieu et il est semblable à nous. Au chapitre 3, nous identifions l'argument qui a débouché sur la conception nicéenne selon laquelle Jésus est pleinement Dieu, *homoousios* (même essence) avec le Père. Jésus est celui en qui « habite toute la plénitude de ce qui est en Dieu. » (Colossiens 2.9). Jésus s'identifie avec le Dieu de l'Ancien Testament, s'écriant : « avant qu'Abraham soit venu à l'existence, moi, je suis. » (Jean 8.58). Jésus, « rempli de l'Esprit Saint » (Luc 4.1), agissait avec puissance et avec autorité, accomplissait des miracles, pardonnait les péchés et manifestait sa seigneurie sur la création, celui à qui « même le vent et le lac lui obéissent » (Marc 4.41). Notre relation avec Jésus est typique de la relation entre les êtres humains et Dieu : nous sommes baptisés en son nom, nous l'adorons et nous mettons notre confiance en lui pour notre salut.

Christ, notre Seigneur, le Fils éternel de Dieu, a pleinement revêtu la forme humaine. Il est né comme nous. Comme tout être humain « Jésus grandissait et progressait en sagesse, et il se rendait toujours plus agréable à Dieu et aux hommes. » (Luc 2.52). Jésus a connu les limites propres à la race humaine : la faiblesse, la fatigue, la souffrance. Il possédait des émotions, il a pleuré près de la tombe de son ami (Jean 11.35) et il était triste à Gethsémané (Matthieu 26.36-40). Jésus est Dieu, notre sauveur, notre créateur et notre seigneur, Jésus est aussi un être humain, qui devait « être rendu, à tous égards, semblable à ses frères afin de devenir un grand-prêtre plein de bonté et digne de confiance dans le domaine des relations de l'homme avec Dieu, en vue d'expier les péchés de son peuple » (Hébreux 2.17). Alors que ce chapitre est centré sur la personne de Jésus, et le chapitre suivant sur le salut, ce passage d'Hébreux montre les interconnexions entre l'identité de Jésus et son œuvre pour nous à travers son sacrifice à la croix et sa résurrection. « Car, puisqu'il

La personne de Jésus-Christ

a lui-même été éprouvé dans ce qu'il a souffert, il peut secourir ceux qui sont éprouvés. » (Hébreux 2.18). Cette logique à susciter des débats christologiques dans l'église antique. En Jésus, reposent notre consolation et notre espérance. Jésus est très proche de nous, cette situation est uniquement possible parce qu'il est purement Dieu et totalement humain. Jésus nous sauve en s'appropriant notre situation.

De nombreux chrétiens ont déjà écouté ces affirmations fondamentales sur la nature de Jésus (il est Dieu et il est humain), mais la plupart d'entre eux ne savent pas à quel point cet enseignement christologique est essentiel pour comprendre que le sacrifice de Jésus pour nous est empreint de beauté, de vérité et de bonté. L'évolution de la doctrine portant sur la nature de Christ nous aide à approfondir la compréhension de ces conceptions doctrinales. Comme avec la doctrine de la Trinité (où nous avons découvert certaines vérités essentielles sur Jésus), nous allons examiner la logique des discussions historiques qui a permis à l'Église primitive d'avoir une connaissance claire sur la doctrine de la personne de Christ. Il ne s'agit pas d'un récit purement historique.[117] Au contraire, nous nous focalisons ici sur les idées qui ont alimenté cette discussion, les notions concernant l'identité de Jésus et l'importance que cette caractéristique revêt pour nous, ses disciples.

L'Église antique a été confrontée à des questions clés sur l'identité de Jésus dans le cadre des controverses christologiques. La doctrine trinitaire du Concile de Nicée (325), qui reconnait que Jésus est pleinement et véritablement Dieu, *homoousios* avec le Père, est devenue la toile de fond commune à partir de laquelle d'autres questions sur l'identité de Jésus ont été examinées. Compte tenu de la divinité de Jésus et du rejet du subordinatianisme lié à l'arianisme, qui aurait rendu Jésus inférieur au Père, comment les disciples de Jésus étaient-ils censés comprendre son humanité ? Comment deux réalités aussi différentes (créateur et créature, divin et humain, éternel et mortel) pouvaient-elles coexister en la personne qui se trouve au centre de la foi chrétienne ? L'église a profondément débattu de ces questions, et le résultat de cette polémique a été formulé lors du Concile œcuménique de Chalcédoine (451). Avant d'examiner le langage doctrinal de Chalcédoine, il est utile de considérer les préoccupations qui ont animé les controverses christologiques, les chrétiens cherchant une doctrine portant sur la nature de Christ en accord avec la Bible et les réalités du salut.

Caractères immuable et limité ?

Pourquoi est-ce difficile de comprendre que Jésus est à la fois pleinement Dieu et totalement humain ? Dans le monde antique (et par extension dans le contexte actuel), cette question soulevait des inquiétudes quant aux mélanges d'éléments antinomiques, à la coexistence des éléments qui semblent, par leur essence même, incompatibles entre eux. Pour comprendre les énigmes qui entourent l'identité de Jésus, il est utile de réfléchir sur la signification de la nature de Dieu et de celle de l'être humain. Il ne fait aucun doute que la doctrine chrétienne nous pousse à reconnaitre la différence entre la divinité et l'humanité. C'est une implication essentielle des doctrines de la Trinité et de la création. La différence entre le divin et l'humain peut être exprimée en matière de caractéristiques qui sont contradictoires les unes avec les autres. Dieu est éternel ; les êtres humains sont mortels. Le psalmiste exploite cette différence divino-humaine dans la louange et la supplication.

> Prière de Moïse, homme de Dieu. Seigneur ! tu as été pour nous un refuge, de génération en génération. Avant que les montagnes fussent nées, et que tu eusses créé la terre et le monde, d'éternité en éternité tu es Dieu. Tu fais rentrer les hommes dans la poussière, et tu dis : Fils de l'homme, retournez ! Car mille ans sont, à tes yeux, comme le jour d'hier, quand il n'est plus, et comme une veille de la nuit. (Psaume 90.1-4)

Dieu est omniprésent, omniscient et omnipotent (les attributs « omni » classiques énumérés ci-dessous), mais les êtres humains sont limités dans tous ces domaines. Pour reprendre les paroles d'une chanson que plusieurs d'entre nous ont fredonnée dans leur enfance, nous sommes « faibles, mais lui est fort ». La différence entre le divin et l'humain est plus profonde que la structure de la création elle-même, cette différence existait déjà avant que nous ne commencions à discuter du fossé qui sépare Dieu et les êtres humains à cause du péché. Tous ces éléments doivent contribuer à éclaircir le problème rencontré lors des controverses christologiques. Comment deux réalités aussi différentes peuvent-elles être toutes deux véridiques au sujet de la personne de Jésus ?

Divinité	Humanité
éternel	temporel
omniprésent, -omniscient, -omnipotent	limité
immuable	changeant

Dire que Dieu est « immuable » revient à affirmer qu'il ne change pas. Dieu est parfait, et Dieu est la perfection de tout ce qui existe. La bonté de Dieu est parfaite. Dieu fait preuve d'une bonté et d'une justice parfaites, et **l'immuabilité** de Dieu est un corollaire de cette perfection divine. Comment la bonté absolue peut-elle changer ? Peut-elle devenir moins bonne ? Meilleure ? Changer de nature ? Il en va de même pour les autres perfections de Dieu. Si la perfection implique la totalité, la plénitude et l'intégralité, alors l'idée d'immuabilité prend tout son sens en tant que méthode pour souligner la grandeur de Dieu, pour souligner la différence entre Dieu et nous.

Des quatre catégories énumérées ci-dessus, l'idée d'immuabilité est la moins intuitive pour les penseurs contemporains, mais il s'agissait d'un élément clé du débat antique, et elle réaffirme les différences mentionnées dans les autres paires. L'affirmation selon laquelle Dieu est immuable a fait l'objet de vives critiques dans la théologie récente,[118] certaines personnes estiment que considérer Dieu comme immuable revient à faire de lui un souverain froid et distant, sans relation réelle avec la création et les hommes. Ces critiques suggèrent que l'immuabilité divine est une émanation de la pensée grecque et n'a rien à voir avec le Dieu de la Bible ou de la théologie chrétienne. À mon avis, ces critiques se trompent pour deux raisons. Premièrement, il n'existe pas de théologie chrétienne « pure », qui ne soit pas altérée par les philosophies ou les contextes intellectuels dans lesquels vivent les chrétiens. C'est inévitable et nécessaire pour les théologiens chrétiens de travailler avec les ressources intellectuelles de leurs contextes. La Bible est la norme qui encadre la pensée chrétienne, la règle qui prévaut sur les autres ressources, parce que la Bible est unique, car elle est la Parole de Dieu pour nous. Toute théologie chrétienne est basée sur la Bible, mais le principe réformateur *sola scriptura* ne signifie pas que les Saintes Écritures sont isolées du monde pécheur. La Bible existe justement pour répondre aux besoins du monde. Rejeter l'immuabilité divine simplement parce qu'il s'agit d'un concept issu de la pensée grecque équivaut à oublier que toutes les formes de pensée (grecque, latine, américaine, africaine, médiévale, moderne et toutes les autres) peuvent avoir un lien avec la Bible. Toutes les formes de pensée, les pensées de personnes pécheresses éloignées de Dieu, doivent être assujetties à la discipline de la Parole de Dieu, et toutes les formes de pensée (qui contiennent la vérité, la raison et le bon sens) peuvent nous aider à comprendre la Bible dans ce monde où la pensée domine.

Abordons maintenant la deuxième raison pour laquelle nous ne sommes pas convaincus par le rejet contemporain de l'immuabilité. Au

« Né de l'amour du Père »

Cet hymne du cinquième siècle d'Aurelius Clemens Prudentius célèbre Christ.

Né de l'amour du Père, avant la fondation du monde,
Il est Alpha et Omega, Il est le commencement et la fin
des choses qui existent, des choses qui ont existé,
Et des choses que les générations futures verront, pour toujours et à jamais !

Par sa parole, le monde a été créé, Tout ce qu'il a ordonné a été accompli :
Le ciel et la terre et les profondeurs de l'océan dans leur triptyque. ;
Tout ce qui existe sous le ciel.
La lune et le soleil brûlant, pour les siècles des siècles !

Il a revêtu une forme humaine, la mort et la douleur l'ont côtoyé,
afin que la race des descendants d'Adam,
condamnée par la loi à un malheur sans fin,
ne meure pas et ne périsse pas
dans le terrible abîme, pour les siècles des siècles !

Bénie soit cette naissance à jamais, la vierge, pleine de grâce,
a conçu, par le Saint-Esprit, le Sauveur de notre race,
l'enfant, le Rédempteur du monde,
Il a ainsi révélé son visage sacré, pour les siècles des siècles !

C'est lui que les prophètes du passé ont annoncé d'un commun accord,
lui que les prophètes ont prédit par leur parole fidèle,
lui qui maintenant brille, si longtemps attendu,
que la création loue son Seigneur, pour toujours et à jamais !

Que les cieux l'adorent, que les anges chantent ses louanges,
que les puissances et les dominations s'inclinent
devant lui et glorifient notre Dieu et notre Roi.
Qu'aucune langue sur terre ne se taise,
Que toutes les voix chantent en chœur, pour les siècles des siècles !

Christ, à toi, avec Dieu le Père, et, ô, Saint-Esprit, à toi,
Hymne et chant avec des actions de grâce, et louanges sans cesse :
Honneur, gloire et domination,
Et victoire éternelle, pour les siècles des siècles !

mieux, l'affirmation de l'immuabilité de Dieu a toujours été le fruit d'une réflexion rigoureuse à partir de et encadrée par la Bible. La Bible évoque l'idée selon laquelle l'immuabilité peut exprimer la différence entre Dieu et les hommes. Le Psaume 102 compare l'existence éphémère des êtres créés à celle de Dieu : « Ils périront, mais tu subsistes ; tous s'useront comme un habit ; comme on remplace un vêtement, tu les remplaceras. » (vv. 26-27). Malachie montre le contraste entre la fidélité de Dieu envers le peuple d'Israël et l'infidélité des hommes : « Moi, je suis l'Éternel et je n'ai pas changé. À cause de cela, descendants de Jacob, vous n'avez pas encore été exterminés. » (Malachie 3.6). Le livre de Jacques glorifie Dieu, de qui viennent les dons parfaits « et en qui il n'y a ni changement ni ombre due à des variations. » (Jacques 1.17).

Les théologiens comme Augustin sont en accord avec la Bible lorsqu'ils affirment l'immutabilité divine et sa proche cousine, **l'impassibilité** (ne pas être sujet aux changements émotionnels ou à la souffrance). Augustin ne conçoit pas que Dieu éprouve des émotions qui « perturbent la pensée », mais il rejette complètement l'impassibilité froide et dure; si l'impassibilité « peut être définie comme une situation dans laquelle l'esprit n'est affecté par aucune émotion, peu importe sa nature, qui ne jugerait pas qu'une telle insensibilité est le pire de tous les vices ? »[119] Le théologien David Bentley Hart (né en 1965) soutient que, pour l'église antique, l'immuabilité et l'impassibilité représentaient des méthodes pastorales pour affirmer la bonté et la fidélité de Dieu, mais également des vérités réconfortantes : « Dieu est d'un caractère bon, il a délibérément créé et aimé le monde. »[120] Le Dieu immuable et impassible est le Dieu fidèle de la Bible, le Dieu de l'hymne « Grande est ta fidélité », qui fait référence à Jacques 1.17 dans les paroles : « Il n'y a pas d'ombre de changement en toi ; tu ne changes pas, tes compassions ne manquent pas ; comme tu as été, tu seras toujours ».[121] Dieu est le Dieu fidèle, stable et sûr dont les compassions sont toujours avec nous. Les compassions de Dieu sont infaillibles, comme en témoigne la passion de Christ, dont la fidélité l'a conduit à la croix par amour pour nous.

L'immuabilité divine englobe la différence entre Dieu et nous, cette disparité est à l'origine du « problème » christologique des anciennes controverses. Comment Dieu, qui n'est pas un homme, peut-il devenir l'un de nous ?[122] Comment Dieu, qui est parfait, éternel et immuable, peut-il S'identifier à un être humain caractérisé par des limites humaines et sujet au changement et à la souffrance ? Pour certaines personnes, suggérer que le Dieu saint est devenu un petit garçon ou que l'on puisse enfoncer des clous dans les mains de Dieu pour le fixer sur une croix semble risible ou pire, blasphématoire. Paul ne déclare pas en vain : « Nous, nous prêchons Christ crucifié ; scandale pour les Juifs et folie pour les païens. » (1 Corinthiens 1.23). La miséricorde de l'incarnation ne défait pas le paradoxe ni n'efface le mystère. Il ne s'agit pas d'une solution purement rationnelle à l'impossibilité apparente pour le Dieu saint et éternel de devenir un nourrisson vulnérable ou un sacrifice sanguinolent, mais c'est une reconnaissance de l'œuvre de Dieu en Jésus, de sa beauté et de sa grâce, qui a le pouvoir de nous pousser à la louange. Le scepticisme à l'égard de l'humanité de Jésus n'est pas limité au monde antique. Raymond Brown (1928-1998), érudit du Nouveau Testament, a déclaré : « Ceux qui ont des doutes sur l'humanité de Jésus ne sont souvent pas conscients de leurs préjugés. En réalité, il se pourrait bien que la plupart des chrétiens ne tolèrent que le degré d'humanité qu'ils jugent compatible avec leur vision de la divinité. »[123] Cependant, la miséricorde de Dieu va au-delà de notre degré de tolérance et « la folie de Dieu », comme le souligne Paul, « est plus sage que la sagesse des hommes, cette faiblesse de Dieu est plus forte que la force des hommes » (1 Corinthiens 1.25). Avec cette « folie », la « pierre d'achoppement » de l'incarnation devant nous, nous sommes en mesure d'examiner plusieurs tentatives visant à soumettre cette folie à la sagesse humaine ou à éliminer la pierre d'achoppement. Ces tentatives sont reconnues comme des hérésies, car elles n'ont pas de sens à la lumière du témoignage biblique de l'incarnation.

Les hérésies christologiques

Les hérésies christologiques désignent trois tentatives visant à rationaliser ou supprimer le paradoxe de l'incarnation. Toutes ces hérésies stipulent que Dieu ne peut pas être réellement uni à l'humanité, et toutes affirment donc que Jésus, qui est Dieu, ne possède pas pleinement une nature humaine ou est protégé du chaos de l'humanité. Toutes ont été rejetées en faveur de l'affirmation que l'incarnation est l'union réelle du Dieu réel avec la pleine réalité de l'humanité.

L'apollinarisme

Tirant son nom d'Apollinaire de Laodicée (vers 310-vers 390), **l'apollinarisme** cherche à élucider la question de la nature de Jésus en suggérant qu'il n'était pas pleinement un être humain. Apollinaire a suggéré que la Parole divine avait remplacé la pensée humaine en Jésus. Selon Apollinaire, la Parole « agissait dans le corps de Jésus en lieu et place de l'esprit et de la volonté »,[124] comme si la Parole avait pris possession d'un corps humain. John Behr décrit cette « conception de l'incarnation » comme « animant ».[125] Si nous concevons l'incarnation comme la pensée ou l'esprit de Dieu (Apollinaire utilise le terme *logos*) qui prend possession d'un corps humain, nous aurons une idée apollinarienne de Jésus, une idée qui n'est probablement pas très éloignée de celle de nombreux chrétiens. L'apollinarisme dépeint un Jésus auquel il manque un élément essentiel de son hunmanité.[126] Apollinaire a constaté que les humains sont des êtres perfides, ondoyants, souvent irrationnels et peu fiables, et il ne pouvait s'imaginer que Dieu se retrouve dans une telle situation. La solution d'Apollinaire consistait donc à imaginer qu'en Jésus, l'esprit humain si problématique a été échangé en faveur du *logos* divin, ce qui nous décrit un Jésus qui n'est pas réellement un être humain. Toute christologie qui tente d'exempter Jésus d'un aspect de sa nature humaine s'apparente à l'hérésie apollinarienne.

L'échec le plus cuisant de l'apollinarisme repose sur le fait qu'il ne peut expliquer comment Jésus sauve. Nous avons relevé précédemment les liens entre la christologie et notre compréhension du salut, nous examinerons ce point plus en profondeur dans le chapitre suivant. Le salut est lié à la nature humaine de Jésus. Il s'approprie nos problèmes et partage avec nous son héritage. Paul évoque ces idées lorsqu'il déclare que « notre Seigneur Jésus-Christ a manifesté sa grâce envers nous : lui qui était riche, il s'est fait pauvre pour vous afin que par sa pauvreté vous soyez enrichis » (2 Corinthiens 8.9). Les adversaires de l'apollinarisme, se basant sur le témoignage biblique concernant l'œuvre rédemptrice de Jésus, se sont opposés à toute christologie qui exclut de Jésus une partie de son humanité. Leur raisonnement est le suivant : selon notre espérance, tout aspect de la nature humaine et tout aspect appartenant à notre condition humaine, est également un aspect de la vie de Jésus, « Ce qui n'est pas accepté ne peut être sauvé », selon les adversaires d'Apollinaire. Jésus accepte (il endosse) la plénitude de la condition humaine et ce faisant, il sauve les êtres humains. Jésus, pleinement incarné sauve tous les êtres humains de leurs péchés. Chaque aspect de notre humanité a besoin du salut, et toute caractéristique de notre nature humaine (le corps, l'âme, l'esprit, la force) a besoin de Jésus. Les critiques de l'apollinarisme ne sont pas récentes. Elles possèdent des fondements bibliques, et un raisonnement similaire avait été formulé contre les concepts gnostiques sur Jésus, qui niaient que Jésus possédait réellement un corps. Néanmoins, le rejet de Jésus tel que décrit par l'apollinarisme a consolidé l'enseignement chrétien sur la pleine et véritable nature humaine de Jésus. Jésus n'est pas un sous-homme, ni un faux être humain, ni, ce qui parait le plus tentant, un surhomme.

L'eutychianisme

L'hérésie suivante apporte une menace différente sur l'humanité de Jésus. Alors que l'apollinarisme dépeint un Jésus déshumanisé, **l'eutychianisme** présente Jésus dont l'humanité a été défaite par Dieu. Cette hérésie tient son nom d'Eutychès (né vers 380, mort vers 456), qui enseignait que « Christ possédait deux natures avant l'incarnation, et une seule après ». [127] Cette hérésie est souvent appelée **monophysisme**, car elle considère que Jésus incarné n'a qu'une seule nature (divine). L'erreur ici consiste à supposer que la nature divine lorsqu'elle rencontre la nature humaine, l'absorbe. Si l'on imagine l'incarnation comme une collision cosmique entre la divinité et l'humanité, la nature divine, étant omnipotente, sainte, etc., soit changera radicalement la nature humaine, soit l'effacera complètement. Selon cette école de pensée, la nature humaine de Jésus, lorsqu'elle rencontre la nature divine est, soit détruite, soit modifiée au point de ne plus être humaine à proprement parler. La nature humaine a été « altérée » ou a perdu son humanité en se mélangeant à la nature divine omnipotente. Au lieu de conserver la divinité et l'humanité, la nature incarnée de Jésus devient tout autre chose, un mélange qui n'est fidèle à aucune des deux natures dont il est issu.

Ce Jésus ne peut plus s'identifier significativement à la nature humaine, son humanité, selon l'analogie d'Eutychès, devient comme une goutte de vinaigre dans l'océan de la divinité. Il en résulte que « l'humanité de Christ et l'importance de sa réalité historique risquent d'être balayées par une terminologie imprécise ». [128] L'eutychianisme est écarté parce qu'il nie l'humanité du Seigneur. En rejetant l'hérésie eutychienne, l'église reconnait que les rapports de Dieu avec l'humanité, dans la miséricorde, ne s'assimilent pas à une de collision cosmique, et que Dieu ne résout pas le problème du péché humain en détruisant notre nature ou en l'atténuant. Par le miracle gracieux de l'incarnation, la divinité s'unit à l'humanité tout en lui permettant de préserver son humanité. Nous, qui sommes aussi humains, avons bien des raisons d'en être reconnaissants, car le rejet de l'eutychianisme est aussi le rejet des idées erronées selon lesquelles notre salut doit fondamentalement détruire notre nature. Ce n'est pas le cas. L'œuvre salvatrice de Dieu dans nos vies est pour nous, pas contre nous. Lorsque Dieu œuvre pour nous sauver, il n'efface pas notre humanité, notre spécificité ou notre personnalité. La miséricorde du salut de Dieu consiste à racheter son œuvre parfaite en nous.

Le nestorianisme

Le **nestorianisme** est l'hérésie la plus subtile et la plus pernicieuse des hérésies christologiques. Elle reconnait pleinement l'humanité et la divinité de Jésus. Au premier coup d'œil, cette reconnaissance semble suffisante, et c'est là que réside le caractère pernicieux de l'hérésie. Nestorius (né vers 386, mort vers 450), évêque de Constantinople, a reconnu que Jésus est divin et humain, mais il a voulu maintenir les deux natures séparées sur des points importants. La dissociation nestorienne entre les natures divine et humaine de Jésus avait pour but de protéger dans une certaine mesure l'idée de la souveraineté de Dieu. En considérant le nestorianisme comme une hérésie, l'église antique a jugé que cette séparation entre la divinité et l'humanité de Jésus laissait peu d'espoir pour les hommes, qui se confient à Jésus pour défaire la séparation entre Dieu et l'humanité. Nestorius avait constaté la grande différence entre Dieu et nous, et il aurait décrit cette différence de la même manière que nous l'avons vu précédemment.

Dieu = saint, transcendant, immuable, sauveur.

Humanité = limité, changeant et vulnérable à la souffrance.

Le nestorianisme traite de la question de savoir comment ces deux natures peuvent se rencontrer en insistant sur le fait qu'elles restent logiquement séparables. La nature divine de Jésus, pour le Nestorien, accomplissait des œuvres propres à Dieu. Le Jésus nestorien, dans sa divinité, nous sauve, vainc la mort et est omniscient. Nestorius voulait confiner les œuvres humaines de Jésus à sa nature humaine. Ainsi, la nature humaine du Jésus nestorien est la nature qui a causé certains aspects comme la faim, les pleurs, la souffrance et la mort.

Ce type de division christologique fait appel à une certaine forme de piété et de logique. Nestorius pense qu'attribuer des caractéristiques humaines à Dieu serait un déshonneur. De plus, il pense qu'il est tout simplement absurde de prétendre que Dieu, qui est éternel, puisse mourir. Dans la logique du nestorianisme, il est

> aussi insensé de suggérer que Jésus puisse ressusciter quelqu'un d'entre les morts que de suggérer que le Logos puisse mourir. L'homme Jésus de Nazareth est donc mort sur la croix comme tout homme sujet à la mortalité. Dieu la Parole l'a ressuscité d'entre les morts comme étant lui-même au-delà du pouvoir de la mort. Les sphères et les capacités distinctives de l'un et de l'autre... ont toujours été préservées.[129]

La christologie nestorienne examine les actes de Jésus et cherche à déterminer quelle nature est responsable de chacun d'eux. Si le besoin de changer la couche se fait ressentir ? C'est la nature humaine. Une guérison miraculeuse ? C'est la nature divine. Si Jésus pleure sur la tombe de Lazare ? C'est la nature humaine. Ressusciter Lazare de la mort ? C'est la nature divine. Saigner sur la Croix ? C'est la nature humaine. Résurrection d'entre les morts ? C'est la nature divine. C'est une christologie bien ordonnée, qui protège une piété qui insiste sur le fait que Dieu doit être au-delà de nos difficultés ; mais c'est une christologie hérétique parce qu'elle défait les miséricordes du Dieu qui est assez puissant pour ne pas avoir besoin de notre protection et assez aimable pour pleurer, souffrir et mourir pour nous.

Cyrille d'Alexandrie (mort vers 444) était furieux de la décision de Nestorius de séparer la divinité et l'humanité de Jésus, créant ce qui lui semblait être deux Jésus et attaquant le pont que construit l'incarnation entre Dieu et l'humanité. Nestorius a entamé sa réflexion par l'incompatibilité entre la divinité et l'humanité, puis a essayé de trouver un moyen de les réunir. La pensée de Cyrille avait comme point de départ la personne de Jésus, en qui il voyait se révéler la plénitude des natures divine et humaine. Le débat entre Cyrille et Nestorius portait sur le titre de la mère de Jésus : **théotokos**, celle qui a donné naissance à Dieu. Nestorius pensait que ce titre était inapproprié, voire blasphématoire, car le Dieu éternel ne peut pas naitre. Pour Nestorius, Jésus est né dans sa nature humaine, et non dans sa nature divine. Nestorius décrivait les natures divine et humaine de Jésus comme associées l'une à l'autre. Cyrille a reconnu que ce concept n'était tout simplement pas suffisant. Jésus, qui est Dieu et humain, est né. Tous les actes que Jésus, qui est à la fois Dieu et homme, a accomplis, il les a accomplis en tant que Dieu incarné. Cette affirmation représente le socle de l'importance de l'incarnation, de sa vérité et sa pertinence. Notre besoin criant est d'avoir Dieu avec nous, et non Dieu associé à nous. Cyrille a insisté sur le fait que les deux natures de Jésus, dans l'incarnation, ne font qu'une. Elles constituent véritablement une seule personne, le Seigneur Jésus-Christ. Tout ce que Jésus accomplit, il l'accomplit en tant que personne divine et humaine. En d'autres termes, Jésus (qui est Dieu et humain) est né. Jésus (qui est Dieu et humain) a souffert et est mort. Jésus (qui est Dieu et humain) est notre Sauveur. En opposition à Nestorius, Cyrille insiste donc sur le fait que *théotokos*, en raison de l'incarnation, est un titre approprié pour Marie. L'enfant né de Marie est Dieu.

Le théologien Thomas Weinandy explique la théologie de Cyrille en ces termes : « L'incarnation n'est pas l'union composite de plusieurs natures, mais le Fils adopte un autre mode ou manière d'existence. On peut donc affirmer que le Fils de Dieu est né, qu'il a souffert et qu'il est mort, non pas en tant que Dieu, mais en tant qu'homme, car tel est le nouveau mode d'existence du Fils de Dieu. »[130] Par conséquent, Jésus n'est pas un être composite ou une somme de divinité et d'humanité, et l'incarnation n'est pas une collision entre une nature divine et l'autre humaine. L'incarnation n'est pas non plus une manière pour Dieu de s'approprier un être humain pour son usage. L'humanité de Jésus n'a pas d'existence en dehors de l'incarnation. Cette humanité n'est pas au repos dans l'attente de la possibilité pour Dieu de s'associer à elle. L'humanité de Jésus n'a existé que parce que Dieu le Fils est venu parmi nous. Dans l'incarnation, le Fils éternel, qui est pleinement divin, devient humain. Cette compréhension permet à Cyrille, lorsqu'il décrit le fait que Christ est un, de s'émerveiller de la beauté de l'incarnation.

> Le mystère de Christ court le risque de susciter l'incrédulité pour ses aspects incroyable et fantastique. Dieu était en effet dans l'humanité. Celui qui domine toute la création s'est incarné dans la nature humaine ; l'invisible est devenu un être visible ; celui qui vient des cieux et d'en haut a pris la forme des êtres terrestres ; l'immatériel est devenu palpable ; celui qui est libre par nature a pris la forme d'un esclave ; celui qui a béni toute la création est devenu maudit ; celui qui est la justice a été compté parmi les transgresseurs ; la vie a pris l'apparence de la mort. Une telle situation s'est produite parce que le corps qui a goûté à la mort était celui du Fils par nature.[131]

La christologie chalcédonienne

Le **concile œcuménique de Chalcédoine** (451) s'est penché sur les questions soulevées par les hérésies christologiques, et a abouti à une déclaration doctrinale définissant les contours du discours chrétien sur l'identité et la compréhension de la nature de Jésus-Christ. Ce concile a déclaré que Jésus-Christ a deux natures ; il est pleinement divin et totalement humain, et que ces deux natures ne font qu'une. En opposition à l'apollinarisme, Chalcédoine affirme que Jésus est « complet dans son humanité » et « constitué d'une âme rationnelle et d'un corps ». En opposition à l'eutychianisme, Chalcédoine affirme que la distinction des natures divine et humaine de Jésus n'est pas supprimée par leur union. La divinité demeure la divinité. L'humanité demeure l'humanité. En opposition au nestorianisme, la christologie chalcédonienne ne considère pas les deux natures de Christ comme « divisées ou dédoublées ». Chalcédoine constitue une référence importante pour la doctrine de la christologie, et fournit une déclaration classique et orthodoxe sur l'identité de Christ. La définition de Chalcédoine est une clarification supplémentaire du credo de Nicée, car à Chalcédoine, l'église a reconnu que le Dieu unique, qui existe éternellement en trois personnes, a œuvré de manière décisive dans l'incarnation. La deuxième personne de la Trinité éternelle s'est incarnée en Jésus-Christ. Jésus est Dieu, et il est un être humain. Nous ne pouvons pas expliquer le mystère, mais nous pouvons affirmer la beauté, l'amour et la miséricorde qui se trouvent ici : Dieu est devenu l'un de nous.

Nicée, Doctrine de la Trinité	Chalcédoine, Doctrine de la personne de Christ
Un seul Dieu	
Trois personnes	
Père	
Fils →	• Une seule personne • Deux natures qui ne forment qu'une : divine et humaine
Esprit Saint	

Le terme « personne » désigne la deuxième personne de la Trinité et Jésus de Nazareth en tant que personnage historique, Dieu en chair. Cette personne est Dieu pour l'éternité. Dès le début du premier siècle, Dieu s'est fait homme dans le sein de Marie. En cette personne, Jésus, se trouvent la plénitude de la nature divine et la complétude de la nature humaine. En Jésus, nous voyons la divinité dans son intégrité divine, pleinement Dieu. En Jésus, nous voyons l'humanité dans son intégrité humaine, en aucun cas inhumaine.

Ainsi, lorsque les chrétiens évoquent les **deux natures** de Jésus-Christ, ils affirment que Christ est en même temps divin et humain. La christologie de Chalcédoine ne « solutionne » pas le problème présumé de l'incarnation, et elle ne nous explique pas précisément ce que signifie la divinité et l'humanité qui ne font qu'un en Jésus. Au contraire, la définition de Chalcédoine confirme les œuvres de Dieu en Jésus, qui est à la fois divin et humain, tout en gardant le silence sur les profonds mystères de l'incarnation. À Chalcédoine, les chrétiens ont identifié des doctrines christologiques qui doivent être rejetées, car incohérentes avec le récit biblique. D'une part, les natures divine et humaine de Jésus ne doivent pas être confondues l'une avec l'autre, ni considérées comme mêlées l'une à l'autre. D'autre part, les natures de Jésus ne peuvent être considérées comme séparées ou divisées l'une de l'autre. La théologienne Sarah Coakley (née en 1951) suggère que l'on pourrait s'amuser à lire la Chalcédoine comme une énigme : « Question : qu'est-ce qui est 'sans confusion', 'sans changement', 'sans division', 'sans séparation'? Réponse : deux natures en une seule personne, Christ. »[132] Pour exprimer les exclusions chalcédoniennes en mots positifs, les deux natures de Jésus-Christ sont des natures complètes. Elles gardent leur intégrité. Cependant, ces natures ne font qu'une. Affirmer l'intégrité des natures divine et humaine de Jésus revient à rejeter toute christologie (notamment l'apollinarisme et l'eutychianisme) qui concevrait l'humanité de Jésus comme n'étant pas entièrement humaine ou qui considérerait la divinité de Jésus comme n'étant pas entièrement divine. Affirmer l'unité des natures divine et humaine de Jésus, c'est rejeter toute christologie (notamment le nestorianisme) qui sépare l'humanité et la divinité de Jésus ou qui cherche à protéger sa divinité d'une trop forte implication dans notre confusion humaine.

L'union hypostatique

Dans la christologie pratique, le terme **union hypostatique** désigne l'union des deux natures, divine et humaine, en la personne de Jésus-Christ. Cette union est réelle. Elle ne peut être rompue ou brisée. La nature de cette union est telle que tout ce qui appartient à chaque nature appartient pleinement à Jésus. Le terme union hypostatique ne décrit que l'incarnation, il n'existe aucune autre union semblable. Néanmoins, l'église a essayé de trouver des analogies utiles, et les chrétiens ont souvent décrit l'union hypostatique comme n'étant pas très différente de l'unité psychosomatique du corps et de l'âme dans l'être humain. Tout être humain est un être physique et un être spirituel, et tout ce qu'il fait, il le fait corps et âme. Le concept d'union

> ### La définition de Chalcédoine
>
> À la suite des saints pères, nous confessons donc un seul et même Fils, qui est notre Seigneur Jésus-Christ, en accord avec l'enseignement selon lequel ce même Fils est complet dans sa divinité et complet dans son humanité, pleinement Dieu et pleinement homme, comprenant une âme rationnelle et un corps, coexistant avec le Père pour ce qui est de sa divinité et coexistant avec nous pour ce qui est de son humanité, semblable à nous en tous points, à l'exception du péché. En ce qui concerne sa divinité, Il est né du Père avant la fondation du monde, mais en ce qui concerne son humanité, Il est né de la Vierge Marie, la Mère de Dieu, dans les derniers jours, pour nous et pour notre Salut : le seul et unique Christ, Fils, Seigneur, Fils unique, reconnu comme possédant deux natures sans confusion, inaltérable, indivisible et inséparable, puisque la différence des natures n'est pas détruite du fait de l'union, mais le caractère de chaque nature est préservé et se rassemble en une seule personne et une seule hypostase, Il n'est pas divisé ou partagé en deux personnes, Il est le Fils unique, le Dieu unique, le Logos, le Seigneur Jésus-Christ, comme nous l'ont enseigné autrefois les prophètes et le Seigneur Jésus-Christ lui-même, et comme nous l'a transmis le symbole de nos Pères.[a]
>
> a. "The Council of Chalcedon's 'Definition of the Faith,'" in *The Christological Controversy*, trans. and ed. Richard A. Norris Jr. (Philadelphia: Fortress, 1980), 159.

hypostatique désigne le fait que la nature divine et celle humaine ne fassent plus qu'une en la personne de Jésus-Christ, cette union est réelle, indissoluble et vraie. Jésus accomplit toutes ses œuvres en tant que Dieu et en tant qu'être humain.

L'union hypostatique implique un autre concept théologique important appelé la **communication des idiomes** (*communicatio idiomatum*). La communication des idiomes nous apprend comment appréhender les attributs propres à Dieu (attributs tels que l'éternité, l'immuabilité) et les attributs propres à l'humanité (attributs tels que le fait d'être limité et la mortalité) lorsque nous observons ces attributs chez le Jésus incarné. Avant que Jésus ne vienne habiter parmi nous, nous comprenons les notions suivantes:

Dieu sauve.
Les humains souffrent.

Les doctrines de la Trinité et de la création nous ont enseigné à reconnaitre la différence entre le divin et l'humain et à comprendre pourquoi les phrases susmentionnées ne fonctionnent pas dans l'autre sens (sauf dans l'incarnation). Dieu ne peut pas souffrir. L'être humain ne peut pas sauver. Cependant, que se passe-t-il lorsque nous rencontrons Jésus, lui qui incarne, en sa personne, l'unité entre la divinité et l'humanité ? La doctrine de l'incarnation ne conteste pas la différence entre Dieu et les êtres humains. Au contraire, elle admet que, dans l'incarnation, Dieu a accompli un exploit miraculeux concernant cette différence.

Ces attributs sont partagés, car les natures de Jésus ne font qu'une. Dans l'union hypostatique, les attributs propres à la nature divine doivent être imputés à la personne de Jésus. De même, les attributs propres à la nature humaine doivent être imputés à la personne de Jésus. Toutes les caractéristiques propres à Dieu sont valables pour Jésus. Jésus, de nature humaine, est effectivement Dieu. Les caractéristiques humaines qui ne peuvent généralement pas décrire Dieu sont valables pour Jésus. Jésus, le véritable Dieu, est né, a souffert et est mort. Tout ce que Jésus a accompli, depuis sa conception dans le sein de Marie jusqu'à aujourd'hui, il l'accomplit en tant que Dieu avec nous, Dieu parmi nous. Lorsque nous rencontrons Jésus, nous voyons Dieu et l'humanité en une personne.

Nestorius voulait la séparation des attributs divins et humains de Jésus, un Jésus dont la nature divine accomplissait des actes divins, tels que les miracles, et la nature humaine des actes humains, comme le fait de pleurer. Par la grâce de Dieu, l'incarnation ne fonctionne pas ainsi. En Jésus, nous observons l'union des attributs divins et humains. Jésus commande les cieux et pleure à la mort de son ami. Jésus, pleinement Dieu et totalement humain, a mangé du poisson. Jésus, totalement Dieu et pleinement humain, a guéri l'homme à la main desséchée. Jésus, pleinement Dieu et totalement humain, a souffert sur la croix. La divinité ne se détache pas de l'humanité. Dieu est réellement avec nous, en une personne, Jésus. Il s'agit d'une bonne nouvelle pour nous, car nous rencontrons le Dieu qui ne nous laissera pas seuls dans notre marche avec lui, le Dieu qui franchit le fossé entre sa sainteté et nos péchés, pour nous amener à une relation intime avec lui. Selon les propos de Cyrille contre le nestorianisme, « Quand [le Fils] est devenu semblable à nous, même s'il est toujours resté ce qu'il était, il n'a pas déprécié notre condition. Non, [...] il a accepté les limites de l'homme, toutes les réalités de la nature humaine, et il n'a considéré aucune de ces réalités comme indigne de sa gloire ou de sa nature ; car il est Dieu et Seigneur de tous. »[133] C'est là le miracle de la christologie. Elle est à l'origine de notre capacité à énoncer des vérités essentielles à la Bonne nouvelle de Jésus-Christ, des vérités que Nestorius considérait comme des blasphèmes, des vérités que Jésus, par amour pour nous, a accepté de faire siennes :

> Dieu a souffert.
> Jésus sauve.

Lui qui, dès l'origine,

> était de condition divine, ne chercha pas à profiter de l'égalité avec Dieu, mais il s'est dépouillé lui-même, et il a pris la condition du serviteur. Il se rendit semblable aux hommes en tous points, et tout en lui montrait qu'il était bien un homme. Il s'abaissa lui-même en devenant obéissant, jusqu'à subir la mort, oui, la mort sur la croix. C'est pourquoi Dieu l'a élevé à la plus haute place et il lui a donné le nom qui est au-dessus de tout nom, pour qu'au nom de Jésus tout être s'agenouille dans les cieux, sur la terre et jusque sous la terre, et que chacun déclare : Jésus-Christ est Seigneur à la gloire de Dieu le Père. » (Philippiens 2.6-11)

	Monophysite	Nestorien	Orthodoxe
Nombre de natures	Une	Deux	Deux
Relation entre les natures	Mélange de divin et d'humain	Association du divin et de l'humain	Le divin et l'humain ne font qu'un

Pratiquer la doctrine chrétienne

	Monophysite	Nestorien	Orthodoxe
L'humanité de Jésus	Atténuée ou dominée	Pleinement humain, mais impropre à être adopté par Dieu	Dieu s'approprie la pleine humanité
Implications pour le salut	Jésus n'est pas vraiment un être humain	Séparation entre Dieu et les êtres humains	Réconciliation et médiation entre Dieu et les hommes
En pratique	Jésus peut sembler distant et inaccessible. Nous pourrions considérer que notre condition humaine doit être détruite pour que Dieu puisse nous transformer.	Le péché de l'humanité peut être considéré comme une séparation entre nous et Dieu. Nous pourrions ne pas croire que Dieu est vraiment avec nous.	Jésus, notre grand-prêtre, connait et possède notre nature humaine. Grâce à sa compassion et à son empathie véritables à notre égard, nous pouvons nous approcher « avec assurance du trône de la grâce afin d'obtenir miséricorde et de trouver grâce, pour être secourus dans nos besoins. » (Hébreux 4.16).

La christologie pratique

À mesure que nous nous familiarisons avec la doctrine de l'incarnation, Dieu balaie nos doutes quant à son amour pour l'humanité. Dans l'incarnation, Dieu est avec nous et pour nous, d'une manière que nous n'aurions jamais pu imaginer sans la Parole faite chair. En Jésus, nous découvrons que Dieu nous aime dans notre intégralité (corps, esprit et âme) parce qu'il a revêtu notre plénitude. Jésus, en devenant un être humain, confirme la vérité de la doctrine de la création, à savoir que nous sommes l'œuvre parfaite de Dieu, que Dieu nous considère comme dignes d'être sauvés. Dans l'incarnation, nous découvrons le désir de Dieu d'entretenir une relation intime avec nous, car Dieu est venu à nous, parmi nous, en portant nos spécificités humaines.

Le mot « **spécificité** » est utilisé en théologie pour souligner la bonté d'un Dieu dont l'amour se manifeste dans les détails. Jésus n'est pas venu parmi nous comme un être humain lambda ; Il est venu comme nous, avec des spécificités. Les spécificités de Jésus inclut sa masculinité, ses origines juives, sa localisation dans la Palestine du premier siècle, et ce que Markus Bockmuehl appelle sa « fin historique et sanglante. »[134] Si une doctrine nous présente Jésus comme n'étant pas juif, c'est une erreur. Les théologiens parlent parfois de cette spécificité comme d'un « scandale »,

La personne de Jésus-Christ

> ## Jésus et la spécificité en Afrique
>
> La théologienne ghanéenne Mercy Amba Oduyoye s'est penchée sur la vie de Jésus et son œuvre de rédemption dans le contexte africain :
>
>> L'être humain est une personne intégrée en Afrique ; les aspects privé et politique ne peuvent être séparés. Jésus a dénoncé les structures d'oppression qui opéraient à partir du temple et de la synagogue. Les œuvres de Jésus visaient à rétablir le bien-être des populations et des institutions, tant religieuses que sociales. Dans les Saintes Écritures, Yahvé sauve les hommes de la stérilité et de la maladie, de la famine et du feu, du déluge et des eaux troubles ; de même, dans le Nouveau Testament, Jésus délivre les femmes et les hommes de toute domination, notamment des griffes de la mort. Il rachète d'une main forte tous ceux qui sont dans le joug du péché et qui manifestent leur soumission au péché par l'exploitation de leur prochain. L'image de Dieu en Christ comme Rédempteur est une image qui parle clairement à l'Afrique. Les chrétiens se considèrent comme libérés de l'esclavage, d'un mode de vie douloureux devant Dieu pour entrer dans la famille de Dieu.[a]
>
> Oduyoye établit un lien entre la christologie et les spécificités de son contexte, en se focalisant sur la souffrance des femmes africaines :
>
>> Dans un continent où la souffrance physique semble endémique, Christ, qui a souffert, est une figure attrayante, car Christ peut devenir un compagnon. Cependant, dans l'esprit africain, toute souffrance doit être semblable aux douleurs de l'accouchement : elle doit conduire à une naissance, à un nouveau départ. Dans un continent où la faim, la soif et le manque de logement sont l'expérience quotidienne de millions de personnes, Jésus de Nazareth est un ami. Toutefois, les femmes sont conscientes que si Jésus a volontairement accepté la faim, il n'a jamais accepté la privation comme le destin de l'humanité ; au contraire, il a prouvé que la souffrance ne faisait pas partie du plan de Dieu, d'où l'importance de Christ victorieux dans la spiritualité des femmes africaines.[b]
>
> a. Mercy Amba Oduyoye, *Beads and Strands: Reflections of an African Woman on Christianity in Africa* (Maryknoll, NY: Orbis Books, 2004), 21-22.
> b. Mercy Amba Oduyoye, *Introducing African Women's Theology* (Sheffield: Sheffield Academic Press, 2001), 57.

car elle heurte notre sens de l'équité ou de la convenance. La pierre d'achoppement de l'incarnation est liée au scandale de la spécificité. Ce lien peut sembler choquant (grossier et bizarre), mais pour ceux qui y jettent un coup d'œil avisé, il contient le plus précieux des dons : l'amour de Dieu pour des êtres humains qui ont une apparence tout aussi étrange et qui sont assurément offensants. L'amour de Dieu pour l'humanité ne traduit pas une vision idéale et parfaite de cette dernière. C'est un amour réel pour des personnes réelles : hommes et femmes, païens et juifs, du Moyen-Orient, d'Afrique, d'Europe, d'Amérique et d'Asie, des personnes de tous les coins de la planète. Ce n'est pas seulement un amour pour les idées ou pour les âmes. C'est un amour qui englobe les organismes aussi bien que les âmes, un amour suffisamment concret pour s'incarner, pour s'étendre jusqu'aux doigts et aux orteils : ceux de Jésus comme les nôtres. L'amour de Dieu est grand et spécifique. [135]

Puisque Dieu est avec et pour nous, nous sommes libres d'être avec et pour les autres. Parce que l'amour de Dieu atteint nos spécificités, nos particularités, nous avons l'espoir que notre amour puisse en faire autant. À mesure que nous appliquons la christologie, nous nous rapprochons de Jésus-Christ, et nous commençons à être transformés en lui. Ainsi, notre amour dépassera les sentiments pour se transformer en actions concrètes. Notre amour sera façonné à l'image de l'amour de Jésus. Comme Claire d'Assise (1194-1253), nous serons inspirés par « l'amour du Seigneur qui était pauvre lorsqu'il était couché dans la crèche, démuni lorsqu'il vivait dans le monde, qui est resté nu sur la croix, »[136] et nous apprendrons à suivre son exemple en aimant les personnes vulnérables et humbles, ceux qui sont « les plus petits d'entre eux » (Matthieu 25.40), les pauvres, les affamés et les dénudés qui sont précieux pour Christ. En devenant semblables à Christ, notre amour, comme le sien, s'étendra aux détails. Beverly Gaventa et Richard Hays expliquent comment nous sommes transformés lorsque nous apprenons l'identité de Jésus

> *à travers une discipline à long terme.* La forme des récits évangéliques le suggère déjà : Jésus appelle des disciples qui le suivent pendant des années sans saisir pleinement sa nature. Ce n'est qu'après l'avoir longuement côtoyé et après les événements révélateurs bouleversants de la croix et de la résurrection qu'ils ont commencé à cerner son identité. La connaissance de l'identité de Jésus est un processus coûteux, qui dure toute la vie et dans lequel nous grandissons, sous la tutelle de la Bible et grâce aux activités rigoureuses de culte et de service de l'église, vers une compréhension plus profonde de Jésus que nous connaissons aujourd'hui de manière inadéquate. La connaissance de sa vie nous permet de mieux le cerner. Comme Paul le savait bien, cette connaissance est inestimable. [137]

Pierre décrit la vie chrétienne comme une vie de souffrance. Nous sommes invités à imiter Christ dans la souffrance parce qu'il a souffert pour nous. Nous souffrons non parce que la souffrance est bonne, mais parce que Dieu a vaincu la souffrance et la mort par la résurrection de Christ. En tant que participants à sa résurrection, par la puissance de l'Esprit, nous pouvons, comme Christ, expérimenter la vérité selon laquelle

La personne de Jésus-Christ

la bonté et l'amour de Dieu triomphent de la souffrance et de la mort. Ce caractère coûteux de la vie de disciple n'est pas un objectif que nous atteignons. La mise en pratique de la christologie n'a rien à voir avec le moralisme et ne consiste pas seulement à suivre les traces de Jésus. Notre christologie est incomplète si nous ne suivons pas ses traces, mais nous n'y parviendrons pas si nous ne sommes pas armés par l'œuvre de Jésus. Comme « Christ aussi a souffert », nous sommes capables de suivre son exemple et « suivre ses traces » (1 Pierre 2.21). Comme il « a pris nos péchés sur lui et les a portés dans son corps » pour que nous soyons « morts pour le péché » et que « nous menions une vie juste » (v. 24). En effet, « c'est par ses blessures que vous avez été guéris. Car vous étiez comme des brebis errantes, mais, à présent, vous êtes retournés vers le berger qui veille sur vous » (vv. 24-25). Ainsi, la doctrine et la pratique de la christologie nous conduisent, par nécessité, à la doctrine et à la pratique de la sotériologie, la Bonne nouvelle du salut et de la puissance, qui nous appartient en la personne de Jésus-Christ.

7
L'oeuvre de Jésus-Christ

La sotériologie

« Ainsi donc, puisque les enfants participent au sang et à la chair, il y a également participé lui-même, afin que, par la mort, il anéantît celui qui a la puissance de la mort, c'est-à-dire le diable, et qu'il délivrât tous ceux qui, par crainte de la mort, étaient toute leur vie retenus dans la servitude. Car assurément ce n'est pas à des anges qu'il vient en aide, mais c'est à la postérité d'Abraham. En conséquence, il a dû être rendu semblable en toutes choses à ses frères, afin qu'il fût un souverain sacrificateur miséricordieux et fidèle dans le service de Dieu, pour faire l'expiation des péchés du peuple ; car, ayant été tenté lui-même dans ce qu'il a souffert, il peut secourir ceux qui sont tentés ». (Hébreux 2.14-18)

Jésus sauve. Dans le chapitre précédent, nous avons vu que tout dépend du don de Dieu qui s'est fait homme par amour pour nous. La **sotériologie**, qui traite des questions de salut, s'occupe des interconnexions entre la personne de Jésus et ce qu'il a accompli, en particulier à la croix et à la résurrection, pour apporter le salut. L'œuvre salvatrice de Dieu est dépeinte de plusieurs façons dans l'Écriture, et les chrétiens parlent donc du salut en utilisant plusieurs concepts et catégories. L'œuvre de Jésus en tant que sauveur est inépuisable, tant en largeur qu'en profondeur, et il convient de noter que la sotériologie reflète une partie de cette abondance. La doctrine du salut est l'un des domaines de la pensée chrétienne où l'on constate une grande diversité, de même que des désaccords, entre les différentes traditions théologiques, mais cette divergence ne signifie pas qu'il n'existe pas de consensus chrétien reconnaissable sur la sotériologie.

Dans ce chapitre, nous examinerons la richesse du témoignage biblique de Christ comme Sauveur et certaines catégories clés qui nous aident à étudier le salut. L'œuvre salvatrice de Jésus-Christ est

Pratiquer la doctrine chrétienne

> ### Passage clé
>
> Mais il y eut un homme d'entre les pharisiens, nommé Nicodème, un chef des Juifs, qui vint, lui, auprès de Jésus, de nuit, et lui dit : Rabbi, nous savons que tu es un docteur venu de Dieu ; car personne ne peut faire ces miracles que tu fais, si Dieu n'est avec lui. Jésus lui répondit : en vérité, en vérité, je te le dis, si un homme ne naît de nouveau, il ne peut voir le royaume de Dieu. Nicodème lui dit : comment un homme peut-il naître quand il est vieux ? Peut-il rentrer dans le sein de sa mère et naître ? Jésus répondit : en vérité, en vérité, je te le dis, si un homme ne naît d'eau et d'Esprit, il ne peut entrer dans le royaume de Dieu. [...] Car Dieu a tant aimé le monde qu'il a donné son Fils unique, afin que quiconque croit en lui ne périsse point, mais qu'il ait la vie éternelle. Dieu, en effet, n'a pas envoyé son Fils dans le monde pour qu'il juge le monde, mais pour que le monde soit sauvé par lui. Celui qui croit en lui n'est point jugé ; mais celui qui ne croit pas est déjà jugé, parce qu'il n'a pas cru au nom du Fils unique de Dieu. Et ce jugement c'est que, la lumière étant venue dans le monde, les hommes ont préféré les ténèbres à la lumière, parce que leurs oeuvres étaient mauvaises. Car quiconque fait le mal hait la lumière, et ne vient point à la lumière, de peur que ses oeuvres ne soient dévoilées ; mais celui qui agit selon la vérité vient à la lumière, afin que ses oeuvres soient manifestées, parce qu'elles sont faites en Dieu ». (Jean 3.1-5, 16-21)

intrinsèquement liée à son identité personnelle. En nous exerçant à la doctrine du salut, nous constatons que l'œuvre salvatrice de Christ est aussi riche que Jésus-Christ lui-même. En effet, la base du salut est d'une « richesse insondable » (Éphésiens 3.8), ici et dans l'au-delà. Comme le prêchait John Wesley, « Le salut n'est pas ce que l'on entend fréquemment par ce mot, le fait d'aller au Paradis, le bonheur éternel n'est pas une bénédiction qui se trouve de l'autre côté de la mort, ou (comme nous le disons habituellement) dans l'autre monde. » Wesley voulait que ses auditeurs reconnaissent la miséricorde du salut dans l'ici et maintenant. Le salut, poursuit Wesley, « n'est pas réalité lointaine : il s'agit d'une vérité présente, une bénédiction dont, à travers la libre miséricorde de Dieu, vous êtes maintenant en possession. Le salut dont il est question ici pourrait s'étendre à l'œuvre entière de Dieu, depuis la première goutte de la grâce dans l'âme jusqu'à sa consommation dans la gloire. »[138]

La richesse du salut dans l'Écriture

L'Écriture nous donne un récit dense, stratifié et riche de l'œuvre salvatrice de Dieu, et notre gratitude pour le salut ne peut que croître

L'oeuvre de Jésus-Christ

si nous prenons l'habitude de prêter attention à cette bonté à plusieurs couches dans la sotériologie. Deux esquisses du témoignage biblique sur le salut vont nous aider à nous faire une idée de l'abondance de cette doctrine. La première esquisse nous vient de la théologienne Brenda Colijn, qui identifie des images du salut qui se chevauchent dans le Nouveau Testament. L'Écriture nous montre le salut comme un héritage que nous recevons en tant qu'enfants de Dieu, et comme une citoyenneté dans le Royaume de Dieu. Ces images superposées apportent « un correctif important à une vision du salut centrée sur le moi. »[139] L'Écriture nous montre le salut comme la vie éternelle et comme l'œuvre de Dieu qui nous régénère, nous fait participer à la nouvelle création et nous donne une nouvelle naissance. Colijn cite également des images bibliques du salut comme le secours, la guérison, la rédemption, la rançon, la liberté et le pardon. Le salut est l'œuvre de Dieu dans le passé, le présent et l'avenir, et le salut est synonyme de réconciliation, d'adoption et de paix. Le salut s'étend au-delà des êtres humains, à l'ensemble de l'ordre créé. Le salut consiste en une réconciliation entre les êtres humains et Dieu ; il réconcilie également les êtres humains « avec d'autres forces spirituelles, les uns avec les autres, et avec le reste de la création. »[140] Colijn identifie encore d'autres images dans l'Écriture : le salut est l'œuvre de Dieu qui nous rend justes, par la foi ; il s'agit de l'élection par Dieu de son peuple bien-aimé ; il nous transforme, nous rend saints, et nous appelle à la persévérance. Colijn résume les images bibliques du salut.

> Le salut dans le Nouveau Testament est une vision de l'œuvre de Dieu pour nous et en nous, à travers Christ et par le Saint-Esprit, une vision qui se compose d'images interdépendantes et qui s'interprètent mutuellement. Malgré leur riche diversité, les images du salut dans le Nouveau Testament racontent une seule histoire : l'histoire de l'amour de Dieu pour sa création brisée, de son désir de relation d'alliance et de son façonnement patient d'un peuple qui reflètera son amour les uns envers les autres et envers le monde. Au point culminant de l'histoire, le Créateur entre dans sa création en la personne de Jésus de Nazareth, s'identifiant à ses créatures dans la vie et la mort, puis, à travers la résurrection, ouvrant la voie à la vie éternelle. En Jésus-Christ, par la puissance de son Esprit demeurant, le peuple de Dieu est maintenant appelé à poursuivre la mission rédemptrice de Dieu. Se souvenant de la fidélité de Dieu, il vit et travaille dans l'attente de la conclusion de l'histoire, qui sera racontée lorsque Jésus reviendra. Ces images reflètent certains thèmes communs. Elles

supposent toutes une situation désespérée qui nécessite une intervention divine. Si la grâce divine a toujours la priorité, les êtres humains doivent recevoir la grâce offerte par Dieu par la foi, exprimée par la croyance, la confiance et la fidélité.[141]

À partir de l'esquisse de Colijn, nous voyons déjà une image immensément riche du salut. Si nous plaçons son esquisse à côté d'une autre, la richesse ne fait que se multiplier. Le théologien Thomas Weinandy identifie certains thèmes qui se croisent dans l'Écriture, des thèmes qui nous aident à cerner l'ampleur du salut de Dieu.[142] Là où Colijn propose des images du salut, Weinandy décrit des thèmes en sotériologie en remarquant la manière dont le salut est abordé non seulement à un moment de l'histoire biblique, mais tout au long de cette histoire dans son ensemble. Il examine les thèmes du salut en fonction de trois mouvements dans le récit biblique : (1) l'œuvre de la croix, (2) la résurrection et la Pentecôte, et (3) la nouvelle vie dans l'Esprit Saint. Weinandy nomme trois sous-thèmes dans la première catégorie, l'œuvre de Jésus sur la croix : Jésus assume notre condamnation, offre sa vie comme un sacrifice expiatoire, et met à mort notre humanité pécheresse. Dans le mouvement de la résurrection et de la Pentecôte, Weinandy met en évidence l'amour du Père pour Jésus, le don que Christ ressuscité nous fait de l'Esprit, et la résurrection de Jésus en tant qu'un « homme complet », aussi pleinement humain dans sa résurrection que dans sa mort. Dans le cadre du troisième thème sotériologique, la vie dans l'Esprit, Weinandy met l'accent sur le fait que nous sommes devenus de nouvelles créations et sur la vie que nous avons en Christ.

Le chemin du salut

Une approche pour comprendre le témoignage biblique à plusieurs niveaux de l'œuvre salvatrice de Jésus consiste à décrire le salut sur le plan de certains moments ou parties. La conversation chrétienne sur le « chemin » du salut reconnait ces moments et refléchit sur leur signification. Il existe des différences entre les traditions théologiques et les dénominations sur la manière exacte de décrire le processus de salut, mais au sein de ces différences, il existe un consensus sur l'importance de plusieurs concepts clés. Je décrirai ce consensus en quatre étapes largement conçues sur le chemin du salut : les débuts, la justification, la sanctification et la rédemption finale. Chacun de ces aspects du salut est l'œuvre de Dieu, et son don gracieux.

L'oeuvre de Jésus-Christ

Les débuts du salut

Dieu est à l'œuvre avant que nous ne parvenions à la foi. Le salut ne commence pas avec nous, avec des actions, des décisions ou des réalisations humaines. Le salut commence avec Dieu, qui agit dans le monde en général, dans l'Église et dans la vie de chaque personne bien avant que nous soyons conscients de ce qu'il fait. Les différentes branches de la tradition chrétienne ont un langage différent pour les événements qui appartiennent aux débuts du salut, mais le corps de Christ, dans son ensemble, reconnaît l'œuvre de Dieu dans ces débuts. Nous pouvons parler des débuts du salut sur le plan de la conscience, de la contrition, de l'élection et de la repentance. Tous ces aspects, même les tout premiers pas qui pourraient commencer à nous diriger vers Dieu, sont l'œuvre de la grâce de Dieu. John Wesley parle des débuts du salut en matière de « toutes les attractions du Père, les désirs pour Dieu, qui, si nous y cédons, augmentent de plus en plus [...] toutes les convictions que son Esprit opère de temps en temps »[143] dans chaque être humain. Wesley veut faire comprendre que même ces débuts, tout comme n'importe quelle autre étape du processus, sont des œuvres de la grâce de Dieu. Tout ce qui se passe, alors que Dieu nous conduit sur le chemin du salut, se produit par la bonté et la grâce de Dieu. C'est pourquoi John Wesley insiste que l'idée que nous appelons souvent « conscience naturelle » n'est pas vraiment naturelle. Au contraire, même le sentiment qu'une réalité pourrait ne pas être juste est l'œuvre de la grâce de Dieu. Au début du salut, nous apprenons que nous sommes pécheurs, que nous avons un problème et que notre salut est une nécessité. La **contrition** est une étape sur le chemin du salut où nous sommes désolés pour nos péchés, et nous souhaitons qu'ils soient réparés. Dans la **repentance**, nous nous détournons du péché et nous nous tournons vers Dieu. Les débuts du chemin du salut comprennent également les moyens que Dieu utilise pour nous communiquer l'Évangile du salut. Le salut est pour « tous ceux qui feront appel au Seigneur seront sauvés » (Romains 10.13), et Paul met l'accent sur la façon dont Dieu agit pour l'apporter à travers la prédication, le témoignage et l'évangélisation.

> Mais comment feront-ils appel à lui s'ils n'ont pas cru en lui ? Et comment croiront-ils en lui s'ils ne l'ont pas entendu ? Et comment entendront-ils s'il n'y a personne pour le leur annoncer ? Et comment y aura-t-il des gens pour l'annoncer s'ils ne sont pas envoyés ? Aussi est-il dit dans l'Écriture : qu'ils sont beaux les pas de ceux qui annoncent de bonnes nouvelles ! Mais, malheureusement, tous n'ont

pas obéi à cette bonne nouvelle, Ésaïe déjà demandait : Seigneur, qui a cru à notre message ? Donc, la foi naît du message que l'on entend, et ce message c'est celui qui s'appuie sur la parole du Christ. (vv. 14-17)

Alors, notre témoignage de l'œuvre salvatrice de Christ fait partie de l'œuvre de salut de Dieu. Dieu se sert de nous pour « porter la Bonne nouvelle », et la foi qui naît du « message que l'on entend » est centrale pour l'étape suivante du processus.

La justification

La **justification** est l'œuvre de Dieu qui justifie les pécheurs, en pardonnant leurs péchés et en les rendant justes devant lui. La bonne nouvelle que nous sommes justifiés par la foi, et non par les œuvres, constitue l'un des plus grands thèmes du Nouveau Testament. La réflexion de cette doctrine tend à se concentrer sur les lettres de Paul, dans lesquelles il décrit le don du salut que nous recevons en Jésus-Christ. Dans le livre de Romains 4, Paul raconte l'histoire d'Abraham, dont la foi a été « portée à son crédit » (v. 22) et dont l'histoire ne concerne pas seulement lui, mais aussi nous. Comme Abraham, nous pouvons être considérés comme justes. Nous « qui plaçons notre confiance en celui qui a ressuscité des morts Jésus notre Seigneur » (v. 24) recevons la justification. La « justice » (*dikaiosyne*) qui est imputée à Abraham et à nous partage une racine grecque (*dik-*, ce qui est juste) avec la « justification » (*dikaiosis*) pour laquelle Christ est ressuscité des morts (v. 25). Cette justification est au cœur du chemin du salut. « Puisque nous avons été declarés justes en raison de notre foi », relève Paul dans le livre de Romains 5, « nous sommes en paix avec Dieu grâce à notre Seigneur Jésus-Christ. Par lui, nous avons eu accès, au moyen de la foi, à ce don gratuit de Dieu dans lequel nous nous trouvons désormais établis ; et notre fierté se fonde sur l'espérance d'avoir part à la gloire de Dieu » (vv. 1-2). Bien que nous étions « sans force » (v. 6) et « encore des pécheurs » (v. 8), Christ est mort pour nous, nous justifiant « grâce à son sacrifice » (v. 9). Le péché, la mort et la condamnation nous appartenaient dans notre unité avec Adam. En Christ, tout a changé, et nous recevons la justice, la vie éternelle et la justification : « Ainsi donc, comme une seule faute a entraîné la condamnation de tous les hommes, un seul acte satisfaisant à la justice a obtenu pour tous les hommes l'acquittement qui leur donne la vie » (v. 18).

Le conflit sur la doctrine de la justification a alimenté les débats

L'oeuvre de Jésus-Christ

du 16e siècle qui allaient conduire à la Réforme protestante. L'histoire du clivage entre le protestantisme et le catholicisme romain commence généralement avec Martin Luther, un moine devenu réformateur, dont la compréhension de la justification est encore caractéristique des théologies protestantes de nos jours. Luther a réagi contre les abus du défunt catholicisme médiéval de son époque, notamment contre la pratique de la vente d'indulgences. L'Église catholique romaine accordait des indulgences pour « une rémission devant Dieu de la punition temporelle due aux péchés dont la culpabilité a déjà été pardonnée ». [144] Une indulgence est donc censée couvrir une punition pour les péchés, qui autrement devrait être payée par l'individu. Cette punition doit être couverte par les mérites de Christ et des saints, que l'Église détient dans son trésor. Luther s'opposait à la vente d'indulgences (un abus auquel l'Église catholique a mis fin lors de la Réforme catholique), mais il s'en prenait également à la théologie qui sous-tendait cette pratique. « Tout vrai chrétien participe aux trésors de l'Église, même sans lettres d'indulgence », et « ce trésor est l'Évangile de la gloire et de la grâce de Dieu. » [145] Ces déclarations provocantes faisaient partie des célèbres « quatre-vingt-quinze thèses » de Luther, affichées à la porte de l'église de Wittenberg en octobre 1517, qui se sont répandues comme un feu de brousse dans toute l'Allemagne. L'historien Heiko Oberman résume l'objection théologique de Luther aux indulgences en des termes suivants : « Les conséquences profondes du péché, à savoir la peur et l'amour insuffisant de Dieu et de son prochain, ne peuvent être supprimées par les indulgences, mais seulement par l'Évangile. » [146]

La justification par la grâce au moyen de la foi allait constituer le message central de la théologie de Luther pour le reste de sa vie, et les appels de ralliement de la Réforme —*sola fide, sola gratia, sola Christus*— faisaient tous partie de ce message. Par la foi seule, la grâce seule et Christ seul, nous sommes justifiés, et le *sola*, le seul, implique toujours « et non par nos œuvres ». Le *sola* rejette tout espoir dans les œuvres. Luther a écrit sur son expérience du concept de la justification et sa réaction au témoignage biblique de la justice de Dieu. « Bien que je vivais comme un moine sans reproche », a-t-il écrit, « je sentais que j'étais un pécheur devant Dieu avec une conscience extrêmement troublée. » [147] Luther raconte qu'il détestait le mot « justice » et était en colère contre « le Dieu juste qui punit les pécheurs », jusqu'à ce qu'il comprenne que la justice en laquelle les pécheurs espèrent ne peut jamais être notre propre justice, mais doit toujours être la justice de Christ.

La salle d'audience est une métaphore courante pour nous aider à

> ## La Déclaration commune
> ## sur la doctrine de la justification
>
> En 1999, la Fédération luthérienne mondiale et l'Église catholique romaine ont convenu d'une déclaration confessionnelle commune sur la doctrine de la justification.
>
>> Dans la foi, nous avons ensemble la conviction que la justification est l'œuvre du Dieu trinitaire. Le Père a envoyé son Fils dans le monde pour sauver les pécheurs. Le fondement et la présupposition de la justification sont l'incarnation, la mort et la résurrection de Christ. La justification signifie donc que Christ lui-même est notre justice, à laquelle nous participons par l'Esprit Saint, selon la volonté du Père. Nous confessons ensemble que c'est par la grâce seule, dans la foi en l'œuvre salvatrice de Christ et non en raison d'un quelconque mérite de notre part, que nous sommes acceptés par Dieu et que nous recevons le Saint-Esprit, qui renouvelle nos cœurs tout en nous équipant et en nous appelant aux bonnes œuvres. [a]
>>
>> La doctrine de la justification [...] est plus qu'un simple élément de la doctrine chrétienne. Elle est en relation essentielle avec toutes les vérités de la foi, qui doivent être considérées comme intérieurement liées les unes aux autres. Elle est un critère indispensable qui sert constamment à orienter vers Christ tout l'enseignement et toutes les pratiques de nos Églises. Lorsque les luthériens soulignent l'importance unique de ce critère, ils ne nient pas l'interrelation et la signification de toutes les vérités de la foi. Lorsque les catholiques se considèrent comme liés par plusieurs critères, ils ne nient pas la fonction particulière du message de la justification. [b]
>
> Cette déclaration commune n'efface pas les différences entre les sotériologies protestantes et catholiques, mais compte tenu de l'inimitié entre catholiques et protestants pendant la Réforme, une telle vision commune est une réalisation œcuménique remarquable et une raison pour les chrétiens de se réjouir.
>
> a. The Lutheran World Federation and the Roman Catholic Church, *Joint Declaration on the Doctrine of Justification* (Grand Rapids: Eerdmans, 2000), 15.
> b. Ibid., 16.

comprendre la théologie de la justification. Les êtres humains sont comme des criminels en procès : des transgresseurs de la loi, coupables de péché, séparés de Dieu, liés par des chaînes qu'ils ne peuvent pas briser. Dieu est le juge qui prononce le verdict. Bien que nous étions coupables, impies, toujours pécheurs, nous sommes considérés comme justes à cause de ce que Christ a accompli par son sang et sa résurrection. Nous recevons le verdict que Christ mérite, le jugement que nous sommes justes, et sommes acquittés de nos offenses. Lors du procès de Jésus, Ponce Pilate a

L'oeuvre de Jésus-Christ

indiqué au peuple qu'il n'a rien trouvé contre Jésus, puis il a proposé de le libérer en soulignant : « Il est d'usage que je vous relâche un prisonnier à l'occasion de la fête de la Pâque. Voulez-vous donc que je vous relâche le roi des Juifs ? » (Jean 18.39). Le peuple a répondu en criant : « Non ! Pas lui ! Barabbas ! » (v. 40). Le criminel Barabbas a été libéré, et Jésus est allé à la croix. Nous sommes tous des Barabbas, des rebelles coupables libérés alors que Christ a pris notre place.

La théologie protestante utilise souvent l'expression « **justice imputée** » pour désigner la justice de Christ qui est à la base de notre acquittement. Dieu nous impute la justice de Christ. « Impute » est un synonyme de celui traduit par « compter » dans le livre de Romains 4.22 (référencé ci-dessus). La justice de Christ nous est imputée, comptée ou créditée et devient la base légale de notre acquittement. Douglas Moo, un spécialiste du Nouveau Testament, fait remarquer que Paul « préserve... la saveur médicolégale » que l'idée de justification portait dans le contexte de l'Ancien Testament.[148] Cette métaphore juridique est un thème proéminent dans l'Écriture, celui qui est souligné dans la théologie occidentale en général et dans la tradition protestante en particulier. Martin Luther a décrit la justice que Dieu nous impute comme une « justice étrangère ». Cette justice appartient à Christ et est véritablement étrangère à la nature pécheresse des êtres humains. L'idée de justice étrangère de Luther met en évidence un thème biblique puissant : le salut s'obtient par la grâce. Notre acquittement est fondé sur une justice qui n'est pas la nôtre. En fait, la justice est étrangère à ce que nous sommes en tant que pécheurs. Luther voulait exorciser tout soupçon persistant que nous pourrions être justifiés par notre propre justice, nos propres bonnes œuvres, au lieu de l'être par la seule justice de Christ.

Cette métaphore légale ou juridique de la justification offre une puissante explication de notre situation, mais la métaphore est aussi controversée. Une critique souvent formulée à son encontre est que la métaphore suggère que le salut nous laisse inchangés. Les justifiés sont-elles les mêmes pécheurs qu'ils étaient avant que la grâce de Dieu qui justifie n'agisse en elleseux ? « Mais quoi ? Allons-nous encore pécher sous prétexte que nous ne sommes pas sous la loi, mais sous celui de la grâce ? » (Romains 6.15). La réponse de Paul à cette question est un non catégorique. Les chrétiens qui ont été justifiés sont changés ; nous sommes ceux qui, « à présent, affranchis du péché, vous êtes devenus esclaves de la justice » (v. 18). Cette vérité que Dieu transforme les personnes qu'il justifie, n'annule cependant pas le pouvoir ou l'objectif de la métaphore juridique de la justification. Dans sa lecture de Romains, Moo soutient que « la critique selon laquelle une signification strictement légale... fait de l'action une « fiction légale » est loin de la vérité : légale, elle l'est, mais elle n'est pas plus fiction que la libération de l'emprisonnement expérimentée par le criminel gracié. »[149] L'image de Moo ressemble beaucoup à celle de l'hymne de salut de Charles Wesley, dans lequel le pécheur s'écrie : « Mes chaînes sont tombées, mon cœur était libre » avant de quitter la prison du péché. Le théologien Bruce McCormack embrasse la métaphore légale de la justification tout en précisant que la déclaration légale de justice de Dieu ne peut jamais être entièrement soumise à nos métaphores.

> Dans la justification, Dieu prononce un verdict judiciaire sur le pécheur. Toutefois, le verdict de Dieu et la parole divine qui y est prononcée ne sont pas du tout ceux d'un juge humain. Le juge humain ne peut que décrire ce qu'il espère être l'état réel de la situation. Le jugement du juge humain n'est en aucun cas efficace ; il ne crée pas la réalité qu'il dépeint. Le verdict de Dieu diffère en ce qu'il crée la réalité qu'il déclare. Un acte judiciaire pour Dieu n'est jamais simplement judiciaire ; il est lui-même transformateur.[150]

Lorsque nous examinerons les modèles de compréhension de l'expiation, plus loin dans ce chapitre, nous verrons comment la métaphore juridique a fonctionné dans l'histoire chrétienne. Nous verrons également comment elle s'enrichit lorsqu'elle est mise en parallèle avec d'autres métaphores et thèmes bibliques.

La sanctification

Le criminel pardonné est libéré. Nos chaînes sont tombées, nos cœurs sont libres. Et après ? Dans l'hymne de Charles Wesley, le prisonnier émancipé, les chaînes s'entrechoquant au sol, déclare : « Je me suis levé, je suis parti, et je t'ai suivi. » Le pécheur justifié entre dans la vie du discipolat, suivant Christ le juste. Nous sommes libérés de la tyrannie du péché et de la mort et rendus capables, « mais puisque nous étions morts et que nous sommes maintenant vivants », offrons-nous nous-mêmes à Dieu et mettons nos membres à sa disposition « comme des armes au service du bien » (Romains 6.13), mais « maintenant, affranchis du péché et devenus esclaves de Dieu, le fruit que nous portons, c'est une vie sainte, et le résultat auquel nous aboutissons, c'est la vie éternelle » (v. 22). La justification passe dans la sanctification. Dieu nous pardonne et nous rend nouveaux. La sanctification est l'œuvre de Dieu qui nous rend pieux, saints et semblables à Christ, et la sanctification, comme chaque

L'oeuvre de Jésus-Christ

étape sur le chemin du salut, est un don de la grâce. Dieu nous déclare justes à cause de ce que Christ a accompli pour nous, et Dieu nous rend justes à mesure que nous grandissons dans notre relation avec lui. La justice, insiste John Wesley, est à la fois imputée et impartie. La justice que Dieu nous impartit, qui devient la nôtre, doit être comprise « à sa juste place ; non pas comme le fondement de notre acceptation devant Dieu, mais comme le fruit de celle-ci ; non pas à la place de la justice imputée, mais comme une conséquence de celle-ci. »[151]

En soulignant la vérité que le salut s'obtient par la grâce, et non par les œuvres, les descriptions protestantes du salut tendent à maintenir une « pause »[152] entre la justification et la sanctification, entre l'œuvre de Dieu qui pardonne nos péchés et nous déclare justes et l'œuvre de Dieu qui nous transforme en nouvelles créatures, nous rendant réellement saints. Cette pause protestante met en évidence la gracieuse vérité que la justification n'est pas fondée sur la sanctification. La justification est fondée sur Christ seul, et la différence conceptuelle entre la justification et la sanctification nous aide à ne pas nous

> **Hymne de salut de Charles Wesley « And Can It Be »** (*Et peut-il se faire*)
>
> Et peut-il se faire que je m'intéresse au sang du Sauveur !
> Est-il mort pour moi ? Qui a causé sa douleur !
> Pour moi ? Qui l'a poursuivi jusqu'à la mort ?
>
> Un amour merveilleux ! Comment se peut-il que toi, mon Dieu, tu sois mort pour moi ?
> Un amour merveilleux ! Comment se fait-il que toi, mon Dieu, tu meures pour moi ?
>
> Tout est mystère : l'Immortel meurt ! Qui peut explorer son étrange dessein ?
> En vain le premier-né des séraphins tente de sonder les profondeurs de l'amour divin.
> C'est de la miséricorde ! Que la terre adore ; que l'esprit des anges ne s'interroge plus.
>
> Il a quitté le trône de son Père (si libre, si infinie est sa grâce !),
> S'est dépouillé de tout sauf de l'amour, et a saigné pour la race sans défense d'Adam.
> C'est toute la miséricorde, immense et gratuite, car, ô, mon Dieu, elle m'a découvert !
>
> Longtemps mon esprit emprisonné est resté, attaché dans le péché et la nuit de la nature ;
> Ton œil a diffusé un rayon vivifiant ; Je me suis réveillé, la fosse s'est éclairée,
> Mes chaînes sont tombées, mon cœur était libre,
> Je me suis levé, je suis sorti, et je t'ai suivi.
>
> Je ne crains plus aucune condamnation ; Jésus, et tout ce qui est en lui, est à moi ;
> Vivant en lui, ma tête vivante, et revêtue de la justice divine,
> je m'approche du trône éternel, et revendiquer la couronne, par Christ ma portion.

tromper. Une pause théologique entre la justification et la sanctification est une sauvegarde contre toute tendance à croire que Dieu nous justifie parce que nous sommes saints, ou nous avons accompli de bonnes œuvres. Cette pause fait un travail théologique important, mais aucune lecture véridique de l'Écriture ou évaluation honnête de la vie chrétienne ne nous permettra de nous arrêter là. Le salut ne se termine pas par un moment magique, et la grâce ne devrait jamais être utilisée comme une justification du péché. John Wesley continue, dans le sermon cité au précédent paragraphe, à prêcher contre l'utilisation de la justice de Christ comme « une couverture » pour notre injustice.[153]

La doctrine de la sotériologie doit suivre le fil de l'Écriture en rejetant les erreurs sur deux côtés de la vérité. L'enseignement de la justification par la foi s'oppose à l'erreur du légalisme ou de **la justice par les œuvres**, d'un pélagianisme condamné dans lequel nous tentons d'être nos propres sauveurs. De l'autre côté, la doctrine de la sanctification s'oppose à l'erreur de **l'antinomianisme**, qui consiste à agir comme si la loi de Dieu n'avait rien en commun avec la vie chrétienne, comme si notre façon de vivre n'avait aucune importance. La justification conduit à la sanctification. Lorsque Dieu nous pardonne nos péchés, il nous conduit aussi sur les sentiers de la droiture. Tout est baigné dans la grâce. Il n'y a pas d'intervalle de temps nécessaire qui doit s'écouler entre la justification et le début de la sanctification. La pause théologique entre la justification et la sanctification n'est pas tant temporelle que conceptuelle. La sanctification est une réalité parce que nous sommes en Christ, nous demeurons en celui qui a affirmé : « Je suis le cep de la vigne, vous en êtes les sarments. Celui qui demeure en moi et en qui je demeure, portera du fruit en abondance, car sans moi, vous ne pouvez rien faire » (Jean 15.5). La réalité de la justification par la foi ne diminue en rien la réalité du fruit abondant. En fait, elle produit le seul fruit qui vaille la peine d'être porté. Martin Luther articule une manière classique de comprendre ce fait lorsqu'il parle de l'imagerie de l'arbre utilisée par Jésus. Les bons arbres précèdent les bons fruits. La sanctification est impossible sans la justification.

> Il est toujours nécessaire que la substance ou la personne elle-même soit bonne avant qu'il puisse y avoir de bonnes œuvres, et que les bonnes œuvres suivent et procèdent de la bonne personne, comme Christ le précise aussi : « Un bon arbre ne peut porter de mauvais fruits, ni un mauvais arbre porter de bons fruits. » Il est clair que les fruits ne portent pas l'arbre et que l'arbre ne pousse pas sur les

fruits, aussi que, au contraire, les arbres portent les fruits et les fruits poussent sur les arbres. De même qu'il faut donc que les arbres existent avant leurs fruits et que ces derniers ne rendent les arbres ni bons ni mauvais, mais plutôt que tels que sont les arbres, tels sont les fruits qu'ils portent ; de même un homme doit d'abord être bon ou méchant avant de faire une œuvre bonne ou méchante, et ses œuvres ne le rendent ni bon ni méchant. [154]

L'image des arbres et des fruits est également utile d'une autre manière. Comme les fruits qui poussent et mûrissent avec le temps, la sanctification est une réalité continue dans la vie chrétienne. Après la justification, nous, en tant que les enfants de Dieu, continuons à grandir sur le chemin de la grâce et de la sainteté tout au long de notre vie. Bien que quelques branches de la tradition chrétienne affirment que la sanctification peut se produire en un instant, la grande majorité des chrétiens voient la sanctification comme un processus qui s'étend sur toute la vie chrétienne, et même une insistance sur le fait que Dieu donne parfois des dons soudains et spectaculaires de grâce sanctifiante n'est pas incompatible avec une compréhension plus large de la sanctification comme processus. Les différentes branches de la tradition chrétienne ont diverses conceptions de la portée du processus de sanctification dans cette vie. Certaines parties de la tradition sont relativement pessimistes quant à la mesure dans laquelle la sanctification peut être réalisée dans cette vie et soulignent le poids continu du péché qui retient chaque chrétien. D'autres traditions sont plus optimistes à propos de cette vie, s'attendant à ce que la transformation et la sainteté se produisent dans une large mesure ici et maintenant. Il s'agit d'un débat animé, mais il ne doit pas occulter la chose essentielle.

Ces branches de la tradition sont attachées au même tronc, à Christ, en qui nous savons que la justification et la sanctification ne peuvent être séparées. Il y a une large unité chrétienne dans la vérité que, d'abord, nous n'avons aucune puissance sans la justice de Christ (2 Corinthiens 3.5) et, ensuite, la foi sans les œuvres est morte (Jacques 2.26). Nous devenons de plus en plus semblables à Christ à mesure que nos relations avec lui s'approfondissent, que nous apprenons à mieux le connaitre et à l'aimer, et que nous participons aux moyens de grâce que Dieu nous offre comme outils de notre sanctification. Ces moyens de grâce sont nombreux : la lecture et l'étude des Écritures, la prière, la participation à la Sainte Cène, la fraternité et la communion chrétiennes, le célibat et le mariage, l'attention portée aux pauvres et aux personnes vulnérables, le service, le jeûne, et bien d'autres encore. Dieu utilise ces outils pour nous rendre saints, pour nous transformer en disciples plus fidèles de Jésus-Christ. Nous parlerons plus en détails de la forme du discipolat et de la sainteté dans la vie chrétienne dans le prochain chapitre.

La rédemption finale

Le chemin du salut ne s'arrête pas à cette vie. La sanctification passe dans la vie éternelle. Bien que cette partie du chemin soit baignée d'encore plus de mystères que les autres, les chrétiens s'attendent à ce que Dieu finisse sa bonne œuvre salvatrice en eux et dans toute la création. Nous partageons la confiance de Paul que Dieu, ayant commencé une bonne œuvre, « la poursuivra jusqu'à son achèvement au jour de Jésus-Christ » (Philippiens 1.6). Au début de ce chapitre, nous avons cité John Wesley, qui insiste sur le fait que le salut est bien plus que ce à quoi nous pensons habituellement, qu'il ne s'agit pas seulement d'un billet pour le Paradis. Ce fait est aussi vrai de la dernière partie du chemin du salut que de la première. Les bonnes intentions finales de Dieu à notre égard, l'accomplissement de son œuvre salvatrice, sont tellement importants plus que notre passage au ciel à notre mort (un sujet que nous examinerons plus en détail au chapitre 10). Tout l'arc biblique montre un Dieu sauveur qui finira son œuvre dans les vies des individus, dans le corps de Christ et dans toute la création, en l'amenant à la plénitude, à la complétude et à la perfection voulue. La rédemption finale est la victoire finale de Dieu sur le péché et la mort. Il s'agit de la relation restaurée et intime avec Dieu. « Aujourd'hui nous voyons au moyen d'un miroir, d'une manière obscure, mais alors nous verrons face à face ; aujourd'hui je connais en partie, mais alors je connaitrai comme j'ai été connu » (1 Corinthiens 13.12).

La dynamique de la grâce et de la liberté humaine

Étant donné que le salut s'obtient par la grâce, vu que nous sommes des pécheurs brisés qui ont besoin d'être sauvés, comment comprendre l'action des êtres humains dans le processus du salut ? Au sein du protestantisme, la question de savoir comment Dieu agit avec nous dans le salut a fait l'objet des réactions différentes selon les segments de l'Église. Cette conversation est généralement présentée comme un débat entre les écoles de théologie calviniste et arminienne, bien que ce soit une surestimation des questions en jeu (parce que, par exemple, Jean Calvin lui-même peut ou non être décrit comme un « calviniste », et parce qu'il y a plus d'ombres et de nuances dans la conversation que le simple récit à deux faces le suggère). Néanmoins, nous voulons comprendre les catégories, ainsi que les enjeux de la conversation. La conception **calviniste** du salut se concentre sur la priorité et la souveraineté de la grâce de Dieu en soulignant que Dieu est le seul agent du salut. La conception **arminienne** se concentre sur le désir d'amour de Dieu d'être en relation salvatrice avec l'humanité et considère que ce fait est lié à l'ouverture par Dieu d'un espace pour l'action humaine, parallèlement à la grâce divine, dans le cadre du salut. Les deux camps se comprennent souvent mal, mais tous deux ont des points forts qui méritent d'être notés dans notre pratique de la réflexion sotériologique.

Les conceptions théologiques calvinistes et arminiennes du salut partagent un point de départ : la doctrine protestante de la justification par la grâce. Les deux traditions confessent que toute l'humanité porte le poids du péché, que tous les êtres humains sont déchus « en Adam », et que nous sommes tous incapables de nous sauver nous-mêmes. John Wesley, dans la tradition arminienne, prêche qu'« aucun homme n'aime Dieu par nature. [...] Pour aimer Dieu ! C'est loin au-dessus, hors de notre vue. Nous ne pouvons pas y parvenir naturellement ». [155] L'ami et le collègue calviniste de Wesley, George Whitefield (1714-1770), prêche que cette « doctrine du péché originel est une doctrine écrite en caractères si lisibles dans la Parole de Dieu » qu'elle ne peut être niée. [156] Les deux traditions partagent donc un diagnostic de la condition humaine : nous sommes liés par le péché et nous avons besoin d'être sauvés. Nous dépendons de la grâce salvatrice de Jésus-Christ, non seulement parce que nous péchons en tant qu'individus, mais aussi parce que la nature humaine est déchue. Nous ne pouvons pas nous sauver nous-mêmes, et nous avons besoin de la grâce. Nous devons connaître la profondeur du péché pour commencer à comprendre la grandeur de la grâce, et c'est pourquoi John Wesley prêche : « Par nature, vous êtes entièrement corrompus ; par la grâce, vous serez entièrement renouvelés ». [157] À partir de cette compréhension commune, les traditions calviniste et arminienne mettent l'accent sur des préoccupations différentes lorsqu'elles abordent la sotériologie.

L'arminianisme

La théologie arminienne classique tire son nom du théologien néerlandais Jacobus Arminius (1560-1609), dont le désaccord avec le calvinisme était centré sur l'affirmation que la **grâce prévenante**, un don de la grâce de Dieu qui nous devance, qui précède nos actions, était pour tout le monde, pas seulement pour les élus. La grâce prévenante, selon Arminius, est rendue disponible par l'œuvre salvatrice de Christ et permet aux pécheurs de répondre à l'appel de Dieu s'ils ne résistent pas à sa grâce. La sotériologie arminienne est résumée dans les articles de Remonstrant, écrits en 1610 par un groupe de chrétiens partageant les mêmes idées après la mort d'Arminius. Chacun des cinq articles invoque la grâce de Dieu dans tous les aspects du salut.

1. La volonté de Dieu est d'élire « ceux qui, par sa grâce, croient en Jésus-Christ et persévèrent dans la foi et l'obéissance ». [158]

2. Christ est mort pour toute l'humanité. L'article, ainsi que de nombreux arminiens par la suite, cite ici Jean 3.16, évoquant l'amour de Dieu pour le monde entier.

3. Nous ne pouvons pas « obtenir la foi salvatrice » par nous-mêmes, et nous avons « besoin de la grâce de Dieu par Christ pour être renouvelés dans nos pensées et notre volonté ». Il s'agit là d'une affirmation des effets paralysants du péché originel et de notre besoin de grâce.

4. La grâce est « la cause du début, du progrès et de l'achèvement » du salut. L'article traite ici de la grâce « coopérante », une grâce de Dieu qui travaille avec la liberté humaine. L'article affirme également que toutes les bonnes œuvres proviennent de la grâce de Dieu et que les êtres humains peuvent résister à la grâce de Dieu.

5. En Christ, les hommes reçoivent la force de l'Esprit pour « combattre contre Satan, le péché, le monde, leur propre chair, et remporter la victoire ». L'article maintient la possibilité d'apostasie : qu'il est possible que quelqu'un se détourne de Dieu.

L'arminianisme peut être connu populairement comme une théologie du libre arbitre humain, mais il met beaucoup plus l'accent sur l'amour universel d'un Dieu gracieux, qui tend la main à tous dans l'amour, voulant libérer et habiliter les pécheurs liés et être en relation avec eux.

Le calvinisme

La sotériologie connue sous le nom du calvinisme à cinq points a été

L'oeuvre de Jésus-Christ

décrite comme une réponse à l'arminianisme au synode de Dort (1618-1619). Ces cinq points se déclinent ainsi qu'il suit :

1. *La dépravation totale* : ce point réaffirme la doctrine du péché originel. En Adam, tous sont pécheurs et incapables de choisir Dieu. La doctrine de la dépravation totale est parfois interprétée à tort comme une affirmation selon laquelle les êtres humains ne sont habités par rien de bien, mais cette thèse ne tient pas la route. L'objectif de cette doctrine consiste à souligner notre incapacité totale à nous sauver nous-mêmes.

2. *L'élection inconditionnelle* : Dieu choisit, élit, certaines personnes « selon le 'bon plaisir de sa volonté', sans égard à leur foi anticipée ».[159] L'élection n'est pas basée sur une quelconque condition que les êtres humains pourraient remplir. Au contraire, le fondement de l'élection est la volonté souveraine de Dieu. L'affirmation que l'élection est inconditionnelle est une réaction au premier article arminien de Remonstrant, qui voit la croyance et la foi comme la raison pour laquelle Dieu, dans sa prescience, élit certains pour le salut. La crainte des calvinistes est que cette pensée transforme la foi en une sorte d'œuvre.

3. *L'expiation limitée* : l'œuvre expiatoire de Christ n'est efficace que pour les élus. Elle ne s'applique pas à ceux qui resteront dans le péché.

4. *La grâce irrésistible* : la grâce élective de Dieu ne faillira pas. On ne peut pas la résister.

5. *La persévérance des saints* : ce cinquième point va de pair avec la grâce irrésistible, affirmant que Dieu finira son œuvre salvatrice dans les élus. Les élus ne peuvent pas tomber dans l'apostasie. Les trois derniers points articulent ensemble une vision de la grâce souveraine de Dieu, toujours efficace et toujours libre.

Le calvinisme peut être connu populairement comme une théologie de la providence déterministe, mais ses accents sont plus véritablement sur la souveraineté magnificence de la grâce, le seul espoir pour les pécheurs liés qui ne peuvent se libérer eux-mêmes.

Pratiquer la doctrine chrétienne

Alors que nous avons commencé cette discussion en soulignant l'espace partagé entre le calvinisme et l'arminianisme, il ne fait aucun doute qu'il s'agit de deux sotériologies différentes, toutes deux aux prises avec le témoignage biblique sur le salut. La sotériologie calviniste est **monergiste**, ce qui signifie que Dieu est le seul acteur du salut. La sotériologie arminienne est **synergique**, ce qui signifie que Dieu travaille avec les êtres humains dans le processus du salut. La sotériologie calviniste situe le fondement de l'élection dans la volonté souveraine de Dieu ; la sotériologie arminienne la situe dans la prescience de Dieu de ceux qui croiront en Christ. Les calvinistes ont tendance à craindre que les arminiens sous-estiment l'énormité du péché et reviennent à l'erreur de la justice par les œuvres. Les arminiens répondent que la grâce habilite chaque partie du salut, que prétendre que la grâce fonctionne avec la liberté humaine n'est pas une insulte à la grâce et, plus encore, est typique du Dieu personnel et aimable qui veut une vraie relation avec les êtres humains. Les arminiens ont tendance à craindre que les calvinistes aient créé une image capricieuse et peu aimable de Dieu, qui laisserait certains sans espoir de salut. Les calvinistes répondent que Dieu n'a besoin d'aucune défense de notre part, que tout ce que Dieu choisit est bon parce qu'il est Dieu, et, plus encore, que c'est un Dieu aimable qui choisirait de sauver quiconque alors que tous sont des pécheurs justement condamnés. Les calvinistes finissent par trouver du réconfort dans la doctrine de Dieu qui élit sans imposer de conditions, les arminiens dans la doctrine de Dieu qui offre le salut à tous, et les deux, calvinistes et arminiens dans le Dieu dont la grâce magnificente et libre nous tend les bras dans notre impuissance.

Par la gâce

Alors que le calvinisme et l'arminianisme reconnaissent tous deux la dépravation humaine et que tous deux sont des théologies de la grâce, il est triste de constater que beaucoup d'entre nous vivent encore quotidiennement dans un pélagianisme de fait, essayant sans succès de nous justifier sur la base de notre propre justice. Souvenez-vous du chapitre 5, Pélage enseignait que nous sommes capables de nous tourner vers Dieu par amour. Contre le pélagianisme, Augustin a insisté sur le fait que nous sommes liés par le péché et avons besoin de la grâce salvatrice de Christ, le seul qui soit juste pour sauver. Nous tombons dans les schémas pélagiens lorsque nous craignons en secret de ne pas être sauvés, parce que nos sentiments religieux se sont émoussés. Nous essayons de créer une ferveur de sentiments digne de l'attention de Dieu. Ou peut-être

L'oeuvre de Jésus-Christ

nourrissons-nous un sentiment de crainte froide à cause de nos échecs répétés : incapacité à lire la Bible régulièrement, à donner aux pauvres, à aimer nos ennemis ou même nos familles, échec sur échec. Notre solution est d'essayer plus fort, de prendre notre courage à deux mains et d'espérer, contre toute attente, que la prochaine fois, nous réussirons.

L'habitude du pélagianisme fait peut-être partie de la nature humaine sous le péché, mais elle est également liée aux réalités historiques qui sous-tendent la foi nord-américaine actuelle. L'une de ces réalités est l'influence du prédicateur populaire Charles Finney (1792-1875), qui insistait sur le fait que se tourner vers Dieu est « l'acte même du pécheur »[160] et qui enseignait que le résultat des réveils est également sous contrôle humain. C'est peut-être le succès numérique de Finney qui a consolidé son erreur théologique dans la conscience de l'évangélisme américain, et peu d'entre nous ont été capables de s'en défaire entièrement. Nous pourrions émettre des hypothèses selon lesquelles le pélagianisme est l'une des tentations particulières des chrétiens dans le contexte américain. Là où nous valorisons l'indépendance et chérissons le récit du « l'homme qui s'est fait tout seul », nous avons peut-être besoin d'une pratique spéciale de la doctrine de la sotériologie pour nous aider à désapprendre l'habitude frénétique de la justice par les œuvres et à faire confiance au Dieu de la grâce.

Les sotériologies calviniste et arminienne, issues du vaste courant augustinien et de courants protestants plus étroits de la foi chrétienne, enseignent toutes deux notre besoin désespéré de la grâce. Le calvinisme le fait en considérant la grâce comme irrésistible et inconditionnelle, l'arminianisme en considérant la grâce comme libre et universelle et en mettant en avant la catégorie de la grâce prévenante. La sotériologie arminienne préserve la gratuité de la grâce, son caractère de don (gratuit), sans condition, en même temps que sa conviction que le salut est pour ceux qui croient et persévèrent, en insistant sur le fait que la capacité de croire et de persévérer n'est qu'un don, à travers le pouvoir régénérateur de la grâce prévenante offerte à tous en raison de ce que Christ a accompli. Les deux courants de pensée contiennent des ressources pour nous aider à désapprendre notre pélagianisme. Nous pourrions également bénéficier des conseils de la théologienne et évangéliste Phoebe Palmer (1807-1874), qui nous rappelle la fidélité certaine du Dieu de notre salut : « Étant donné que vous avez cru, restez fermement attachés à l'espérance que vous reconnaissez comme vraie, car celui qui vous a fait les promesses est digne de confiance. Il ne vous est pas demandé de rester fermement attaché à vos sentiments, mais à votre foi. Vous êtes tous au

Seigneur, maintenant, et c'est votre privilège, et aussi votre devoir, de croire ».[161]

Les modèles d'expiation

Nous avons maintenant examiné la sotériologie sur le plan des thèmes bibliques, des moments sur le chemin du salut et des traditions calvinistes et arminiennes. Nous allons à présent nous pencher sur les théories liées au fait que l'œuvre de Christ entraine l'expiation. Le mot **expiation** décrit le fait que l'œuvre de Christ met fin à la séparation entre les humains et Dieu, ouvrant la possibilité que nous puissions à nouveau être restaurés ou réconciliés avec Dieu. Chaque modèle d'expiation présente des forces et des faiblesses, parfois la même caractéristique est à la fois force et faiblesse, lorsqu'il tente de tenir un discours fidèle sur l'œuvre de Christ.

La déification

Ce premier modèle de compréhension de l'expiation met l'accent sur les rapports entre l'incarnation et l'humanité tout entière. L'idée de déification est résumée par Athanase dans son ouvrage sur l'incarnation ; il dit que « [Christ], en effet, a porté l'humanité, afin que nous devenions Dieu ».[162] C'est une déclaration surprenante, et Athanase est bien conscient de ce fait. Athanase est également conscient de la différence entre le Créateur et la création. Pourtant, il se situe dans une tradition théologique qui est prête à parler de la **déification** humaine en termes forts, qui voit l'œuvre de Christ comme nous attirant dans la vie même de Dieu. La logique est là dans la courte déclaration citée d'Athanase. L'expiation implique un double mouvement : d'abord, Dieu vient à nous, dans l'unité incarnée avec nous, pour, ensuite, nous amener à Dieu, dans l'unité avec la vie divine.

La déification est habituellement identifiée comme la tradition sotériologique de l'orthodoxie orientale. Le théologien orthodoxe russe Andrew Louth écrit que la déification « est liée à la destinée humaine, laquelle trouve son accomplissement dans une rencontre face à face avec Dieu, un contact par lequel Dieu prend l'initiative en nous rencontrant dans l'Incarnation. »[163] Les forces du modèle résident dans le fait (1) qu'il prend au sérieux la nature cosmique du salut ; (2) qu'il traite du témoignage biblique d'une transformation réelle comme la fin du salut humain (par exemple, la citation du livre de Lévitique par Pierre : « car voici ce que Dieu dit dans l'Écriture : soyez saints, car je suis saint » [1 Pierre

1.16]); et (3) qu'il est fondé sur la personne de Jésus, son humanité et sa divinité. Les détracteurs d'un modèle de déification craignent qu'il ne viole la distinction entre Créateur et créature. Un autre défaut de ce modèle réside dans le fait que l'œuvre de Christ à la croix et pendant la résurrection occupe une place périphérique par rapport à l'incarnation elle-même. La déification, en tant que modèle de l'expiation, prend une forme qui ressemble plus à la poésie qu'à la logique. Selon les paroles de Louth, « Il a partagé notre vie, jusqu'à la mort, afin que nous soyons rachetés de la mort et parvenions à partager la vie divine. Cette notion d'échange, de ce que les Pères latins appellent *admirabile commercium* (merveilleux échange), est le lieu où la déification entre en jeu ; ce n'est pas tant une doctrine à analyser, mais plutôt une façon de cerner la nature et l'étendue de notre réaction à l'Incarnation. »[164]

Christus Victor (Christ le vainqueur)

Gustaf Aulén (1879-1977) a avancé un argument influent selon lequel l'Église primitive a conceptualisé l'expiation sur le plan de la victoire cosmique de Christ sur le péché et la mort. Aulén décrit ce modèle d'expiation **Christus Victor** (Christ le vainqueur) comme « dramatique ». Son thème central est l'idée de l'expiation comme une victoire et un conflit divins ; Christ (Christus Victor) combat contre et triomphe des puissances maléfiques du monde, les « tyrans » sous lesquels l'humanité est en esclavage et souffre, et en lui Dieu réconcilie le monde avec lui-même ».[165] Ce modèle contient en lui-même une grande diversité, et la victoire de Christ sur les puissances, imagée dans des métaphores de bataille, représente le thème commun le plus important. Le modèle, en tant qu'une vision cosmique de l'expiation considère que l'œuvre de Christ s'étend bien au-delà de l'individu, dans le monde entier. De nombreux Pères de l'Église, en décrivant la victoire de Christ, accordent à Satan et aux puissances du mal un rôle important dans le drame de la rédemption : on peut imaginer que Satan règne sur la création à travers la mort ; Satan est alors trompé par l'humanité de Jésus et pense que Jésus est une proie facile, mais parce que Jésus est Dieu, lorsque Satan essaie de le saisir, le pouvoir de la mort explose. Une grande force de ce modèle est qu'il prend au sérieux la mort, et non le péché seul, en tant qu'ennemi de Dieu qui est vaincu en Jésus, et ce qui signifie que ce modèle prend également au sérieux la résurrection. Différents théologiens considèrent le rôle donné à Satan comme, soit une force, soit une faiblesse du modèle.

Pratiquer la doctrine chrétienne

Les modèles qui mettent l'accent sur la croix : l'expiation de satisfaction, médicolégale et de substitution

La catégorie suivante pour les modèles d'expiation est souvent identifiée avec l'explication offerte par Anselme de Canterbury (1033-1109) dans sa réponse à la question, pourquoi Dieu s'est-il fait humain ? Anselme voit la personne de Jésus-Christ (deux natures en unité hypostatique) comme la solution convenable et exceptionnelle de Dieu vis-à-vis du péché. Il utilise une métaphore qui correspond à son contexte, la dette d'honneur due au seigneur féodal. Nous devons à Dieu un honneur total, et notre dette est si importante qu'il nous est impossible de la satisfaire. Anselme explique que : « Toute la volonté d'une créature rationnelle doit être soumise à la volonté de Dieu. Celui qui ne rend pas à Dieu l'honneur qui lui est dû, enlève à Dieu ce qui lui appartient : telle est la description exacte du péché. Tant qu'il ne rend pas ce qu'il a pris, il reste en état de culpabilité ». [166] Nous sommes des débiteurs coupables qui ne peuvent pas payer ou satisfaire ce que nous devons. Aucun humain n'est capable de le faire. Seul Dieu a le pouvoir de faire quelque chose d'aussi immense. Pourtant, selon Anselme, la justice exige que quelqu'un d'humain paie la dette, qui appartient aux humains. Anselme affirme que si Dieu devait effacer la dette sans paiement, il cesserait d'être juste ou fidèle.

C'est la logique qui sous-tend le don de l'incarnation. Seul Jésus, pleinement Dieu et totalement humain, est à la fois capable de payer la dette due au péché (en tant que Dieu, il en est capable) et en même de satisfaire à la justice en payant la dette en tant qu'humain (la dette appartient aux humains). D'autres penseurs chrétiens souligneront le rôle de Christ en tant que **substitut** pour nous, prenant notre place pour payer le prix du péché. Anselme pense,

> qu'aucun membre de la race humaine, à l'exception de Christ, n'a jamais donné à Dieu, en mourant, quelque chose que cette personne n'allait pas perdre par nécessité à un moment donné. Personne non plus n'a jamais payé à Dieu une dette qu'il ne devait pas. Par contre, Christ, de son propre chef, a donné à son Père ce qu'il n'allait jamais perdre par nécessité, et il a payé, au nom des pécheurs, une dette qu'il ne devait pas. Il n'était nullement dans le besoin pour son propre compte, ni soumis à la contrainte des autres, à qui il ne devait rien, à moins que ce ne soit un châtiment qu'il leur devait. Pourtant, il a donné sa vie, si précieuse, il a donné sa personne, pensez-y, dans toute sa grandeur, par un acte de sa propre et suprême volonté. [167]

Un salut qui compte pour l'histoire, la politique et les puissances spirituelles

Ignacio Ellacuria, un prêtre assassiné au Salvador en 1989, expose une sotériologie qui compte pour l'histoire.

> Ils ont tué Jésus pour avoir mené une vie historique, une vie qui inclut une proclamation concrète du règne de Dieu. Ensuite, cette vie, enlevée, est convertie en une vie pour tous les êtres humains d'une manière permanente et transcendante qui élève cette vie historique. En outre, cette élévation, je crois, doit s'étendre à la vie des êtres humains et à la vie de la société, afin de les enrichir, car en réalité la vie de la société et la vie de l'humanité sont pleines de péchés. [...] Cette grâce de Jésus, cet exemple de Jésus, cette vertu de Jésus, cet Esprit de Christ continue après la résurrection. Elle s'étend à l'histoire et continue réellement à enlever les péchés du monde ; elle tente d'enlever les péchés du monde ; elle tente de convertir les cœurs et de convertir la société. [a]

La sotériologie du théologien africain Kwame Bediako, en conversation avec John Mbiti, met l'accent sur la victoire de Christ sur les puissances.

> Jésus est considéré par-dessus tout comme le *Christus Victor* (Christ suprême sur toute règle et autorité spirituelle). Cette conception de Christ découle de la connaissance profonde qu'ont les Africains au sujet des forces et des pouvoirs à l'œuvre dans le monde qui menacent les intérêts de la vie et de l'harmonie. Jésus est victorieux sur le monde spirituel et en particulier sur les forces du mal et répond ainsi à leur besoin d'un protecteur puissant contre ces forces et ces pouvoirs. [b]

Roland Chia, de Singapour, écrit sur les liens entre l'œuvre de Christ sur la croix et l'espérance chrétienne.

> L'espérance chrétienne est profondément façonnée par la croix de Christ. Grâce à la croix, nous comprenons que les pires événements peuvent avoir un sens et que les déceptions et les tribulations font partie du cours de la vie dans ce monde déchu. Toutefois, la croix nous permet également de voir que chaque déception et chaque souffrance auxquelles nous sommes confrontés peut-être intégrée dans l'histoire que Dieu façonne et qui servira finalement à notre bien-être. La dialectique de la croix signifie que l'espérance est à la fois préparée aux déceptions d'ici et assurée de l'éternité dans le temps à venir. La croix et la résurrection de Christ révèlent la nature dialectique de l'espérance elle-même. L'espérance est dialectique simplement parce que les conditions actuelles sont antithétiques à celles que nous espérons. Nous espérons la droiture au milieu de la dégradation morale, la justice au milieu de l'injustice et de l'oppression, la vie au milieu de la mort. [c]

a. Quoted in Michael E. Lee, *Bearing the Weight of Salvation: The Soteriology of Ignacio Ellacuria* (New York: Crossroad, 2008), 84-85.
b. Kwame Bediako, "Jesus in African Culture," in *Evangelical Review of Theology* 17, no. 1 (1993): 56-57.
c. Roland Chia, *Hope for the World: A Christian Vision of the Last Things* (Downers Grove, IL: IVP Academic, 2005), 148-49.

Pratiquer la doctrine chrétienne

Pour Anselme, la miséricorde de Dieu est à la fois grande et juste. La justice se manifeste dans le fait que Dieu inflige au péché la punition qu'il exige, la miséricorde dans la volonté de Dieu de devenir humain, afin de payer le juste prix du péché.

La **théorie de la satisfaction** de l'expiation d'Anselme et les théories qui se concentrent sur le sacrifice **substitutif** de Jésus adoptent la même dimension conceptuelle que leurs cousins **de la théorie médicolégale** (qui déplacent la métaphore du contexte féodal à la cour de justice). Ensemble, ils forment le modèle dominant d'expiation dans le christianisme occidental, tant protestant que catholique. De bonnes raisons soutiennent cette pensée, car ce modèle présente de nombreux atouts. Il s'agit notamment (1) d'être fondé sur la personne de Jésus-Christ, son humanité et sa divinité ; (2) de prendre au sérieux le témoignage biblique sur la justification, notamment les métaphores juridiques ou médicolégales de l'Écriture ; (3) de traiter sérieusement de l'horreur du péché, en insistant sur le fait que le péché engendre des conséquences ; (4) de mettre l'accent sur la justice et la fidélité de Dieu ; et (5) de traiter de la place centrale que le sacrifice substitutif de Christ sur la croix occupe dans le récit biblique.[168] Les inconvénients sont les suivants : (1) accorder relativement moins d'attention à l'incarnation, à la vie et à la résurrection de Christ (par rapport à la croix) ; (2) tendre vers une sotériologie centrée sur les individus, aux dépens des aspects communautaires et cosmiques du salut ; et (3) se concentrer sur la justification aux dépens de la sanctification.

Le modèle moral

La catégorie finale pour les modèles de l'expiation est liée à son partisan, Pierre Abélard (1079-1142). Abélard parle de l'expiation en matière d'amour parfait de Christ, qui devient un **modèle moral** pour nous qui sommes témoins de cet amour. Abélard suggère qu'en voyant l'amour de Christ, en particulier sur la croix, nous sommes poussés par l'amour à aimer à notre tour. Abélard considère ainsi le remède au péché comme une transformation morale. Pris isolément, ce modèle moral exemplaire de l'expiation est le plus faible de nos modèles. Il a trop de points communs avec l'hérésie et le moralisme pélagiens pour servir de véritable base à la réconciliation entre l'humanité et Dieu. Si on le marie à l'un des autres modèles d'expiation, celui qui interprète la situation humaine comme ayant besoin de Jésus, non seulement comme un exemple, mais comme le sauveur qui donne le pouvoir, alors cet accent sur la transformation par l'amour de Christ peut prendre vie dans la pratique de la sotériologie.

L'oeuvre de Jésus-Christ

Pratiquer la sotériologie

En pratique, la doctrine du salut est plus riche lorsque nous prêtons attention et apprécions l'éventail des trésors qu'elle contient. La doctrine est cohérente, et elle a des thèmes centraux. L'esquisse de la doctrine dans ce chapitre migre, doucement, vers l'acquittement légal dans la justification par la grâce, le sacrifice de Christ sur la croix, et la défaite de Dieu face à la mort dans la résurrection comme l'élément central de la sotériologie. Toutefois, reconnaître l'élément central ne revient pas à nier l'importance du reste de la doctrine, et les nombreux thèmes sotériologiques qui s'étendent sur cet élément central vont aussi multiplier la richesse de la doctrine du salut pour la vie chrétienne.

Prenons un exemple : la sotériologie de Proclus (446 ap. J.-C.) date bien avant les discussions médiévales sur l'expiation, bien que les catégories standard l'identifient au modèle du *Christus Victor*. Il est certain que le thème de la défaite de Satan est clair.

> Écoutez la raison de sa venue et glorifiez la puissance de l'incarné. L'humanité était profondément endettée et incapable de payer ce qui lui était dû. Par la main d'Adam, nous avions tous signé un pacte avec le péché. Le diable nous tenait en esclavage. Il ne cessait de produire nos factures, qu'il inscrivait sur notre corps passible. Il se tenait là, le méchant faussaire, nous menaçant de nos dettes et exigeant la satisfaction. De deux choses l'une : soit la peine de mort devait être imposée à tous, puisque « tous ont péché » ; soit il fallait trouver un substitut pleinement habilité à plaider en notre faveur. Aucun homme ne pouvait nous sauver ; la dette était à sa charge. Aucun ange ne pouvait nous racheter ; une telle rançon était au-dessus de ses forces. Celui qui était sans péché devait mourir pour ceux qui avaient péché ; c'était le seul moyen qui restait pour briser les liens du mal.[169]

Si Proclus s'inscrit dans une certaine mesure dans le modèle du *Christus Victor*, il s'intéresse aussi aux vastes richesses de la sotériologie. Il utilise le langage de la rançon et de la substitution, de la dette et de la satisfaction. Il relie son modèle à la personne de Christ et au cosmos, et il s'inspire de nombreux thèmes bibliques. Tout ce qui précède pour dire que la classification de la sotériologie selon les modèles est utile pour nous aider à apprendre la doctrine, mais la pratique de la sotériologie ne consiste pas à choisir et à garder l'unique bon modèle. Notre attention au cœur de la doctrine sera plus sensible si nous n'isolons pas ce cœur des nombreux thèmes bibliques, des étapes sur le chemin du salut, des réflexions sur la bonté de la grâce, et des modèles d'expiation qui font partie de la sotériologie.

En nous imprégnant de ces richesses, nous apprendrons ce que signifie « faites donc fructifier » votre « salut avec crainte et respect » (Philippiens 2.12), en nous rappelant constamment que « c'est Dieu lui-même qui agit en vous, pour produire à la fois le vouloir et le faire conformément à son projet plein d'amour » (v. 13). En tant que rachetés, nous nous tiendrons toujours dans la crainte et l'admiration de Dieu lorsque nous pratiquerons la vie chrétienne sur le chemin du salut. Parce que Dieu est puissant, nous nous attendrons à ce que nos vies soient puissamment transformées. Parce que le message du salut est une bonne nouvelle pour le monde, il sera essentiel pour notre pratique du salut que nous rendions témoignage à cette bonne nouvelle. En tant qu'esclaves libérés, nous prendrons la défense des autres qui sont encore en esclavage, travaillant et désirant ardemment que tous partagent la liberté que nous avons en Christ.

8
Le Saint-Esprit et la vie chrétienne

La pneumatologie

La grâce de mettre en pratique la doctrine relève à bien des égards de l'œuvre du Saint-Esprit, et les orientations théoriques qui portent sur la **pneumatologie** (de son étymologie grecque *pneuma* qui signifie « souffle » ou « esprit ») font partie de l'ensemble de la pensée chrétienne. Sans la présence réelle et la puissance de l'Esprit de Dieu, l'initiative de la théologie devient égoïste, pervertie ; toutefois, nous ne sommes pas souvent très à l'aise à l'idée d'aborder des sujets sur le Saint-Esprit. Ce fait pourrait être dû à notre ignorance du caractère saint et transcendant de Dieu, sans toutefois exclure, des raisons perverses qui rendent compte de notre incapacité à parler du Saint-Esprit. Des raisons profondément liées au péché et à la peur. Des raisons liées au péché, car nous préférons marcher selon la chair et non selon l'Esprit, renonçant ainsi au réconfort offert par l'Esprit de Dieu. La peur quant à elle nous fait redouter les probables changements radicaux susceptibles d'être opérés par l'Esprit de Dieu dans nos vies. Des changements à l'instar du fait de rendre ministère dans des endroits où nous n'aimerions pas aller ou le fait de devoir aimer des personnes qui ne nous inspirent pas la sympathie. Il est à se réjouir du combat mené par l'Esprit contre ce type de mentalité. Le Saint-Esprit éradique la crainte, car « loin de faire de nous des lâches, » il « nous rend forts, aimants et réfléchis » (2 Timothée 1.7). De façon miséricordieuse, ce même Esprit nous renouvelle et nous donne une vie dans laquelle le péché est vaincu grâce à la puissance de Jésus-Christ et « la loi de l'Esprit qui nous donne la vie dans l'union avec Jésus-Christ » nous « a libérés de la loi du péché et de la mort » (Romains 8.2). Autrement dit, la nature du Saint-Esprit nous permet d'aborder la pneumatologie avec assurance, foi et optimisme.

Pratiquer la doctrine chrétienne

Le Seigneur, le Pourvoyeur de vie

> De quoi donc nous accusent-ils ? D'avancer des concepts idéalistes au sujet du Saint-Esprit, ce qui serait une profanation. Par exemple, nous considérons le Saint-Esprit comme une divinité de rang égal à Dieu le Père et au Fils, afin qu'il n'existe aucune différence de près ou de loin entre eux. Nous confessons que par voie de consécration, il est possible d'acquérir la nature de Dieu. Tandis que nos opposants ne reconnaissent pas au Saint-Esprit d'être une entité en perpétuelle communion avec Dieu le Père et le Fils, en raison de sa nature différente. Ils sous-tendent qu'il leur est inférieur sur tous les plans. Le Saint-Esprit est divin, riche en bonté, omnipotent, plein de sagesse et de gloire et éternel. Il est digne de toutes les qualifications capables de définir sa magnitude. Il est l'incarnation de la Bonté, de la Sagesse, de la Puissance, de la Sanctification, de la Justice, de l'Intemporalité, de ce qui est éternel, et de tout ce qui est mentionné au-delà et au-dessus de tous les autres noms. [170]

Grégoire de Nysse a réfuté les propos qui affirment la non-divinité du Saint-Esprit. Lui, qui insistait au contraire sur l'égalité du Saint-Esprit à Dieu le Père et au Fils en déclarant sa posture comme étant conforme au témoignage clairement prôné par les Saintes Écritures. Grégoire offre une litanie de louange à l'égard du Saint-Esprit, identifiant ses attributs et établissant le lien entre sa nature et celle de Dieu. Le symbole nicéen s'accorde aux enseignements de Grégoire selon lesquels le Saint-Esprit est en relation perpétuelle avec Dieu le Père et le Fils et à travers leur communion, la Trinité « est glorifiée et adorée ». Ces confessions de foi constituent les grandes affirmations de la pneumatologie œcuménique. Contrairement aux détracteurs qui concèdent au Saint-Esprit un statut inférieur à la divinité, l'Église reconnait toute la divinité du Saint-Esprit telle que révélée à travers les récits bibliques sur la manifestation de Dieu dans le monde. En d'autres termes, si le Saint-Esprit n'est pas effectivement et véritablement Dieu, alors les récits bibliques sont de simples affabulations. La foi reconnait les titres de « Seigneur » et de « Pourvoyeur de vie » comme des propriétés attribuées au Saint-Esprit à travers la Bible. Il s'agit d'attributs uniquement réservés à Dieu et non à une version diluée (inférieure) de la divinité.

Le titre de Seigneur honore la divinité du Saint-Esprit en plaçant les êtres humains sous son guide et sa puissance et en l'identifiant à Dieu le Père et au Fils. La reconnaissance que ce Seigneur est le Pourvoyeur

Le Saint-Esprit et la vie chrétienne

de vie honore la divinité du Saint-Esprit en liant sa manifestation aux œuvres de Dieu le Père et au Fils à travers des actes que seul un Dieu pourrait faire. Il existe de nombreux fondements bibliques qui sous-tendent ces deux affirmations, notamment lorsque Paul explique aux chrétiens qu'ils sont des lettres de recommandation, écrites par l'Esprit sur des cœurs humains. Avant de poursuivre en identifiant Dieu (et non pas nous) qu'il décrit comme l'Esprit qui « vivifie » (2 Corinthiens 3.6) comme étant la source de notre compétence et de notre assurance. Dans le même chapitre, Paul exhorte les chrétiens à faire preuve d'une « grande assurance » tout en contemplant la gloire de Dieu. Une assurance reçue de part de Christ à travers l'Esprit du Dieu vivant. « Le Seigneur est l'Esprit » dont parle Paul « et là où est l'Esprit du Seigneur, là règne la liberté » (v. 17). La liberté procurée par l'Esprit du Seigneur nous transforme et nous rend capables de refléter l'image et la gloire de Dieu. « C'est là l'œuvre du Seigneur, c'est-à-dire de l'Esprit. (v. 18). Paul se réjouit ici de la puissance de L'Esprit de Dieu par laquelle il donne la vie. Une puissance inaccessible aux simples créatures. »

> **Passage clé**
>
> Or, Dieu nous l'a révélé par son Esprit ; l'Esprit, en effet, scrute tout, même les pensées les plus intimes de Dieu. Quel être humain peut savoir ce qui se passe dans un autre homme ? Seul l'esprit de cet homme en lui le sait ? De même, nul ne peut connaître ce qui est en Dieu si ce n'est l'Esprit de Dieu. Or nous, nous avons reçu, non l'esprit du monde, mais l'Esprit même qui vient de Dieu pour que nous comprenions tous les bienfaits que Dieu nous a accordés par grâce. Et nous en parlons, non avec les termes qu'enseigne la sagesse humaine, mais avec ceux qu'enseigne l'Esprit. Ainsi nous exposons les réalités spirituelles dans des termes inspirés par l'Esprit. Mais l'homme livré à lui-même ne reçoit pas ce qui vient de l'Esprit de Dieu ; à ses yeux, c'est « pure folie » et il est incapable de le comprendre, car seul l'Esprit de Dieu permet d'en juger. Celui qui a cet Esprit peut, lui, juger de tout, sans que personne ne puisse le juger. Car il est écrit : qui donc connaît la pensée du Seigneur et qui pourrait l'instruire ? Mais nous, nous avons la pensée du Christ. (1 Corinthiens 2.10–16)

Le Saint-Esprit a commencé à manifester sa puissance, une source de vie, dès le premier chapitre de Genèse, où les chrétiennes ont coutume de remarquer l'Esprit à l'œuvre par le fait que Dieu se mouvait au-dessus des eaux. Une capacité à donner vie qui apparait tout au long de l'histoire du salut, parfois manifesté par des voies peu ordinaires à l'instar de la naissance de Jésus : le Saint-Esprit était à l'œuvre lors du processus

> ## La préposition de Basile
>
> Au milieu des préoccupations tumultueuses infligées à l'église par les hérétiques ariens, le peuple s'interrogeait sur la meilleure manière d'adorer et de prier le Dieu trinitaire. Les hérétiques ariens auraient relégué les divinités de Jésus et du Saint-Esprit à un statut d'êtres créés, puis Basile le Grand (vers 329-379) par ses écrits, a mis l'accent sur la divinité du Saint-Esprit. La pneumatologie de Basile reliait la doctrine à la pratique alors qu'il s'embarquait dans un débat concernant les prépositions et la prière.
>
> Les chrétiens avaient pour habitude d'adresser leur prière (remarquez les prépositions)
>
>> *Au Père, dans le fils et à travers le Saint-Esprit.*
>
> Ce modèle de prière met en exergue la façon d'agir de Dieu dans le monde, et selon Basile, il est approprié, mais Basile souligne qu'il existe d'autres modèles relationnels dans la Bible. S'opposant aux hérétiques ariens, il avance qu'il est également approprié d'adresser des prières.
>
>> *Au Père, avec le Fils et avec le Saint-Esprit.*
>
> Ce deuxième modèle rend compte de la divinité partagée et de l'égalité entre les personnages de la trinité. Il les aligne horizontalement au lieu d'en faire une classification verticale ; de ce fait, correspond aux Saintes Écritures et à la pratique du baptême chrétien.
>
>> Ils disent qu'il n'est pas convenable d'associer le Saint-Esprit à un niveau égal à Dieu le Père et au Fils, parce qu'il est d'une nature différente et inférieure en dignité par rapport à ces derniers. Lorsque le Seigneur a établi le baptême du Salut, n'avait-il pas clairement ordonné à ses disciples de baptiser toutes les nations au nom du Père, du Fils et du Saint-Esprit ? Jésus n'avait pas méprisé sa relation avec le Saint-Esprit, mais ces individus nous demandent de ne pas égaler le Saint-Esprit au Père et au Fils. Ne sont-ils pas en train de mépriser ouvertement le commandement de Dieu ? [a]
>
> Alors qu'il était à la recherche d'une doctrine de la pneumatologie qui conviendrait à la pratique de la foi chrétienne, Basile avait fait ressortir le lien symbiotique entre l'adoration et la théologie et vice-versa.
>
> a. Basil the Great, *On the Holy Spirit*, trans. David Anderson (Crestwood, NY: St. Vladimir's Seminary Press, 1980), 10, 24..

d'insémination surnaturelle opérée dans le ventre de Marie, c'était toujours lui qui est descendu sur Jésus au jour de son baptême, et il est encore celui qui a ressuscité Jésus d'entre les morts à la fin de sa vie. Le don de la vie nous est également octroyé par le Saint-Esprit d'abord à travers la nouvelle vie qu'il nous donne dans le siècle présent, et ensuite, par la vie éternelle qui nous est réservée dans le siècle à venir. « Ce à quoi tend

Le Saint-Esprit et la vie chrétienne

l'Esprit conduit à la vie et à la paix » (Romains 8.6) et la nouvelle vie dont parlait Jésus à Nicodème est la naissance « d'eau et d'esprit » (Jean 3.5).

L'Esprit personnel

En pensant à ces trois personnalités qui forment la Trinité, le lien étroit entre le Père et le Fils semble aller de soi. L'appellation Père et Fils implique l'existence d'un lien en commun. En effet, conformément à la doctrine de la Trinité, ces termes n'ont de sens qu'à travers la relation qu'ils ont en partage. Dieu le Père doit être l'ascendant de quelqu'un : Jésus-Christ, le Fils. De même, le Fils doit l'être de quelqu'un : son Père éternel. Cette intimité traduite par un langage personnel nous donne quelques renseignements sur la nature de Dieu et sur le type de relation qu'il est susceptible d'entretenir avec les êtres humains.

L'analyse de la doctrine du Saint-Esprit nous rassure moins quant au langage et aux relations personnelles qui y sont propres. De façon inhérente, l'appellation « Esprit » n'implique pas l'existence d'une relation ; contrairement aux appellations « Père » et « Fils », d'où notre tendance à toujours vouloir dépersonnaliser le Saint-Esprit. La foi nicéenne reconnait le Saint-Esprit comme une personnalité et la vérité bénie selon laquelle nous pouvons nous entretenir de manière personnelle avec ce même Esprit, lorsqu'elle déclare à son sujet, qu'il est en perpétuelle communion avec le Père et le Fils. Le Saint-Esprit vient du Père et du Fils, avec qui il est glorifié et adoré, et indique par ricochet l'existence de la plus mutuelle des relations personnelles.

À quoi renvoie l'expression l'Esprit « vient » du Père et du Fils ? Il s'agit d'un sujet contesté qui menace le statut œcuménique du symbole. À la base, le langage de la foi déclarait simplement que « l'Esprit vient du Père » attestant ainsi de la communion éternelle entre le Père et l'Esprit. L'extension « et du Fils », du latin *filioque*, a été rajoutée par l'église latine de l'Occident au fil des années. [171] L'église grecque de l'Orient quant à elle a et continue de contester cette modification unilatéralement opérée par l'Occident sur le crédo œcuménique et sans la notification ni le consentement de l'orient. L'intention de l'additif latin visait à réaffirmer toute la divinité de l'Esprit et du Fils dans leur communion perpétuelle et correspond à la tendance d'associer les trois personnalités de Trinité dans une relation égale et mutuelle. Il est vrai que l'approche unilatérale de l'église occidentale n'est pas une méthode acceptable en théologie œcuménique ; néanmoins, elle édifie les chrétiens sur la nécessité de communiquer les uns avec les autres avant d'effectuer des proclamations sur la doctrine.

Pratiquer la doctrine chrétienne

Quoique l'Église orientale fasse objection au rajout du mot *filioque* par l'occident, les deux églises s'accordent à reconnaitre la divinité indéniable du Saint-Esprit ; qu'il est en communion perpétuelle avec le Père et le Fils ; et qu'il vient du Père. Le verbe « venir » ici est un indicateur du lien éternel entre Dieu le Père et le Saint-Esprit. Une relation très différente de celle entretenue avec les créatures. Dieu n'entretient pas uniquement des relations, il est la relation par excellence. La nouvelle naissance opérée par L'Esprit nous établit, de manière spéciale, dans une vie de relation avec Dieu dans laquelle, il s'adresse à nous comme à ses enfants bienaimés. L'érudit du Nouveau Testament Gordon Fee explore le mystère par lequel l'Esprit nous établit dans une vie trinitaire : « le Père et l'Esprit entretiennent la plus intime et intrinsèque des relations qui existe. Lorsque nous recevons le Saint-Esprit, nous entrons dans une communion intime avec nul autre que Dieu lui-même, et l'Esprit est personnellement et puissamment présent pour nous montrer la voie qui mène à Dieu. »[172] La théologienne Kathryn Tanner suit la même lancée à travers sa réflexion sur la communion entre l'Esprit, le Père et le Fils, une relation marquée par une union véritable.

> Renforçant le lien d'unité entre le Père et le Fils par une union d'amour et par une affirmation joyeuse, le Saint-Esprit est le vecteur exubérant et eustatique de l'amour du Père et du Fils à notre égard. L'amour du Père à l'égard du Fils est réciproqué par ce dernier au sein de la Trinité par le truchement de l'Esprit, ainsi la manifestation du Dieu trinitaire dans le monde est rendue parfaite en Christ à travers la transformation du Saint-Esprit, par laquelle nous sommes à même de témoigner notre gratitude pour l'amour de Dieu manifesté à notre égard à travers Christ, en consacrant notre vie pour sa cause.[173]

La vie de Dieu se caractérise par l'unité dans la différence. Par ailleurs, les traits de ladite vie révèlent l'amour et la relation personnelle qui existent entre Dieu et nous. Une relation grâce à laquelle l'Esprit de Dieu, qui n'est ni le Père ni le Fils, demeure abondamment en nous et nous revêt de puissance, une relation où nous sommes véritablement en communion avec Christ notre Seigneur. Grâce à la victoire de Jésus sur le péché, nous pouvons côtoyer Dieu le Père et le Saint-Esprit à travers cette relation à l'image de celle de Jésus avec le Père et l'Esprit, durant son séjour sur terre. Par la puissance de l'Esprit, le peuple de Dieu ne forme qu'un, « ainsi donc » pour emprunter les propos de Tanner, « le Saint-Esprit nous encourage à adopter un caractère atypique, en nous procurant une diversité de dons de l'Esprit. »[174] Une dynamique perceptible à

Le Saint-Esprit et la vie chrétienne

travers les paroles de Jésus dans l'Évangile selon Jean.

> Si vous m'aimez, vous suivrez mes enseignements. Et moi, je demanderai au Père de vous donner un autre Défenseur de sa cause, afin qu'il reste pour toujours avec vous : c'est l'Esprit de vérité, celui que le monde est incapable de recevoir parce qu'il ne le voit pas et ne le connaît pas. Quant à vous, vous le connaissez, car il demeure auprès de vous, et il sera en vous. Non, je ne vous laisserai pas seuls comme des orphelins, mais je reviendrai vers vous. Sous peu, le monde ne me verra plus ; mais vous, vous me verrez parce que je suis vivant et que, vous aussi, vous vivrez. Quand ce jour viendra, vous connaîtrez que je suis en mon Père ; vous saurez aussi que vous êtes en moi, et que moi je suis en vous. Celui qui m'aime vraiment, c'est celui qui retient mes commandements et les applique. Mon Père aimera celui qui m'aime ; moi aussi, je lui témoignerai mon amour et je me ferai connaître à lui. (Jean 14.15-21)

Remarquez le rapport mutuel existant entre ces trois personnalités divines et comment Jésus décrit ce à quoi doit ressembler la manifestation de l'amour entretenu par ces trois personnalités divinités parmi nous. Quand Jésus est monté vers le Père, et nous ne pouvions plus le voir physiquement, le Père a mis à notre disposition le Saint-Esprit notre Défenseur. De même qu'un avocat au tribunal défend et préserve les intérêts de son client, le Saint-Esprit, notre avocat nous défend et nous protège lors des épreuves. En Christ, nous sommes devenus les enfants du Père et ni le Père ni le Fils ne nous laisse « orphelins ». L'Esprit de Dieu demeure avec nous et en nous, nous revêtant de puissance pour aimer. Le Saint-Esprit, notre avocat, nous ramène vers le Fils. Jésus décrit l'œuvre du Saint-Esprit dans le chapitre suivant de l'Évangile selon Jean : « Quand le Défenseur sera venu, celui que je vous enverrai d'auprès du Père, l'Esprit de vérité qui vient du Père, il rendra lui-même témoignage de moi » (Jean 15.26). Remarquez comment le Saint-Esprit envoyer par le Fils de la part du Père ne rend pas témoignage de lui-même, mais plutôt du Fils, avec qui, il ne forme qu'un.

Le caractère genré du Langage

Dieu surpasse toutes nos imaginations, ce qui signifie en partie qu'il est au-dessus des préoccupations axées sur le genre. Dieu n'est ni mâle ni femelle. Certains théologiens des récentes décennies dénonçaient la confusion liée au fait d'utiliser des pronoms masculins pour se référer à Dieu et l'incitation à **anthropomorphiser** Dieu, qui s'en suivait du fait d'attribuer notre image à Dieu au lieu de nous rappeler que c'est l'inverse. Les critiques à ce sujet prétendaient que la masculinisation de Dieu pourrait favoriser la tendance humaine à ériger de faux dieux, pour se représenter un Dieu qui soit à l'image des hommes.

La réponse donnée par la théologienne Janet Soskice était la suivante : « L'une des stratégies a été de féminiser l'Esprit. Nous pouvons habilement défaire une tradition qui consistait à considérer le Saint-Esprit comme l'aspect maternel de Dieu — couvrant, nourrissant et insufflant la vie dans les nouveaux membres de l'église par la voie du baptême. »[175] Pour Soskice, ladite stratégie risque être un échec. Féminiser le Saint-Esprit tandis qu'on masculinise le Père et le Fils, en se référant ainsi à l'Esprit en tant qu'« elle » a plutôt pour effet de consolider la pensée idolâtre selon laquelle Dieu est un être genré (sexospécifique), comme vous et moi.

> ### La prière au Saint-Esprit
>
> Viens Esprit Saint, visite les cœurs de tes fidèles et répands ton amour ardent en nous. Viens en nous, Esprit créateur et renouvelle la terre. Seigneur, par la lumière de Ton Esprit Saint, tu as affermi les âmes de tes fidèles. Inspire-nous ce qui est droit et donne-nous de nous réjouir en ta consolation. Nous te le demandons à travers Christ notre Seigneur. Amen. [a]
>
> a. Cité dans Meredith Gould, *The Cath- olic Home: Celebrations and Traditions for Holidays, Feast Days, and Every Day* (New York: Doubleday, 2004), 223.

Un Saint-Esprit féminisé peut également renforcer les stéréotypes culturels au sujet de la masculinité ou de la féminité aux premiers abords.

Cette stratégie plus problématique entraine des divisions au sein de la Trinité. Soskice se dresse contre toute tentative de réduire la vie trinitaire de Dieu à un rôle correspondant au genre humain. « La doctrine de la Trinité garde le silence sur l'idéal de la relation entre homme et femme en tant que sexes masculin et féminin. Elle ne précise pas si tous les hommes devraient être semblables à Dieu le Père, et si toutes les femmes devraient s'inspirer du Saint-Esprit féminisé. À ce sujet, la doctrine ne nous renseigne pas sur la différence entre les sexes. Néanmoins, elle nous donne un aperçu de ce qui vraisemblablement se rapproche de l'idéal : généralement, l'on se définit la plupart du temps en identifiant son opposé. »[176]

Les pronoms personnels au masculin employés en référence à Dieu posent également problème. D'autre part, pour ce qui est des pronoms, nous trouvons que les pronoms personnels au masculin posent moins de problèmes. L'une des raisons expliquant l'usage récurrent du genre masculin dans l'Ancien Testament est la volonté de vouloir contrecarrer les tendances idolâtres. Étant voisin des Cananéens, Israël était entouré par des croyants polythéistes, par une cohorte de dieux et de déesses. Cependant, l'emploi du genre masculin en référence à Dieu rejette ce contexte, en réitérant le fait que Dieu est un et en le distinguant des idoles.[177] Dans le Nouveau Testament, les pronoms masculins en référence à Dieu reconnaissent la réalité de l'incarnation et la relation personnelle entre le Père et le Fils. Le Dieu des Saintes Écritures ne peut être dépersonnalisé comme nous le voyons à travers l'amour existant entre le Père, le Fils, et le Saint-Esprit. Étendre l'attribution du pronom personnel « il » du Père et du Fils au Saint-Esprit qui est la troisième personnalité de la Trinité est une manière de reconnaitre la nature trinitaire de Dieu, et personnelle de l'Esprit Saint. L'Évangile selon Jean l'exprime de façon plus implicite lorsque le mot « Esprit », un nom intransitif grec est relié à un pronom personnel masculin « Quand l'Esprit de vérité sera venu, il vous conduira dans la vérité tout entière, car il ne parlera pas de lui-même, mais tout ce qu'il aura entendu, il le dira, et il vous annoncera les choses à venir. Il manifestera ma gloire, car il puisera dans ce qui est à moi et vous l'annoncera. » (Jean 16.13-14). Le Saint-Esprit entretient une relation personnelle avec nous autant qu'avec les autres personnalités de la divinité, ainsi il serait incommode de se référer à lui en utilisant « cela ».

L'Esprit et la spiritualité

En créant les humains, Dieu les a dotés d'une nature physique et spirituelle, et en a fait des créatures dont le rôle principal s'exerce à travers la vie matérielle. Au chapitre 5, nous avons décrit l'incarnation comme étant un thème central de l'anthropologie théologique, et comme un symbole de la bonne foi de Dieu à l'égard des humains. Les sujets psychosomatiques que nous sommes sont parfois surpris d'être en relation avec un Dieu si différent de nous. L'affirmation selon laquelle Dieu est Esprit fait ressortir la véritable différence entre lui et nous. S'exprimant lors d'un sermon sur l'unité de l'être divin, John Wesley a souligné le point suivant : « Dieu est Esprit ; n'ayant aucune enveloppe corporelle, aucune partie ou passion semblables à ceux des humains. Les juifs et les chrétiens des temps antiques partageaient l'opinion selon laquelle seul Dieu est un Esprit pur, entièrement dépourvu d'une matière. »[178]

Le mot *esprit*, même lorsqu'il est dépourvu de la majuscule régulièrement employée pour se référer à la troisième personne de la Trinité, peut prêter à confusion. Les divers usages du mot « spiritualité »

Pratiquer la doctrine chrétienne

amplifient cette confusion. De nos jours, le langage de la spiritualité est sollicité de manières incroyablement diffuses, obtuses, génériques. D'aucuns voient en la spiritualité une sorte d'échappatoire gnostique contre l'influence du corps, tandis que d'autres, veulent être « spirituel et non religieux » les spiritualités éclectiques abondent et pourraient aboutir à des traditions païennes et à des revendications modernes ou encore pourraient emprunter quelques pratiques des diverses religions. Toutes les tendances mentionnées mettent en difficulté la foi chrétienne. Elles sabotent le merveilleux témoignage du Saint-Esprit autant dans la Bible que dans la vie chrétienne, un témoignage qui nous (les créatures incarnées) est d'un grand intérêt de manières pieusement distinctes. Nous allons d'abord examiner les différentes erreurs commises par la doctrine et par les praticiens de la spiritualité dans le monde, avant de nous attarder sur les mesures correctes apportées par la pneumatologie.

La pseudo-spiritualité gnostique traine derrière elle la vieille réputation d'être une entorse à la foi chrétienne. La doctrine de la création, telle que présentée au chapitre 4, a été façonnée pour contrer le dualisme gnostique radical qui considère l'enveloppe corporelle comme un antithétique à la spiritualité. Le corps n'est ni une prison à échapper ni une trivialité à ignorer. Le corps est essentiel à notre être et pour la vie spirituelle. Ce qui ne signifie pas que nous n'avons jamais de soucis avec notre corps ou avec le monde matériel. Le corps a été créé en bon état, mais, comme le reste de la création, il se dégrade sous l'influence du péché. Le problème est loin d'être l'influence du corps, notre véritable problème est le péché. Il est évident que notre enveloppe corporelle est déchue, et ce fait est un constat réel, palpable, auquel nous faisons face notamment à travers des souffrances comme le cancer, les infirmités ou à travers les conséquences de la convoitise. Une fois de plus, notre problème ne vient pas de l'incarnation ; mais plutôt du fait d'être des pécheurs (dans notre chair et dans notre âme) dans un monde corrompu. Nous ne considérons pas le cancer, les infirmités, ou encore la convoitise comme des formes de châtiment pour les péchés personnels et individuels du malade. Le caractère déchu du monde est collectif et individuel et tous (coupables ou irréprochables) nous subissons les effets du péché sur notre corps et dans notre âme. Le corps est déchu, tout comme l'aspect spirituel de l'être humain. Nous gardons espoir en Dieu qui a fait de nous des créatures spirituelles, afin de nous établir en communion avec lui et de sanctifier notre corps et notre âme.

Les postulats des spiritualités gnostiques n'arrêtent pas de faire surface au sein de l'église contemporaine, sous la forme des mensonges selon lesquels le corps s'oppose à la vie spirituelle ; ou encore, pour devenir véritablement spirituel il faut avoir du dédain pour la vie matérielle ou, à l'opposé, ils mentent en indiquant que les personnes spirituelles peuvent agir de manière licencieuse avec leurs corps. La Bible s'oppose à ce mensonge en rendant témoignage de l'effet multiscalaire de l'œuvre rédemptrice de Dieu dans la vie (physique et spirituelle) des humains. Dieu œuvre la transformation de notre corps et de notre âme, à travers la puissance du Saint-Esprit dans le but de nous faire parvenir à l'image de Christ. La vie spirituelle est menée avec le corps et l'âme sous la conduite du Saint-Esprit. La spiritualité chrétienne est : physique et spirituelle, corps et âme, active et passive, merdique et transformatrice. La spiritualité humaine est favorable à l'aspect agréable de la vie tout en reconnaissant les efforts fournis sous l'influence du péché. La spiritualité chrétienne ne prône pas le rejet du corps. Elle traite du Saint-Esprit, qui est Dieu, Seigneur et Pourvoyeur de vie. Gustavo Gutiérrez peaufine sa pensée ainsi :

> Le sens strict et profond du mot spiritualité renvoie à la domination de l'Esprit. La spiritualité est une façon concrète, inspirée par l'Esprit, de vivre selon l'Évangile ; il s'agit d'un mode de vie défini « aux yeux du Seigneur » en toute solidarité avec le reste des êtres humains, « avec le Seigneur » et au regard des êtres humains. Elle émane d'une expérience spirituelle intense, qui sera plus tard, mieux cernée et partagée.[179]

Le spirituel et le religieux

Compte tenu du mensonge attaché au gnosticisme, l'argument « d'être spirituel sans être religieux » devient problématique. Il repose sur la supposition selon laquelle la spiritualité concerne l'être intérieur, le cœur, la pensée, l'âme, les émotions et d'autres éléments semblables, et de ce fait, n'englobe pas les éléments de la vie matérielle. Parce que ladite version de la spiritualité est perçue comme propre à l'être intérieur, elle est aussi considérée comme un phénomène privé qui ne doit pas être infligé au monde externe. Ce même ressenti est responsable du fait d'associer la religion à des pratiques mortes, à des rites sans aucuns sens, et à des dogmes déraisonnables. Ce type de spiritualité n'est pas fait pour les chrétiens, dont la spiritualité se base sur une vie sous le guide d'un Saint-Esprit, qui s'implique à fond dans la création, travaillant avec et au sein du monde matériel.

Sans vouloir ôter les mérites de la critique faite au sujet de la

« religion » à partir de l'assertion « être spirituel et non religieux ». Une religion d'œuvres mortes et de rituels insensés constitue un problème à la vie spirituelle du chrétien, idem pour une spiritualité articulée autour des ressentis internes. La vie spirituelle du chrétien (qui consiste à suivre l'exemple de Jésus) regroupe chaque aspect de notre être pour en faire un ensemble intégré. Une intégrité, l'unité et la complétude du corps et de l'âme, par laquelle nous sommes transformés dans la sainteté et rendus capables de témoigner de l'amour de Dieu. Si la spiritualité gnostique exclut le monde matériel de la vie spirituelle, classant le corps, les actes et les pratiques du côté de la religiosité moribonde, que nous pouvons critiquer avec raison ; alors, autant le fait d'exclure l'être intérieur de la vie religieuse que celui de placer les émotions, les engagements et la contemplation d'un autre côté, aucune de ces formes d'exclusion n'est convenable à la pratique de la pneumatologie.

La vie spirituelle, sous le guide du Saint-Esprit, regroupe chaque aspect pour en faire un ensemble : l'intérieur et l'extérieur, l'âme et le corps, la contemplation et l'action, l'engagement et la pratique, l'émotion et la vie quotidienne de l'église. De cette manière, la vie chrétienne devrait toujours être spirituelle et religieuse. Les fausses spiritualités sont exposées à travers la vérité du Saint-Esprit, pareil pour les religiosités dont la nature morte est révélée par le même Esprit. Il n'en reste qu'en aucun cas les rites, les us, la doctrine, le culte d'ensemble, le sacrement, la liturgie, et les autres spécificités de la vie religieuse à l'église ne sont pas considérés comme des œuvres mortes. Aucunement. Le Saint-Esprit, l'Esprit de vie vivifie ces œuvres comme il le fait pour nous, nous procurant une intégrité spirituelle semblable à celle de Christ.

Le théologien Eugene Rogers fait remarquer que dans la Bible, le Saint-Esprit descend sur des corps. Rogers relève que l'Esprit, conformément au discours classique, est « répandu sur toute chair » et regrette de constater que dans la communication chrétienne moderne l'Esprit a du mal à descendre sur les corps. Il pose par la suite une question provocante : « Et si l'Esprit ennuyait les contemporains parce qu'il n'avait plus rien à faire avec le corps ? »[180] Il propose de voir en cette erreur fondamentale la racine à l'origine de la négligence à l'égard du Saint-Esprit. Il insiste en soulignant que l'Esprit est « immanent aux éléments corporels. »[181] La thèse de Rogers est en accord avec notre analyse mentionnée plus haut. En effet, l'Esprit aime et demeure dans des corps. L'une des merveilleuses vérités de la pneumatologie est le fait que le Saint-Esprit qui est également Dieu a choisi de demeurer en nous. L'Esprit descend sur des corps (un fait à ne pas simplifier), mais il les habite aussi.

Le Saint-Esprit et la vie chrétienne

Notre corps, lui, n'a pas été fait pour l'inconduite, il est pour le Seigneur et le Seigneur est pour le corps. En effet, comme Dieu a ressuscité le Seigneur d'entre les morts, il nous ressuscitera, nous aussi, par sa puissance. Ignorez-vous que vos corps sont des membres du Christ ? Vais-je donc arracher les membres du Christ pour en faire ceux d'une prostituée ? Sûrement pas ! Ou bien, ignorez-vous qu'un homme qui s'unit à une prostituée devient un seul corps avec elle ? Car il est écrit : 'les deux ne feront plus qu'un.' Ou bien, ignorez-vous qu'un homme qui s'unit à une prostituée devient un seul corps avec elle ? Car il est écrit : c'est pourquoi, fuyez les unions illégitimes. Tous les autres péchés qu'un homme peut commettre n'impliquent pas intégralement son corps, mais celui qui se livre à la débauche pèche contre son propre corps. Ou bien encore, ignorez-vous que votre corps est le temple même du Saint-Esprit qui vous a été donné par Dieu et qui, maintenant, demeure en vous ? Vous ne vous appartenez donc pas à vous-mêmes. (1 Corinthiens 6.13-19)

Les phénomènes en rapport avec le corps, le cas échéant, les rapports sexuels ont une importance spirituelle. L'on ne peut séparer le corps de l'âme comme si les actes posés avec le corps étaient insignifiants. Les pratiques spirituelles incarnées admettent cette réalité. La gestion d'un petit groupe, l'assistance aux pauvres et aux affamés, la participation à un festin d'amour ou à un repas partagé, le jeûne, le fait de s'agenouiller pour prier, l'imposition des mains, toutes ces pratiques et bien d'autres sont orchestrés par le Saint-Esprit qui se soucie de nos corps. Le corps est créé pour un but et orienté vers l'accomplissement de ce dernier. Il appartient au Seigneur. De plus, les corps sont habités par le Saint-Esprit qui en fait des temples. Ainsi, nous prenons connaissance du miracle par lequel l'Esprit, saint et transcendant, totalement différent de nous, nous choisit. Il est avec nous, il nous aime et ne nous dédaigne pas. En examinant cette glorieuse contradiction, le poète John Donne s'en réjouit ainsi :

> *Mon âme, aimeras-tu Dieu comme il t'aime ?*
> *Alors, savoure cette saine méditation,*
> *Comment l'Esprit de Dieu, désiré par les anges*
> *Au ciel établit son Temple dans ton sein.* [182]

En effet, savourez cet agréable don étrange. Le Dieu saint, transcendant, majestueux, magnifique et éternel établit sa demeure en nous. Il s'agit là du don et de la puissance de la vie spirituelle, et Monsieur Donne a raison, nous voyons ici, le témoignage de l'amour de Dieu à notre égard, et qui devrait nous inciter à réciproquer cet ardent amour.

La vie selon l'Esprit

Contrairement à un moralisme populaire qui offre uniquement des vertus génériques, une bonté terne et une vague convivialité, le Saint-Esprit produit des fruits spécifiques en nous. Contrairement à un moralisme qui s'appuie sur l'effort humain, où les tentatives désespérées à être bon produisent des grincements de dents, le Saint-Esprit produit des fruits en nous à travers la puissance de la grâce qui sanctifie. À ce niveau d'intimité, Dieu communie avec nous. La vie spirituelle du chrétien est rendue possible par la présence du Saint-Esprit dans nos vies. La vie selon l'Esprit fait de nous des arbres qui produisent les bons fruits de l'Esprit, elle nous équipe de dons pour l'édification de la communauté, nous sanctifie, et nous rend agréables à mesure que nous nous rapprochons de l'amour du Dieu trinitaire.

Parlant du fruit de l'Esprit, Paul énumère une liste de ce fruit qui se développent en nous tout au long de notre vie spirituelle, « l'amour, la joie, la paix, la patience, l'amabilité, la bonté, la fidélité la douceur, la maîtrise de soi » (Galates 5.22-23). Il faut se situer dans le contexte de sa lettre aux frères de la Galatie. Une correspondance qui a touché tous les grands sujets de l'Évangile. Ces fruits qui sont des dons agréables de la vie spirituelle proviennent de l'Évangile. Ils arrivent à maturité non pas, grâce à nos efforts frénétiques, mais grâce aux bons arbres cultivés par Dieu en nous à travers l'Évangile de Jésus-Christ. Ne pas comprendre qu'il s'agit de dons gracieux rendus possibles à travers l'œuvre opérée (et en voie d'opération) par Dieu dans nos vies nous conduira à nous méprendre au sujet du fruit de l'Esprit. L'amour, la joie et la paix ne s'obtiennent pas en méritant la faveur de Dieu. Nous sommes à même de manifester ces fruits parce que Dieu a déjà pardonné nos péchés, et fait de nous une partie de sa nouvelle création. Un festin appétissant qui est en fait, un don de la grâce, et sans lequel nous n'aurions jamais accès sans Dieu.

Le mot *sainteté* semble disparaître de notre vocabulaire, mais la vérité au sujet de la sainteté de Dieu demeure incontournable pour le témoignage de la Bible et pour la merveilleuse relation que nous sommes appelés à entretenir avec Dieu. Se souvenir de la sainteté de Dieu revient à se souvenir qu'il s'est séparé du monde et de la création « Nul ne l'égale. L'Éternel seul est saint » (1 Samuel 2.2). La sainteté se manifeste à travers la justice divine, le standard de bonté, de justice et de vérité. Ésaïe a déclaré : « Le Seigneur des armées célestes montrera sa grandeur

Le Saint-Esprit et la vie chrétienne

> ### Le péché contre le Saint-Esprit
>
> La communion entre le Père, le Fils et le Saint-Esprit est cruciale pour cerner la raison pour laquelle l'Évangile qualifie de grave le péché contre le Saint-Esprit. Selon le contexte de la version livrée par l'Évangile selon Matthieu, Jésus sortait d'un vif échange avec les pharisiens sur le fait de labourer le champ et d'opérer une guérison le jour du sabbat, revendiquant de ce fait qu'il n'était pas assujetti à la loi : « Car le Fils de l'homme est maître du sabbat. » (Matthieu 12.8). Les pharisiens quant à eux attribuaient le pouvoir de guérison de Jésus à Satan, en lançant : « Si cet homme chasse les démons, c'est par le pouvoir de Béelzébul, le chef des démons. » (v. 24), poussant ainsi Jésus à émettre ces avertissements au sujet du péché contre le Saint-Esprit.
>
>> Si donc Satan se met à chasser Satan, son royaume est divisé contre lui-même. Comment alors ce royaume subsistera-t-il ? D'ailleurs, si moi je chasse les démons par Béelzébul, qui donc donne à vos disciples le pouvoir de les chasser ? C'est pourquoi ils seront eux-mêmes vos juges. Mais si c'est par l'Esprit de Dieu que je chasse les démons, alors, de toute évidence, le royaume de Dieu est venu jusqu'à vous. C'est pourquoi je vous avertis : tout péché, tout blasphème sera pardonné aux hommes, mais pas le blasphème contre le Saint-Esprit. Si quelqu'un s'oppose au Fils de l'homme, il lui sera pardonné ; mais si quelqu'un s'oppose au Saint-Esprit, il ne recevra pas le pardon, ni dans la vie présente ni dans le monde à venir. (vv. 26-28, 31-32)
>
> En qualifiant ce péché d'impardonnable, Jésus était dans le contexte de l'accusation émise par les pharisiens. Blasphémer contre le Saint-Esprit revient à prétendre que la puissance de Jésus ne vient pas de Dieu. Cette prétention revient à refuser de reconnaitre Jésus comme « le chemin, répondit Jésus, c'est moi, parce que je suis la vérité et la vie » (Jean 14.6) comme le « Maitre du sabbat » plein d'Esprit et de puissance. Ce qui perd tout son sens en dehors de la communion entre le Père, le Fils et le Saint-Esprit. Il arrive des fois de voir certains chrétiens s'efforcer de ne pas commettre le péché impardonnable par accident, mais ce qu'il en ressort de la doctrine à l'étude et même de tout le Nouveau Testament est de ne pas nourrir de crainte. Être en Christ et reconnaitre sa Seigneurie nous unient à son Esprit. L'appartenance à Christ nous donne la grâce d'être pardonnés du péché. Pécher contre le Saint-Esprit revient à refuser Dieu et non une infime partie de Dieu, mais bien le seul véritable Dieu qui a rendu accessible le pardon à tous à travers l'œuvre de Jésus-Christ.

en instaurant le droit, le Dieu saint manifestera sa sainteté par la justice » (Ésaïe 5.16). Cependant, dans toute l'histoire de la Bible, Dieu nous invite à prendre part au mystère miraculeux de la sainteté, notamment le fait de marcher dans la justice de Dieu. Le sens de la sainteté humaine est d'être semblable à Dieu. « Comportez-vous en gens saints », dit l'Éternel à son peuple « et soyez saints, car je suis saint » (Lévitique 11.44). Tant que la sainteté sera pour nous un ensemble de lois légalistes, nous serons à côté de la plaque. La sainteté humaine prend forme lorsque nous devenons semblables à Dieu qui est amour. Des êtres humains saints, ayant le corps et l'âme transformée par la puissance du Saint-Esprit, et une grâce divine reçue par voie de consécration à travers le corps. Bien que les règles aient un rôle à jouer, elles ne sont pas ternes et impertinentes, au contraire comme il s'agit du don de la grâce, elles sauront réguler notre conduite.

De nombreux éléments majeurs de la Bible nous permettent de nous représenter les images d'une vie sanctifiée. La sanctification peut être symbolisée à travers : le renouvellement de l'image de Dieu (2 Corinthiens 3), la plénitude du fruit de l'Esprit (Galates 5) la nouvelle création (2 Corinthiens 5), le fait d'être animé par la pensée de Christ (2 Corinthiens 2), le fait de s'offrir à Dieu comme un sacrifice vivant (Romains 12), le salut de tout péché (Colossiens 2) et le fait d'aimer l'Éternel de tout son cœur, de toute son âme et de toute sa force (Marc 12). Des thèmes qui se chevauchent pour démontrer que l'amour parfait n'est pas une liste légaliste de choses à faire, mais une manière de mettre en valeur la conception biblique de la transformation des êtres humains transformés et de leur qualification à partager une vie de sainteté avec un Dieu saint. John Wesley relève la même compréhension dans une de ses lettres où il affirme : « Je considère la religion non comme une vaine répétition de plusieurs prières [...] mais comme une culture constante de l'âme, un renouvellement de nos pensées à l'image de Dieu, une restauration de la nature divine, une conformité de cœur et de vie grandissante au modèle de notre très saint rédempteur. »[183] Le Saint-Esprit œuvre en nous et à travers nous via un processus dont le mandat s'étend sur toute une vie. La sanctification commence avec la nouvelle naissance et se peaufine au fil des jours, des semaines et des années qui se suivent, nous rendant de plus en plus semblables à Christ.

La puissance de la Pentecôte et les dons charismatiques

> Quand le jour de la Pentecôte arriva, les disciples étaient tous rassemblés au même endroit. Tout à coup, un grand bruit survint du ciel : c'était comme si un violent coup de vent s'abattait sur eux et remplissait toute la maison où ils se trouvaient assis. Au même moment, ils virent apparaitre des sortes de langues qui ressemblaient

Le Saint-Esprit et la vie chrétienne

à des flammèches. Elles se séparèrent et allèrent se poser sur la tête de chacun d'eux. Aussitôt, ils furent tous remplis du Saint-Esprit et commencèrent à parler dans différentes langues, chacun s'exprimant comme le Saint-Esprit lui donnait de le faire. (Actes 2.1-4)

Le Saint-Esprit manifestait sa présence à travers une puissance terrifiante, de manière visible à l'église et aux yeux du monde. Dans ce cas, l'œuvre du Saint-Esprit était accessible au sens de l'homme. L'on pouvait écouter, apercevoir et ressentir le Saint-Esprit se manifeste, notamment par le biais des dons extraordinaires qu'il répandait. L'église s'est mise à parler en langues et la foule présente les entendait parler chacun « dans sa propre langue » (v. 6). La puissance du Saint-Esprit peut être reçue en plaçant sa confiance en la manifestation de l'Esprit ou alors, elle peut tout simplement être rejetée ou reniée. Ces deux possibilités ont été des réalités de diverses époques, et peuvent même coexister au sein d'une vie chrétienne. Selon le récit du livre de Actes, « Ils n'en revenaient pas. Plongés dans la plus grande perplexité, ils se demandaient entre eux : 'Qu'est-ce que cela peut bien vouloir dire ?' Mais d'autres tournaient la chose en ridicule : « C'est le vin doux, disaient-ils. Ils ont trop bu ! » (v. 2).

Le Saint-Esprit est Dieu. De ce fait, pourquoi remettre en question les puissants dons de l'Esprit dans la vie d'une église ? Quels obstacles nous empêchent de manifester une foi absolue en la puissance du Saint-Esprit ? La réticence à l'égard de la manifestation puissante de l'Esprit ne peut être justifiée que par de bonnes et de mauvaises raisons. Certains chrétiens ne sont pas à l'aise avec des conversations au sujet des dons spirituels du fait de leur échange avec d'autres qui commettent des abus au nom de l'Esprit, qui justifient le péché en prétendant agir sous l'inspiration du Saint-Esprit. Dans ce genre de situation, la réticence est justifiée. Le revêtement de la puissance du Saint-Esprit n'implique pas des pratiques grivoises ou encore d'attribuer au Saint-Esprit tout ce dont les hommes considèrent comme spirituel. Il arrive de voir des chrétiens être égarés du fait de la fréquentation des églises où l'impossibilité d'appartenir à Christ sans la manifestation de certains dons spirituels spécifique est affirmée, en l'occurrence le don de parler en langues. Une fois de plus leur réticence est justifiée. Le Saint-Esprit ne dirige pas un groupe restreint, où seuls des chrétiens spéciaux peuvent en devenir membres.

Alors, il y a de quoi nous pousser à la méfiance quand il s'agit de prétentions se rapportant à la puissance de l'Esprit ; néanmoins, il existe de mauvaises raisons sur lesquelles se fonde ladite méfiance, surtout lorsqu'elle a trait à la peur et à la lâcheté. Il est aisé de prétendre avoir de

La puissance de guérison du Saint-Esprit

Le pasteur et théologien Argentin Norberto Saracco a écrit au sujet d'un phénomène qui interpelle un nombre important de chrétiens dans le monde : l'expérience de la puissance de guérison du Saint-Esprit. Sarraco reconnait la puissance en question, tout en identifiant les dérives manifestes ou susceptibles d'être le propre de l'église dans la quête de la guérison.

> En évoquant le domaine de la guérison comme étant une mission de l'église à la lumière de l'œuvre du Saint-Esprit, je ne peux m'empêcher de reconnaitre l'influence qu'exerce mon expérience en la matière sur mes propos. En même temps, je le fais avec la pleine conviction que la puissance de guérison de l'Esprit aujourd'hui demeure une réalité indubitable. Nonobstant, nous devons faire attention d'éviter les actes de magie ou l'abus de ce pouvoir ou encore nous embarquer dans les opérations fantaisistes de miracles qui font de la guérison une marchandise. [...] La maladie [...] est bien plus qu'un phénomène physique ou individuel. Elle a tout à voir avec la pensée, les émotions, les relations interpersonnelles, c'est-à-dire, entre êtres humains en tant que personnes à part entière. Nous ne traitons pas avec des corps malades, mais plutôt avec des personnes souffrantes de maladies. La maladie est un autre volet de la mort qui s'est frayé un chemin dans le monde à travers le péché. La maladie est une anticipation douloureuse de la mort. Elle nous rend plus conscients de notre vulnérabilité et du fait que la création dans son ensemble attend le moment de sa rédemption totale. De façon similaire, la guérison est une anticipation de la rédemption attendue et un rappel pour nous (que la mort a été vaincue). Nous ne sommes pas livrés à notre propre sort ou état de vulnérabilité. La guérison fait partie de la rédemption opérée par notre Seigneur. [a]

Saracco explique que la puissance de l'Esprit doit être perçue conformément à la nature de Jésus et à la lumière de la mission qu'il nous donne.

> La puissance est assujettie à la mission. Il ne s'agit pas d'une quête de puissance ni d'une mesure individuelle visant à concentrer le pouvoir autour d'une catégorie de personnes ou d'institutions. L'Évangile par la puissance de l'Esprit ne peut donc pas être concentré sur le surnaturel et sur ce qui relève du miracle, mais sur la capacité de la puissance de Dieu à œuvrer la transformation. Une église dans laquelle il se manifeste des guérisons, mais qui conserve ses pratiques d'injustices, qui garde le silence face à la corruption ou qui cherche à s'identifier aux autorités en exercice, ne saurait être considérée comme œuvrant sous la puissance du Saint-Esprit. L'Évangile de puissance selon la perspective du royaume affirmé reconnait la place du Saint-Esprit et ne le considère pas comme une force agissante ou un phénomène semblable. Il est très facile pour nous d'être séduits par les manifestations de puissance et de convertir le Saint-Esprit en notre serviteur ayant pour rôle d'accomplir tous nos désirs ou pire encore, une puissance qui nous est donnée pour assouvir nos ambitions égoïstes. [b]

a. Norberto Saracco, "The Holy Spirit and the Church's Mission of Healing," *International Review of Mission* 93, no. 370/371 (July-October 2004): 412-413.
b. Ibid., 416-417.

Le Saint-Esprit et la vie chrétienne

« bonnes » raisons de se méfier des conversations liées à l'Esprit de Dieu, alors qu'en réalité, le fondement de notre méfiance se nomme, le péché. Parfois, nous évitons le Saint-Esprit parce que nous nous accrochons avec fermeté sur nos illusions de contrôle. Nous voulons être les décideurs et nous nous dressons contre tout ce qui est susceptible d'exposer notre vulnérabilité. Nous n'accordons donc aucun intérêt à la transformation radicale opérable par l'Esprit dans le monde. Des intentions bien camouflées par des excuses aux allures légitimes. Nous sommes parfois animés par la peur de devenir des sujets de moqueries en nous ouvrant au Saint-Esprit ou de paraître faibles aux yeux du monde, se trouve également la peur d'être identifié à des personnes qui ne nous ressemblent pas. L'on parle ici du racisme, du sexisme, et du classisme, qui sont devenus des sources de tentations pour les membres de l'église d'antan comme pour les chrétiens contemporains qui n'étaient pas prêts à être séparés du monde par la puissance du Saint-Esprit. Si le scepticisme des personnes qui sont différentes de nous, nous encourage à émettre des réserves par rapport à l'Esprit ; alors, nous devons prier pour la manifestation de l'Esprit dans nos vies, nous devons demander que nos cœurs soient ouverts à tous, à ces personnes aimées du Saint-Esprit.

Pour en venir au jour de la Pentecôte et à la puissance de l'Esprit, le don de parler en langues qui en est un élément prête à confusion. Paul s'y attardant en 1 Corinthiens, rappelant qu'il est impossible au Saint-Esprit de se trouver dans une relation conflictuelle avec Jésus-Christ et vice versa. « C'est pourquoi je vous le déclare, si un homme dit : 'Maudit soit Jésus', ce n'est en aucun cas l'Esprit de Dieu qui le pousse à parler ainsi. Mais personne ne peut affirmer : 'Jésus est Seigneur', s'il n'y est pas conduit par l'Esprit Saint » (1 Corinthiens 12.3). Paul parle encore de « toutes sortes de dons » octroyés par le « même Esprit » (v. 4), indiquant que les saintes convocations du peuple de Dieu doivent être caractérisées par une diversité de dons spirituels, dans l'unité de l'Esprit donnée « pour l'utilité commune » (v. 7). Tel est le contexte dans lequel Paul a formulé la fameuse illustration présentant l'église comme un seul corps formé de plusieurs membres interdépendants. Parler en langues fait partie de ces divers possibles dons de l'Esprit, mais ne constitue pas une condition *sine qua non* pour les chrétiens. Paul exhorte les chrétiens languissant après les dons spirituels à rechercher « avant tout à posséder en abondance celles qui contribuent à faire grandir l'Église dans la foi » (1 Corinthiens 14.12), avant d'ajouter que les dons spirituels sont pour l'édification des autres, afin qu'ils connaissent la Bonne nouvelle de Jésus-Christ.

Pratiquer la doctrine chrétienne

Certaines traditions chrétiennes adhèrent à un schisme idéologique, sous-tendant que la période des dons spéciaux du Saint-Esprit se limitaient à l'ère du Nouveau Testament. Un point de vue motivé par le désir de limiter les abus desdits dons charismatiques. En dépit de cette bonne intention, la majorité des traditions chrétiennes insistent qu'il convient de répondre à ces abus non pas par un déni, mais en faisant recours au discernement. Nous pouvons discerner la manifestation des dons spirituels authentiques à travers leur conformité aux Saintes Écritures. Lors de son sermon intitulé, « La voie par excellence » John Wesley introduit son propos en faisant l'apologie des dons spéciaux de l'Esprit. Il qualifie l'idée selon laquelle ces dons ont pris fin avec l'Église primitive, d'« erreur misérable »[184] et accuse toutes considérations dévalorisantes des dons spirituels de diluer la foi chrétienne, en la reliant à la « période fatale où l'empereur Constantin s'autoproclamait chrétien, marquée par une vaine imagination de promouvoir la cause chrétienne en concentrant sur les chrétiens richesses, pouvoir et prestige ».[185] Comme l'ère contemporaine, l'époque de Wesley était marquée par le déni du miraculeux.[186] Wesley quant à lui relève le péché, l'avarice, la soif du pouvoir des hommes et l'opposition entre l'église et la couronne comme les causes de la disparition des dons de l'Esprit : ce qu'il ne manquera pas d'appeler la période où « l'amour du grand nombre, notamment de la quasi-totalité des chrétiens, s'est refroidi. [...] Telle est la raison qui explique la disparition soudaine des dons extraordinaires du Saint-Esprit au sein des assemblées chrétiennes, parce que les chrétiens étaient redevenus des païens et n'avaient conservé qu'une apparence externe morte. »[187]

Le genre, la race, la classe sociale et le réveil mondial

Quand le Saint-Esprit est descendu sur l'église avec puissance, la prophétie de Joël s'est accompli.

> « Voici ce qui arrivera, dit Dieu, dans les jours de la fin des temps : je répandrai de mon Esprit sur tous les hommes. Vos fils, vos filles prophétiseront, vos jeunes gens, par des visions, vos vieillards, par des songes, recevront des révélations. Oui, sur mes serviteurs, comme sur mes servantes, en ces jours-là, je répandrai de mon Esprit : ils prophétiseront. » (Actes 2.17-18)

Le Saint-Esprit agit dans les « jours de la fin des temps ». Il ne s'agit pas de prophéties sur la fin des temps ; au contraire, il est question d'une église devenue une communauté céleste par le biais de la plénitude de l'Esprit. Le Saint-Esprit aime les femmes et les hommes ; les pauvres et les riches ; les vieillards et les jeunes ; les noirs, les blancs, les métis, les africains, les indiens, les antillais, et toute autre désignation. L'amour pneumatologique défie toutes sortes de sexisme, de racisme et d'élitisme.

Lorsque la foi chrétienne est favorable au Saint-Esprit et accorde du sérieux à son œuvre, il est facile de reconnaitre que l'Évangile concerne l'amour de Dieu à l'égard des personnes marginalisées dans ce monde de péché. L'historien Douglas Jacobsen a raconté l'histoire du réveil ayant eu lieu au vingt et unième siècle sur l'avenu d'Azusa : « Si le fait d'aimer les autres plus qu'autres fois est le véritable indicateur du baptême dans le Saint-Esprit, alors, l'amour en communauté se manifestait à travers la capacité de se soucier et de se respecter les uns, les autres au-delà des différences imposées par la race, la classe sociale, le genre et l'âge. »[188] Un autre exemple de l'œuvre du Saint-Esprit en faveur des peuples marginalisés réside dans les traditions des églises afro-américaines, dans l'histoire de l'abolitionnisme et des protestations pour la reconnaissance de leurs droits civiques. L'érudit de la religion Philip Jenkins a affirmé : « Les effets sociaux libérateurs de la religion évangélique ne devraient plus surprendre toute personne ayant retracé l'influence de la religion biblique à travers l'histoire des Afro-Américains ».[189] Un troisième exemple est perceptible à partir du pentecôtisme latino-américain dans lequel « la proéminence des femmes pentecôtistes a affecté le caractère machiste de la culture au sein des établissements militaires traditionnels ».[190]

Le Saint-Esprit se manifeste à travers l'effondrement des barrières séparant les peuples dans le monde. L'église de l'Esprit et l'ouvrage du royaume surpassent les frontières établies par les nations, la langue ou l'appartenance ethnique. Dieu est souverain sur tous les peuples et sur toutes les nations, il nous unit tout en appréciant et en préservant notre diversité. John Wesley parle de cette dynamique dans son commentaire à propos du récit de la Pentecôte dans le livre de Actes : « Cette famille adorant Dieu à l'unisson, en des langues parlées dans tout le monde, était en prélude à l'adoration divine qui sera faite par le monde entier dans une variété de langues. »[191] La croissance rapide de la foi chrétienne dans le monde est l'une des tendances religieuses et sociologiques les plus remarquables de notre temps et la foi chrétienne axée sur le Saint-Esprit connait une croissance exponentielle en Asie, en Afrique et en Amérique latine.[192] Le théologien Lamin Sanneh fait ce commentaire sur l'influence du mouvement chrétien charismatique dans la croissance mondiale de la foi chrétienne : « Le mouvement chrétien charismatique a été la force motrice du troisième réveil et a joué un rôle important dans l'évolution fondamentale (en Europe et aux États-Unis d'Amérique) du centre gravitationnel de la religion. » [193]

Le Saint-Esprit dans l'histoire du salut

De nombreux chrétiens ont une vive impression de vivre à une période semblable à celle de l'église dans Actes. À l'instar de Lydie, de Pierre, de Priscille et de Paul, nous vivons aussi à la période entre la première venue et le second retour de Jésus. À l'exemple des chrétiens du livre de Actes, en temps pareil, nous devons nous rapprocher de Dieu et apprendre à vivre par la foi. Notre ère selon la chronologie de la Bible est aussi connue sous le nom de l'ère du Saint-Esprit. D'une part, l'appellation donnée parait idoine et peut être vectrice de vie pour le peuple de Dieu à cette période donnée. D'autre part, la désignation en question est problématique et toute mauvaise compréhension n'entrainera pas des conséquences anodines sur le mode de vie de l'église. Les évènements clés du Nouveau Testament suivant l'ordre chronologique :

1. La naissance, la vie et la mort de Jésus de Nazareth. Il est conçu par la puissance de l'Esprit, baptisé et rempli du Saint-Esprit pour accomplir son ministère et se rend à la croix grâce au concours de la puissance du Saint-Esprit avec qui il est uni.

2. Jésus, par la puissance du Saint-Esprit, est ressuscité d'entre les morts et monte vers le Père.

3. L'église reçoit le Saint-Esprit au jour de la Pentecôte, de manière visible et avec puissance.

4. La même église, établie et affermie par l'Esprit, vit et agit selon deux réalités. D'une part, nous ressentons l'absence de Jésus, et d'autre part, l'Esprit demeure puissamment en nous.

À quoi renvoie le fait de vivre avec nous ? D'agir à travers nos œuvres ? De désirer ardemment d'être physiquement en présence de Christ et en même temps de se réjouir de la présence du Saint-Esprit ?

Pour avoir une idée des temps dans lesquels nous vivons, nous devons avoir une idée des évènements qui précèdent et suivent ces temps. Comment comprendre que le Jésus ressuscité, véritable Dieu et humain, ne soit pas resté sur terre avec nous, mais qu'il soit retourné auprès de son Père dans les cieux ? Ce fait voudrait en partie dire que Dieu est

Le Saint-Esprit et la vie chrétienne

devenu l'un de nous, il est mort pour nous et il était impératif qu'il ressuscite d'entre les morts. Jésus s'en est allé rejoindre le Père dans une union hypostatique, divine et humaine ; ainsi, il demeure notre Dieu, parfaitement humain et Dieu. Son ascension n'a pas anéanti sa nature humaine. L'ascension implique qu'il est devenu semblable à nous, qu'aujourd'hui et plus précisément en ce moment, il représente l'humanité auprès du Père.

L'ascension est réellement avantageuse, mais ne nous laisse pas toujours avec cette impression. Elle nous indique que Jésus est toujours l'un des nôtres, qu'il est encore avec nous. Elle marque également le début d'un tout nouveau mode de vie pour les disciples de Jésus dans lequel Jésus n'est plus visible à l'œil nu. Désirer le contempler n'est pas mauvais. C'est un fait agréable et naturel de voir des créatures corporelles que sont les êtres humains désirer voir, sentir, toucher leur bienaimé. Le vécu entre l'ascension et le second retour de Christ doit faire avec cette perte. Comme Thomas, nous voulons être capables de le toucher, de le contempler, car ainsi, il serait plus facile pour nous de faire la confession de Thomas : Jésus est « mon Seigneur et mon Dieu » (Jean 20.28). Bien que cette perte ne soit pas fatale pour la suite de l'histoire, Jésus a répondu à Thomas « Parce que tu m'as vu, tu crois ! lui dit Jésus. Heureux ceux qui croient sans avoir vu. » (v. 29). Il est d'une réelle importance de savoir que, sept versets plus tôt, dans le même Évangile selon Jean, Jésus ressuscité a répandu son souffle sur ses disciples en disant : « Recevez l'Esprit Saint » (v. 22). Croire sans avoir vu produit un grand bien, facilité et soutenu par la présence du Saint-Esprit dans nos vies. Pierre nous révèle une vérité : « Vous ne l'avez pas vu, et pourtant vous l'aimez ; mais en plaçant votre confiance en lui sans le voir encore, vous êtes remplis d'une joie glorieuse qu'aucune parole ne saurait exprimer » (1 Pierre 1.8). Nous apprenons par la foi à nous réjouir de la puissante présence du Saint-Esprit dans nos vies, une dont l'importance est en partie tirée de l'absence de Jésus. Lui qui nous fait une description du caractère bon de l'ère spéciale du Saint-Esprit.

> Pourtant, c'est la vérité que je vais vous dire : il vaut mieux pour vous que je m'en aille. En effet, si je ne m'en vais pas, le Défenseur ne viendra pas à vous. Mais si je m'en vais, alors je vous l'enverrai. Quand l'Esprit de vérité sera venu, il vous conduira dans la vérité tout entière, car il ne parlera pas de lui-même, mais tout ce qu'il aura entendu, il le dira, et il vous annoncera les choses à venir. Il manifestera ma gloire, car il puisera dans ce qui est à moi et vous l'annoncera. Tout ce

que le Père possède m'appartient à moi aussi ; voilà pourquoi je vous dis qu'il puisera dans ce qui est à moi et vous l'annoncera. Dans peu de temps, vous ne me verrez plus ; puis encore un peu de temps, et vous me reverrez. (Jean 16.7, 13-16)

L'ascension de Jésus pour être auprès de Dieu le Père va de pair avec la présence spéciale de notre défenseur, l'Esprit Saint parmi nous. L'ère de l'Esprit est une période où Dieu lui-même milite parmi nous, où nous avons une meilleure compréhension des œuvres de Jésus, et une période où l'Esprit de Dieu nous dirige dans la vérité.

Nous vivons à l'ère spéciale de l'Esprit, caractérisée par des dons et des promesses atypiques, mais l'erreur très souvent commise est de limiter la manifestation du Saint-Esprit à notre époque. Le Saint-Esprit, entité coéternelle avec Dieu le Père et le Fils, est le Dieu de toutes les époques qui règne d'âge en âge. À travers toutes les œuvres du Dieu trinitaire, de la création à la rédemption finale, le Saint-Esprit en coopération avec le Père et le Fils y est impliqué. Ces affirmations sont contraires à l'hérésie du modalisme qui ne reconnaît pas les personnes de la Sainte Trinité, mais prétendait qu'il s'agit des attributs de Dieu. Une erreur qui diminue la personne et l'œuvre du Saint-Esprit parmi nous. L'Esprit s'est manifesté dans l'Ancien Testament comme dans le Nouveau ; de la naissance de Christ à son ascension, de l'époque de la Bible à nos jours. Avant ou après la Pentecôte, le Saint-Esprit a toujours été présent.

Alors, quelle est la particularité de la qualité de la manifestation du Saint-Esprit dans le livre des Actes et au temps moderne ? Au regard des évènements de la Pentecôte que signifie la descente spéciale du Saint-Esprit ? Dans son ouvrage intitulé *Classic Christianity* [Christianisme classique], le théologien Thomas Oden choisit comme titre pour la section sur la Pentecôte « L'Esprit n'est désormais plus un Visiteur transitaire » un style littéraire qu'il emprunte d'Augustin.[194] Oden décrit le revêtement de l'Esprit par l'église le jour de la Pentecôte comme une étape où « l'unique Saint-Esprit qui auparavant désignait, oignait, et rendait visite de manière sporadique à des élus de Dieu, a fini par établir sa demeure parmi l'assemblée des fidèles, et sous la forme de l'espérance pour l'humanité entière. »[195] Oden reconnaît que le Saint-Esprit s'est toujours manifesté parmi nous, tout en soulignant sa remarquable présence dans l'église. Qualifier l'Esprit de Dieu de « Visiteur transitaire » avant la Pentecôte ne sera pas la première titraille à laquelle l'on pensera surtout, lorsque le mot transitaire implique le fait d'être un Esprit inconstant, mais il se pourrait qu'Augustin emploie ce mot pour décrire la profondeur et la richesse que représente la présence du Saint-Esprit pour l'époque de Actes et pour la nôtre. J'apprécie davantage les mots employés par Augustin en contraste au mot transitaire, en qualifiant la présence de l'Esprit dans l'église de « Consolateur permanent » et « d'Habitant éternel ». [196]

La manifestation de l'Esprit à notre ère peut également être décrite comme interne, ecclésiale, globale et puissante. Bien qu'ayant toujours été avec le peuple de Dieu, il fallait attendre l'ascension avant de pouvoir revêtir le Saint-Esprit. Bien qu'ayant toujours été à l'œuvre parmi le peuple de Dieu après la Pentecôte, le Saint-Esprit demeure d'une façon spéciale au sein de l'église qu'il a refaçonnée. Bien qu'ayant toujours été à l'œuvre pour ramener les nations égarées, ce n'est qu'à partir de l'ère des Actes à la nôtre, que l'Évangile est répandu dans tout le monde, et les païens sont pleinement reconnus comme faisant partie du peuple de Dieu. Bien qu'ayant toujours été l'Esprit de puissance, les signes et les prodiges post-Pentecôte ont une portée et une visibilité spéciales en tant qu'outil d'appui au témoignage de l'Évangile de Christ. Le dernier point évoqué en suscite un autre. Un aspect de la qualité particulière de la manifestation de l'Esprit à l'ère de Actes comme dans le nôtre est le fait d'œuvrer pour glorifier l'œuvre historique de Jésus Christ. La présence du Saint-Esprit à l'église permet de rendre témoignage de la nature et des œuvres de Jésus.

Mettre en pratique la pneumatologie

Plus nous nous engageons dans la pneumatologie, plus nous apprenons à distinguer la vérité de la fausseté. Nous avons une ferme espérance qu'à travers la puissance du Saint-Esprit, nous allons passer de la désillusion à la sainteté. Toutefois, nous devons veiller à ne pas émettre des revendications stupides, égoïstes et pécheresses au nom du Saint-Esprit. Nous avons été outillés à cet effet, nous avons reçu des techniques pour identifier la vérité qui vient de l'Esprit. Le discernement est une catégorie fondamentale dans la pneumatologie et la vie chrétienne nous permet d'aiguiser notre sens du discernement à l'égard de la sagesse et de la vérité. Un extrait de la première lettre de Jean, bien connu des chrétiens en quête du discernement, combine l'avertissement à l'espérance et les associe grâce à une théologie trinitrine du Saint-Esprit.

> Mais attention, mes chers amis, ne vous fiez pas à n'importe quel esprit ; mettez les esprits à l'épreuve pour voir s'ils viennent de Dieu, car bien des prophètes de mensonge se sont répandus à travers le

monde. Voici comment savoir s'il s'agit de l'Esprit de Dieu : tout esprit qui reconnait que Jésus-Christ est devenu véritablement un homme vient de Dieu. Tout esprit, au contraire, qui ne reconnait pas ce Jésus-là ne vient pas de Dieu. C'est là l'esprit de « l'anti-Christ » dont vous avez entendu annoncer la venue. Eh bien, dès à présent, cet esprit est dans le monde. (1 Jean 4.1-3)

Nous avons besoin du discernement. Nous avons besoin d'outils efficaces pour distinguer « tout esprit » de « l'Esprit de Dieu ». La communauté de Jean avait besoin de discernement pour contrer l'hérésie qui voulait rabaisser Jésus à un niveau inférieur à celui de l'homme. Ainsi, la communauté pouvait « éprouver les esprits » en les soumettant à l'épreuve de la Parole de Dieu qui s'est fait chair. La prophétie, les dons spirituels, les expériences personnelles, les pratiques en assemblée et les prétentions des nouvelles révélations peuvent être soumis à une évaluation de conformité (fidélité) à la Parole de Dieu. Le test pneumatologique de Jean ici est christologique. Le témoignage normatif des apôtres de Jésus nous enseigne que la vérité se trouve où Christ est reconnu comme la Parole qui s'est faite chair. Jean tire la sonnette d'alarme « Un grand nombre de personnes qui entrainent les autres dans l'erreur se sont répandues à travers le monde » (2 Jean 1.7) tout en restant confiant que les chrétiens revêtus du Saint-Esprit ont « tous la connaissance » (1 Jean 2.20), et qu'il s'adresse à des personnes qui connaissent la vérité.

Nous pouvons implorer l'Esprit de faire croitre en nous la capacité à discerner avec sagesse et nous pouvons faciliter ce processus en cultivant un rapport d'intimité avec les Saintes Écritures. La doctrine de l'Esprit nous inculque certains comportements. Nous apprenons à faire confiance à la présence et à la puissance du Saint-Esprit, nous apprenons à vivre dans le monde avec courage, force, objectivité et espérance. Nous apprenons à adopter des postures de confiance et d'interdépendance comme nous croissons dans notre marche selon l'Esprit. Au lieu de nous confier en notre propre force, nous apprenons à nous confier en la puissance de l'Esprit qui demeure en nous. Nous apprenons à nous ouvrir au monde et à l'église, en implorant l'Esprit de nous aider dans l'utilisation des dons qu'il nous donne, dans nos responsabilités auprès de notre assemblée, mais aussi dans nos responsabilités à l'égard d'un monde assoiffé de la Bonne nouvelle. En tant que des personnes remplies de l'Esprit, sanctifiées et sous la houlette de l'Esprit de Dieu, qui est une divinité, nous ne pratiquons pas la pneumatologie en solitaires, nous la faisons par la puissance du Saint-Esprit.

9
L'Église dans un monde pluraliste

L'ecclésiologie

La grâce de Dieu qui s'est manifestée lors du concile de Jérusalem, relaté en Actes 15, nous renvoie à la signification profonde de l'Église de Jésus-Christ. Après la résurrection et l'ascension de Jésus, la conversion des païens a été une surprise pour l'église, et une source de joie pour les frères : « tous les frères en eurent beaucoup de joie » (Actes 15.3). Dieu rattachait les nations à son peuple pour qu'ils ne fassent plus qu'un. La plupart des chrétiens d'aujourd'hui sont des païens ; la Bible déclare en ce sens : « Tu as été coupé de l'olivier sauvage auquel tu appartenais par ta nature, pour être greffé, contrairement à ta nature, sur l'olivier cultivé » (Romains 11.24). L'église ne peut oublier la bonté du Dieu qui prend « des étrangers ou des résidents temporaires » et les transforme en « concitoyens des membres du peuple de Dieu » et en membres de la « famille de Dieu » (Éphésiens 2.19).

Que devait faire le peuple de Dieu de tous ces fidèles païens ? La circoncision n'était (et n'est toujours) pas une mince affaire. C'était le symbole d'Israël qui témoignait de son identité, le peuple de Dieu, ceux dont cette identité en tant que peuple de Dieu devait être confirmée ostensiblement, sur leur corps, par le biais de l'alliance de la circoncision. La circoncision est par ailleurs un acte douloureux et difficile à accomplir pour un adulte. Les chrétiens païens avaient-ils besoin d'être circoncis ? La décision a été prise : « Paul et Barnabas monteraient à Jérusalem avec quelques autres frères pour parler de ce problème avec les apôtres et les responsables de l'Église » (Actes 15.2) ; c'est ainsi que s'est tenu le premier concile œcuménique de l'église. « Quelques anciens membres du parti des pharisiens qui étaient devenus des croyants intervinrent pour soutenir qu'il fallait absolument circoncire les non-juifs et leur ordonner d'observer la Loi de Moïse » (v. 5). À une certaine époque, Pierre aurait probablement été d'accord avec cette position, mais le Pierre qui s'est

Pratiquer la doctrine chrétienne

Passage clé

Le corps humain forme un tout, et pourtant il a beaucoup d'organes. Et tous ces organes, dans leur multiplicité, ne constituent qu'un seul corps. Il en va de même pour ceux qui sont unis à Christ. En effet, nous avons tous été baptisés dans un seul et même Esprit pour former un seul corps, que nous soyons Juifs ou non-Juifs, esclaves ou hommes libres. C'est de ce seul et même Esprit que nous avons tous reçu à boire.

Un corps n'est pas composé d'un membre ou d'un organe unique, mais de plusieurs. Si le pied disait : « Puisque je ne suis pas une main, je ne fais pas partie du corps », n'en ferait-il pas partie pour autant ? Et si l'oreille se mettait à dire : « Puisque je ne suis pas un œil, je ne fais pas partie du corps », cesserait-elle d'en faire partie pour autant ? Si tout le corps était un œil, comment ce corps entendrait-il ? Et si tout le corps se réduisait à une oreille, où serait l'odorat ?

Dieu a disposé chaque organe dans le corps, chacun avec sa particularité, comme il l'a trouvé bon. Car s'il n'y avait en tout et pour tout qu'un seul organe, serait-ce un corps ? En fait, les organes sont nombreux, mais ils forment ensemble un seul corps. C'est pourquoi l'œil ne saurait dire à la main : « Je n'ai pas besoin de toi », ni la tête aux pieds : « Je peux très bien me passer de vous. »

Au contraire, les parties du corps qui nous paraissent insignifiantes sont particulièrement nécessaires. Celles que nous estimons le moins sont celles dont nous prenons le plus grand soin, et celles dont il n'est pas décent de parler, nous les traitons avec des égards particuliers dont les autres n'ont guère besoin. Dieu a disposé les différentes parties de notre corps de manière à ce qu'on honore davantage celles qui manquent naturellement d'honneur. Il voulait par là éviter toute division dans le corps et faire que chacun des membres ait le même souci des autres.

Un membre souffre-t-il ? Tous les autres souffrent avec lui. Un membre est-il à l'honneur ? Tous les autres partagent sa joie. Or vous, vous êtes le corps de Christ et chacun de vous en particulier en est un membre.

C'est ainsi que Dieu a établi dans l'Eglise, premièrement des apôtres, deuxièmement des prophètes, troisièmement des enseignants ; puis viennent les miracles, les dons de la grâce sous la forme de guérisons, l'aide, la direction d'Eglise, les langues inconnues. Tous sont-ils apôtres ? Tous sont-ils prophètes ? Tous sont-ils enseignants ? Tous font-ils des miracles ? Tous ont-ils des dons de la grâce sous forme de guérisons ? Tous parlent-ils dans des langues inconnues ? Tous interprètent-ils ?

Aspirez aux dons de la grâce les meilleurs. Pour cela, je vais vous indiquer l'approche par excellence. (1 Corinthiens 12.12-31)

L'Église dans un monde pluraliste

levé pour parler au concile de Jérusalem est celui dont la vision qu'il avait reçue de Dieu avait changé sa compréhension de la Loi. Dans cette vision, Pierre a vu une multitude d'animaux, des créatures que la Loi interdisait au peuple de Dieu de manger, et il a entendu une voix qui disait : « Ce que Dieu a déclaré pur, ce n'est pas à toi de le considérer comme impur » (Actes 10.15). Pierre, qui a reçu cette vision, ne voulait pas se joindre à ceux qui demandaient aux païens de se plier à la Loi. Au contraire, Pierre a proclamé le message de salut par la grâce.

> Et Dieu, qui connaît les cœurs, leur a rendu témoignage, en leur donnant le Saint-Esprit comme à nous ; il n'a fait aucune différence entre nous et eux, ayant purifié leurs cœurs par la foi. Maintenant donc, pourquoi tentez-vous Dieu, en mettant sur le cou des disciples un joug que ni nos pères ni nous n'avons pu porter ? Mais c'est par la grâce du Seigneur Jésus que nous croyons être sauvés, de la même manière qu'eux. (Actes 15.8–11)

À ce moment, l'assemblée a gardé le silence pour écoute Barnabas et Paul ajouter de l'eau au moulin de Pierre, notamment en relatant « les signes miraculeux et les prodiges que Dieu avait accomplis par eux parmi les païens » (v. 12). L'Église a alors pris une décision qui déterminera son identité, la décision de ne pas créer de « difficultés aux païens qui se convertissent à Dieu » (v. 19).

Il est important de noter que cette décision n'est pas prise contre les œuvres de Dieu en Israël, mais dans la continuité de l'œuvre de Dieu en Israël comme l'attestent les Saintes Écritures. L'Église primitive s'est conformée aux « paroles des prophètes » (v. 15) et au Seigneur « qui réalise ce qu'il a préparé de toute éternité » (v. 18). Exempter les païens convertis du rituel de la circoncision n'est pas un moyen d'ignorer la sainteté de la Loi de Dieu, mais il s'agit d'une manière de reconnaître l'essence de la Loi. Les païens convertis éviteront la douleur de la circoncision, mais demeureront des témoins saints de l'identité de l'Église en tant que peuple de Dieu. Le conseil a envoyé des mandataires pour transmettre la parole aux païens : « Car il nous a semblé bon, au Saint-Esprit et à nous-mêmes, de ne pas vous imposer d'autres obligations que celles qui sont strictement nécessaires : ne consommez pas de viandes provenant des sacrifices aux idoles, du sang, des animaux étouffés, et gardez-vous de toute inconduite sexuelle. Si vous évitez tout cela, vous agirez bien. Recevez nos salutations les plus fraternelles » (vv. 28-29). Comment l'église a-t-elle réagi à la décision du conseil ? « Elle s'est réjouie » (v. 31).

L'Église de Jésus-Christ est cette communauté joyeuse : une

communauté qui se réjouit de la grâce de Dieu source de salut. L'Église est une communauté qui se déploie, par la grâce de Dieu, pour proclamer « la paix à ceux qui étaient loin et la paix à ceux qui étaient proches » (Éphésiens 2.17). L'église est une communauté qui permet aux païens d'être incorporés, non pas en sacrifiant son identité, mais en affirmant cette identité : l'Église représente le peuple de Dieu appelé à porter un témoignage visible, dans le corps et en tant que corps, du don gratuit et transformateur de la grâce que nous avons reçu par la mort et la résurrection de Jésus-Christ. Lorsque nous nous penchons sur **l'ecclésiologie**, la doctrine de l'Église, nous découvrons la signification de notre appartenance au peuple qui était autrefois « traité d'incirconcis » (Éphésiens 2.11) ceux qui étaient étrangers aux alliances conclues par Dieu, un peuple d'étrangers devenus citoyens, des étrangers devenus enfants, « vous qui, autrefois, étiez loin » et « vous êtes devenus proches grâce au sacrifice du Christ » (Éphésiens 2.13).

Le corps et l'épouse

Un certain nombre de théologiens de renommée mondiale présentés dans ce livre ont souligné que la foi chrétienne dans les cultures communautaires remet en question les tendances individualistes et gnostiques de la foi chrétienne en Europe et en Amérique du Nord. Les Saintes Écritures relèvent également ces différences, notamment dans le cadre des aspects communautaire et matériel de l'Église. Tandis que ceux qui prônent des discours individualistes ont tendance à utiliser le singulier, « je », le langage biblique emploie fréquemment le pluriel. Nos corps (au pluriel), que Paul nous invite à offrir en sacrifice sur l'autel, ne deviennent pas plusieurs sacrifices, mais un seul (au singulier) « un sacrifice vivant, saint et qui plaise à Dieu » (Romains 12.1). Deux images bibliques de l'église (l'Église en tant que corps et l'Église en tant qu'épouse) nous aident à comprendre la signification de la transformation de plusieurs corps en un seul sacrifice, la signification de notre appartenance au peuple d'Actes 15, témoins visibles de la grâce de Dieu. Ces deux images sont des traits de l'Église qui remettent en question une foi purement individualiste. Les deux illustrations soulignent la relation de l'Église avec Jésus-Christ, qui est l'Époux et la Tête du corps.

Christ a été donné « pour chef à l'Église qui est son corps, lui en qui habite la plénitude du Dieu qui remplit tout en tous » (Éphésiens 1.22-23). L'image de l'Église comme corps de Christ est celle d'un organisme comporte plusieurs membres. « Le corps humain forme un tout, et pourtant il a beaucoup d'organes. Et tous ces organes, dans leur multiplicité, ne constituent qu'un seul corps. Il en va de même pour ceux qui sont unis au Christ » (1 Corinthiens 12.12). Cette image réfute une foi individualiste, égocentrique, qui interprète l'ensemble de la doctrine et de la vie chrétienne à travers le prisme du « moi ». Dans le corps, « l'œil ne saurait dire à la main : je n'ai pas besoin de toi ni la tête aux pieds : je peux très bien me passer de vous » (v. 21). Les parties du corps sont interdépendantes, et toutes sont reliées à Christ, la Tête. Le caractère global de cette illustration ne rejette pas l'existence ou l'importance de la diversité dans le corps. Les différences entre les membres contribuent au bien du corps, et nous apprenons que les membres les plus faibles méritent un respect et une protection particuliers. Tous les membres du corps sont en relation les uns avec les autres et avec Christ, et le corps se caractérise par une forte cohésion. Si la main est séparée de la tête, elle subit un sort pire qu'une simple isolation. Une main coupée perd sa force et son utilité. Une main coupée meurt. Paul développe cette illustration jusqu'à friser l'absurde : « Si tout le corps était un œil, comment ce corps entendrait-il ? Et si tout le corps se réduisait à une oreille, où serait l'odorat ? » (v. 17). La différence qui existe malgré l'unité du corps, la « diversité des dons » (v. 4) donnés par le même Esprit, est essentielle à la vie du corps. L'image de l'Église en tant que corps indique l'unité réelle de l'Église avec Christ. Nous nous identifions à lui aux sens physique et communautaire.

L'image de l'Église comme épouse de Christ est aussi une image de réalité matérielle et d'unité, aussi bien dans la vie des chrétiens que pour l'unité matérielle entre Christ et l'Église. Parlant du nouveau ciel et de la nouvelle terre que décrit le livre d'Apocalypse, l'église est « la ville sainte, la nouvelle Jérusalem, qui descend du ciel, d'auprès de Dieu, belle comme une mariée qui s'est parée pour son époux » (Apocalypse 21.2). L'image de l'épouse est encore plus forte que celle du corps en raison de ce qu'elle implique sur la nature globale et l'unité de l'église. En résumé : Christ possède une seule épouse, pas plusieurs. L'image de l'épouse met en évidence l'amour entre Christ et l'Église. Le mari chrétien doit imiter Christ et aimer sa « femme comme si elle était son propre corps » (Éphésiens 5.28). Ce type d'amour est intime, personnel et quotidien. « Ainsi celui qui aime sa femme s'aime lui-même. Car personne n'a jamais haï sa propre chair ; au contraire, chacun la nourrit et l'entoure de soins, comme le Christ le fait pour l'Église » (vv. 28-30). Ici, l'image se réoriente pour mettre l'accent sur l'unité entre les époux, une unité si forte sur le plan physique que le livre de Genèse, Jésus et la lettre aux Éphésiens utilisent le terme « une seule chair » pour en parler. Cette unité est forte et réelle, elle revêt un caractère physique. Cependant, l'union conjugale ne dissout pas la différence entre les époux. L'épouse reste l'épouse, le mari reste le mari. Le principe d'unité entre Christ et l'Église ne signifie pas que l'Église est devenue Christ, et il importe tout particulièrement de s'en souvenir dans le contexte du péché. Christ est fidèle, mais son épouse, comme celle du prophète Osée, « se vautre dans la prostitution en se détournant de l'Éternel » (Osée 1.2).

Les notes de l'Église

Nous avons jusqu'à présent défini l'Église comme le corps et l'épouse de Christ, elle est de nature corporative et physique. Nous comprenons également que ce corps et cette épouse, le peuple de Dieu, sont destinés à porter un témoignage visible de la grâce de Jésus-Christ. Si nous confrontons tous ces éléments à la triste réalité de l'absence de foi dans l'Église comme conséquence du péché, nous nous retrouvons dans un océan de contradictions. Concevoir l'église comme corps et épouse semble inconciliable avec notre individualisme et notre gnosticisme. Comment pouvons-nous prétendre que l'église est une communauté qui reflète la grâce alors qu'elle est embourbée dans un mal profond ? À mesure que nous examinons la doctrine de l'Église, nous devons résoudre ces contradictions si nous espérons mettre en pratique cette doctrine. Nous ne pouvons pas prétendre que l'Église est le reflet de la vie de ses membres. Nous ne pouvons pas non plus rejeter la doctrine, en agissant comme si nous pouvions exercer la foi chrétienne hors de l'Église. Renoncer au témoignage communautaire et matériel que Dieu attend de l'Église serait une perte considérable. L'ecclésiologie doit être abordée de manière à révéler la vérité sur le péché, mais aussi à révéler la vérité suprême sur Jésus, dont nous sommes le corps et l'épouse.

Le vocabulaire traditionnel sur **les notes de l'Église**[a] nous permet de comprendre certains concepts. Tout comme la marque laissée par la circoncision pour le peuple d'Israël, l'Église doit être composée de personnes qui portent dans leur corps et de manière évidente quatre marques confessées dans le Symbole de Nicée : l'Église est « une, sainte, catholique et apostolique ». Lorsque l'Église est fidèle, nous incarnons ces marques comme un témoignage de la grâce de Christ. Nous devons également admettre les raisons pour lesquelles l'Église ne parvient pas à incarner pleinement sa vocation, notamment lorsque nous cachons

---

a NDT: Traditionnellement, on les appelle les quatre « notes » de l'Église, mais on les appelle aussi « attributs » ou « caractéristiques ». En anglais, l'auteur a choisi le mot « marques » et il est utilisé dans cette section avec le sens de « un indice, un témoignage qui permet d'identifier ou d'attester quelque chose » (Larousse).

L'Église dans un monde pluraliste

La communion des saints

Cet hymne de 1864 composé par William W. How exprime la foi en la communion des saints : tous les membres de l'Église, vivants et morts, sont en communion dans l'unité de Christ. Ici, le mot « saints » ne fait pas référence à des chrétiens en particulier, mais à tous ceux qui sont en Christ.

Pour tous les saints qui au terme de leurs travaux se reposent,
Qui ont confessé publiquement ton nom par la foi.
Que ton nom, ô, Jésus, soit à jamais béni Alléluia ! Alléluia !

Tu as été leur rocher, leur forteresse et leur force,
Toi, Seigneur, leur capitaine dans les combats victorieux ;
Toi, la lumière véritable dans les ténèbres sinistres.

Que tes soldats, fidèles, loyaux et courageux,
Combattent comme les saints qui autrefois combattaient noblement.
Conduis-les à la victoire et à la couronne d'or des vainqueurs !

Oh, communion bénie, communion divine,
Nous luttons faiblement, ils brillent dans la gloire ;
Mais tous sont un en Toi, car tous sont à Toi.

Lorsque le combat est féroce et la guerre longue,
L'oreille entend le chant de triomphe lointain,
Et les cœurs reprennent courage, et les bras reprennent des forces.

Le soir doré s'illumine à l'ouest ;
Bientôt, bientôt, le repos pour les guerriers fidèles.
Doux est le calme du paradis des bienheureux.

Mais voici qu'un jour encore plus glorieux se lève ;
Les saints triomphants se lèvent en ordre brillant ;
Le roi de gloire poursuit son chemin.

Des larges frontières de la terre, de la côte la plus éloignée de l'océan,
À travers des portes de perles afflue l'armée innombrable,
Chantant au Père, au Fils et au Saint-Esprit :
Alléluia ! Alléluia ! [a]

a. *Lutheran Service Book* (St. Louis, MO: Concordia Publishing House, 2006), no. 677.

ou dénaturons les réalités censées nous caractériser. L'Église porte ces quatre marques, toutefois, elle le fait dans un contexte de tension. Ces marques forment la vérité sur l'Église et parfois, nous sommes fidèles à cette vérité. L'Église continuera de porter ses marques de manière partielle et discontinue jusqu'à la venue du Royaume de Dieu dans sa plénitude, dans l'attente du jour où Dieu achèvera son œuvre en faisant de nous l'Église qu'il désire.

Nous allons examiner successivement les quatre notes de l'Église : la nature de ces marques et pourquoi l'Église ne parvient pas à en assurer la visibilité dans le monde. Pour chaque cas, lorsque la marque est fidèlement matérialisée, elle constitue un témoignage de la bonté et de la grâce de Jésus-Christ.

L'unité

L'Église est une. Au regard des disparités de l'Église, l'unité de cette dernière est une vérité ecclésiologique qui est probablement plus difficile à comprendre que la cohésion entre les trois personnes de la Trinité qui ne font qu'une. Très souvent, l'unité de l'Église relève plus de la foi que de la vue, mais cette unité n'en est pas pour autant réduite à néant. En Jean 17, Jésus prie le Père pour la sanctification de l'Église, afin « qu'ils soient tous un » (v. 21). Plusieurs caractéristiques indiquent que ce texte appelle à l'unité de l'Église.

Premièrement, Jésus établit une comparaison entre le Père qui l'a envoyé dans le monde et lui qui nous envoie dans le monde (v. 18). L'Église doit être dans le monde, comme Jésus. Comme si cette comparaison extraordinaire ne suffisait pas, Jésus en établit une autre, encore plus impressionnante, dans laquelle il prie pour que l'unité de l'Église soit semblable à l'unité qu'il partage avec le Père. L'unité trinitaire est la plus parfaite et la plus réelle qui soit, et Jésus veut que l'Église en soit le reflet. Ensuite, Jésus désigne la base sur laquelle l'Église peut espérer être une : la gloire du Père qui nous est donnée par Jésus (v. 22). L'unité, tout comme n'importe quel autre aspect de la sanctification, n'est pas une œuvre que nous pouvons accomplir par nos efforts. L'unité tire son origine de la grâce de Christ. Enfin, Jésus évoque une raison pour expliquer sa prière en faveur de l'unité : l'unité sert à la mission. L'unité de l'Église doit permettre que « le monde puisse reconnaitre » l'amour de Dieu pour le monde à travers l'envoi du Fils par le Père (v. 23). Au sein de l'Église, l'unité fait partie du témoignage visible de la grâce de Jésus-Christ.

La sainteté

Lorsque la grâce de Jésus agit en nous, nous devenons « membres du peuple de Dieu » (Éphésiens 2.19) ; l'Église est la sainte demeure de Dieu, « construit sur le fondement que sont les apôtres, ses prophètes, et dont Jésus-Christ lui-même est la pierre principale. En lui toute la construction s'élève, bien coordonnée, afin d'être un temple saint dans le Seigneur, et, unis au Christ, vous avez été intégrés ensemble à cette construction pour former une demeure où Dieu habite par l'Esprit. » (vv. 20-22). La sainteté de l'Église n'est pas toujours plus évidente que son unité, mais elle est tout aussi importante pour notre vocation. Car, Paul déclare : « Christ a aimé l'Église, et s'est livré lui-même pour elle, afin de la sanctifier par la parole, après l'avoir purifiée par le baptême d'eau, afin de faire paraître devant lui cette Église glorieuse, sans tache, ni ride, ni rien de semblable, mais sainte et irrépréhensible » (Éphésiens 5.25-27).

Tout comme l'unité, la sainteté, n'est pas le fruit des efforts ou du travail d'un individu. C'est un don de la grâce de Christ, don que l'Église reçoit grâce à la puissance du sacrifice de Jésus. Pierre établit lui aussi un lien entre la sainteté et la grâce lorsqu'il exhorte les membres de l'Église en ces termes : « Mettez toute votre espérance dans la grâce qui vous sera accordée le jour où Jésus-Christ apparaîtra. Tout comme celui qui vous a appelés est saint, soyez saints dans tout votre comportement » (1 Pierre 1.13, 15). Nous avons été « appelés à mener une vie sainte. Et s'il l'a fait, ce n'est pas à cause de ce que nous avons fait, mais bien parce qu'il en avait librement décidé ainsi, à cause de sa grâce » (2 Timothée 1.9). La sainteté n'est pas le fruit des œuvres, mais de la grâce, cette affirmation est loin d'être intuitive, c'est une vérité. L'Église qui incarne le peuple de Dieu doit intégrer cette vérité, après avoir essayé, et échoué, à obtenir la sainteté par ses propres moyens, elle doit se soumettre à la puissance de l'Esprit.

L'Église que Jésus affectionne est la communauté créée par le Saint-Esprit, le sanctificateur qui partage sa sainteté avec nous. Le peuple de Dieu, rempli de l'Esprit, doit « Adorer l'Éternel dans l'éclat de sa sainteté ! Vous, gens du monde entier, tremblez devant sa face ! » (Psaume 96.9). L'expression « l'éclat de sa sainteté » souligne la dimension majestueuse de la sainteté, la conviction que la splendeur de l'amour de Dieu est extraordinaire. De même, cette expression indique la beauté magnétique de la sainteté. La regarder, même si elle brûle, c'est ne jamais vouloir détourner le regard. La sainteté de Dieu pousse le psalmiste à chanter : « nul n'est semblable à toi ! Aucun ne pourrait faire ce que toi, tu as fait, et toutes les nations que tu as faites viendront se prosterner devant toi, ô, Seigneur : elles te rendront gloire. Car tu es grand, et tu fais des merveilles ! Tu es le seul vrai Dieu ! » (Psaume 86.8-10). Dieu est la seule norme de sainteté, et pour que l'Église soit sainte, elle doit être semblable à Dieu. Lorsque l'Église est sainte, les marques de l'amour de Dieu sont une évidence pour le monde.

La catholicité

Le mot *katholikos* désigne le caractère de ce qui est universel et global. L'Église universelle est l'Église du monde entier à travers le temps, dans

Pratiquer la doctrine chrétienne

cette logique la catholicité est étroitement liée à l'œcuménisme. L'Église universelle, comme le souligne la résolution du concile de Jérusalem, accueille avec grâce tous les peuples, toutes les nations, toutes les races et toutes les cultures. La complétude de l'église inclut toutes ces caractéristiques et bien plus encore. Une église globale est une église complète. Elle n'est pas dépourvue des éléments nécessaires au peuple de Dieu. La catholicité de l'église n'est pas seulement une question de répartition ; c'est aussi une question de plénitude, de santé et de fidélité de l'Église. L'Église universelle détient et partage les nombreux dons de Dieu, des dons qui nous nourrissent pour être un témoignage visible et matériel dans le monde. Ces dons, essentiels à la complétude et à la santé de l'Église, comprennent de nombreuses richesses : la prédication, l'enseignement, la doctrine, l'adoration, la communion, le baptême, le leadership, le service, l'évangélisation, et bien plus encore.

L'Église catholique (unviserselle) est l'Église complète et saine des Actes des Apôtres.

> Ils persévéraient dans l'enseignement des apôtres, dans la communion fraternelle, dans la fraction du pain, et dans les prières. La crainte s'emparait de chacun. Et il se faisait beaucoup de prodiges et de miracles par les apôtres. Tous ceux qui croyaient étaient dans le même lieu, et ils avaient tout en commun. Ils vendaient leurs propriétés et leurs biens, et ils en partageaient le produit entre tous, selon les besoins de chacun. Ils étaient chaque jour tous ensemble assidus au temple, ils rompaient le pain dans les maisons, et prenaient leur nourriture avec joie et simplicité de cœur, louant Dieu, et trouvant grâce auprès de tout le peuple. Et le Seigneur ajoutait chaque jour à l'Église ceux qui étaient sauvés. (Actes 2.42-47)

L'Église catholique est l'église œcuménique de l'Apocalypse.

> Après cela, je vis une foule immense, que nul ne pouvait dénombrer. C'étaient des gens de toute nation, de toute tribu, de tout peuple, de toute langue. Ils se tenaient debout devant le trône et devant l'Agneau, vêtus de tuniques blanches et ils avaient à la main des branches de palmiers. Ils proclamaient d'une voix forte : le salut appartient à notre Dieu qui siège sur le trône, et à l'Agneau. (Apocalypse 7.9-10)

Comme toutes les marques de l'église, la catholicité est un don de la grâce, et lorsque l'Église est fidèle à sa catholicité, elle contribue à notre témoignage visible et matériel de la grâce de Dieu dans le monde. L'Église

L'Église dans un monde pluraliste

> ### L'autorité apostolique dans les contextes protestant et catholique
>
> L'ecclésiologie protestante et l'ecclésiologie catholique offrent des interprétations différentes de l'apostolicité de l'Église. Les protestants situent l'autorité apostolique principalement dans la Bible. Les catholiques établissent cette autorité aussi bien dans la Bible que dans la transmission fidèle de la tradition apostolique à travers les siècles au sein de l'église. L'autorité apostolique est liée à la **succession apostolique**, c'est-à-dire la lignée des dirigeants de l'Église dont l'autorité remonte directement à Pierre et à Jésus. La doctrine catholique romaine de la **papauté** confère l'autorité apostolique au pape, qui, en tant qu'évêque de Rome est le successeur de Pierre dans l'Église. Lorsque Pierre a confessé que Jésus est « le Messie, le Fils du Dieu vivant » (Mattieu 16.16), Jésus a répondu : « Tu es heureux, Simon, fils de Jonas, car ce n'est pas de toi-même que tu as trouvé cela. C'est mon Père céleste qui te l'a révélé. Et moi, je te déclare : tu es Pierre, et sur cette pierre j'édifierai mon Église, contre laquelle la mort elle-même ne pourra rien. » (Mattieu 16.17-18). Les chrétiens protestants et catholiques interprètent ce passage de différentes manières. Les catholiques considèrent que Pierre (dont le nom signifie « rocher »), sur lequel sera bâtie l'église, est le premier pape. Les protestants considèrent que le rocher en question est la confession de Pierre sur l'identité et la seigneurie de Christ, un résumé de l'enseignement apostolique qui deviendra le message du Nouveau Testament.

constitue un tel témoignage parce qu'elle annonce la nature universelle du salut par la grâce et parce qu'elle offre à ceux qui voient et entendent cette Bonne nouvelle, les bons dons de l'Église dans sa riche intégralité.

L'apostolicité

Nous avons déjà vu la marque finale de l'Église dans la discussion sur la relation entre les Saintes Écritures et la tradition et sur la nature des Saintes Écritures au chapitre 2. L'Église **apostolique** est la même Église que celle des apôtres. L'apostolicité est une question d'autorité et de vérité, et les apôtres tirent leur autorité du fait qu'ils ont été témoins oculaires de Jésus (2 Pierre 1.16). L'Église enseigne la foi apostolique, une saine doctrine qui est fidèle à l'Évangile de Jésus-Christ. L'apostolicité est un don de la grâce, et la vérité est un don de Dieu. Lorsque l'Église est fidèle dans l'apostolicité, elle peut être un véritable témoin de la grâce de Christ.

Pratiquer la doctrine chrétienne

La fidélité de Dieu malgré nos défaillances

Les notes de l'Église (l'unité, la sainteté, la catholicité et l'apostolicité) reflètent les valeurs réelles de l'Église, de même que l'image de Dieu reflète les valeurs que les êtres humains doivent posséder. Dieu a bien voulu que l'Église soit la communauté qui incarne ce type de témoignage visible à bien des égards.

1. Dans un monde en proie aux dissensions, l'unité de l'Église est un témoignage attestant de l'amour du Père qui a envoyé son Fils dans le monde. Le Corps de Christ, lorsqu'il connait une profonde unité, reflète la relation du Fils avec le Père, qui ne font qu'un.

2. Dans un monde corrompu, la sainte Église est un témoin qui présente au monde l'alternative à la corruption, en occurrence la beauté et la bonté de la sainteté de Dieu.

3. Dans un monde caractérisé par le racisme, l'élitisme, le classisme et le nationalisme, l'Église catholique est un témoignage qui concrétise une réalité dans laquelle « toutes les tribus, tous les peuples et toutes les langues » (Apocalypse 7.9) sont accueillies comme membres de la famille de Dieu, accueillies dans l'unité d'une église qui chérit les singularités et les différences.

4. Dans un monde caractérisé par le vide et les désirs insatisfaits, l'Église universelle dresse une table familiale où les membres sont nourris des bienfaits de Dieu.

5. Dans un monde rempli de mensonges, l'Église apostolique est un témoin qui révèle la vérité sur Dieu, en proclamant la Bonne nouvelle de la grâce de Jésus-Christ.

L'Église a souvent dénaturé ces marques, avec des conséquences dramatiques. Trop souvent, l'Église devient une triste caricature du modèle qu'elle est censée représenter. L'unité laisse place à la lutte pour le pouvoir ou se transforme en une discorde sans fin. La sainteté est déformée en une justice de soi, et la catholicité cède le pas à un esprit provincial ou impérial. Tandis que l'apostolicité devrait témoigner de la vérité, on assiste à un témoignage qui reflète nos péchés et nos mensonges. Nous connaissons parfaitement les conséquences de la substitution de la division à l'unité, du péché à la sainteté, de la séparation et de

L'Église dans un monde pluraliste

l'insularité à la catholicité, de l'infidélité et du mensonge à l'apostolicité. Nous savons également que cette attitude peut détruire le témoignage de l'Église, transformant la communauté qui doit être aussi convaincante que l'amour de Christ en une entité répugnante.

Cependant, l'Église ne peut être définie par le péché, car l'Église ne nous appartient pas. L'Église existe par la grâce, et la fidélité se manifeste dans cette grâce. De ce côté du nouveau ciel et de la nouvelle terre, ce témoignage est partiel et incomplet. Parfois, nous l'entrevoyons pour ensuite le voir disparaitre. Néanmoins, ce témoignage est réel, un avant-goût de la réalité de l'Église aux noces de l'agneau. Dieu utilise l'Église, malgré ses défaillances, pour rendre témoignage de la guérison qui réside en Christ. Nous devons aimer l'Église, être l'Église, en dépit des difficultés, même lorsque ses marques sont difficiles à percevoir, car Dieu a choisi d'agir dans le monde à travers la sainte Église, même si celle-ci possède ses faiblesses.

Lorsque nous représentons l'Église dans le monde, avec amour, nous avons l'assurance que la bonté qui se manifeste à travers l'Église vient de Dieu ; par conséquent, les faiblesses de l'homme ne peuvent l'effacer. Augustin a assimilé cette leçon en pleine **controverse donatiste**. Les donatistes souhaitaient une église pure et exigeaient la sainteté de leurs dirigeants. Ils s'opposaient à une possible repentance et réintégration des personnes qui avaient trahi l'église. Les donatistes ont donc formé une église séparatiste. Pour Augustin, évêque de la ville nord-africaine d'Hippone Regis, il s'agissait d'un schisme, d'une atteinte à l'unité du corps de Christ. Augustin chérissait l'importance du témoignage visible et matériel de l'Église, un témoignage qui nécessite une Église visible et matérielle, mais il était confronté à des questions pastorales qui nécessitaient une certaine flexibilité de son ecclésiologie. Si un donatiste devait reconnaitre l'erreur du schisme et se présenter à Augustin pour devenir membre de son Église, que ferait-il des actes de l'église donatiste posés dans la vie de ce nouveau pénitent dans le passé ?

La question ecclésiologique portait sur les modalités du baptême. Augustin accepterait-il la validité d'un baptême schismatique ? Une personne qui avait été baptisée par les donatistes devait-elle être baptisée à nouveau ? La réponse d'Augustin, qui découlait de sa théologie de la grâce, allait façonner l'ecclésiologie pour toujours : « Nous agissons avec sagesse, nous qui n'osons pas répudier les sacrements de Dieu, même lorsqu'ils sont administrés dans le schisme. »[197] Remarquez qui Augustin nomme comme agent de ces sacrements schismatiques : Dieu. Parce que l'œuvre de l'Église est l'œuvre de Dieu, elle ne peut être renversée par l'erreur humaine. Parce que les bonnes œuvres de l'église relèvent de la grâce, notre iniquité ne peut les annuler. Si Augustin refusait l'authenticité du baptême séparatiste, il tomberait dans les travers de l'erreur donatiste, consistant à croire que la valeur de l'Église se fonde sur les actes des êtres humains et non sur la grâce de Dieu. L'ecclésiologie d'Augustin est une ecclésiologie de la grâce. Bien qu'il soit consterné par le schisme, il fait confiance à la grâce de Dieu. Il nie la possibilité de créer une église pure par le truchement de la pensée humaine, et enseigne au contraire que l'église, de ce côté du ciel, est un mélange, rempli à la fois du blé et de la mauvaise herbe mentionnés dans la parabole de Jésus. Même si l'ennemi a semé la mauvaise herbe parmi la bonne semence du maitre, les serviteurs ne doivent pas arracher la mauvaise herbe de peur « d'arracher le blé en même temps » (Matthieu 13.29). Au contraire, nous devons « laisser pousser les deux ensembles jusqu'à la moisson » (v. 30). La tâche de séparer la justice de l'iniquité incombe à Dieu, pas à nous.

Être un témoin malgré les défaillances

L'ecclésiologie nous enseigne à vivre fidèlement en tenant compte de deux réalités conflictuelles. Premièrement, l'église visible est importante, et deuxièmement, dans un monde marqué par le péché, l'Église immaculée n'existe pas. La première vérité est doctrinale. Sachant que le corps et le monde matériel sont des œuvres issues de la bonté et de l'amour de Dieu, nous ne pouvons pas promouvoir une ecclésiologie gnostique, qui confine l'Église au domaine de l'invisible et du spirituel. L'Église est invisible et spirituelle, mais elle est aussi visible et matérielle. Dieu s'en sert pour porter un témoignage dans l'aspect visible et matériel de la création. Comment l'Église peut-elle faire connaître la grâce de Dieu si elle ne peut être vue et touchée ? Considérant la définition fondamentale de l'Église qui est un peuple, présenté comme le corps et l'épouse de Christ, l'église visible a pour mission de contester toute forme d'individualisme. Les interprétations individualistes de la foi sont liées aux interprétations gnostiques, car l'individualisme peut servir de moyen additionnel pour conserver les questions relatives à la foi en toute sécurité dans le domaine de l'invisible : le cœur de l'individu. Une église qui vit dans les cœurs est bien moins menaçante qu'une église visible, matérialisée. C'est également un témoignage bien moins efficace. Dieu utilise le caractère communautaire de l'église pour apporter un témoignage aux personnes qu'il a créées pour être en relation. Nous ne devons pas, même en situation de détresse, renoncer à l'église visible.

Cependant, la voie à suivre ne consiste pas à nier les défaillances de

> ## L'église et la réconciliation
>
> Emmanuel Katongole, un théologien ougandais et Chris Rice, un Américain engagé dans la lutte contre le racisme, ont abordé l'ecclésiologie dans le contexte des maux et des souffrances causés par la division raciale lors du génocide rwandais et de l'héritage de l'esclavage aux États-Unis. Ensemble, Katongole et Rice ont publié un ouvrage sur la réconciliation et l'ecclésiologie.
>
>> Le problème du christianisme individualiste se résume à une approche que nous appelons « réconciliation sans mémoire », une approche qui ne tient pas compte des blessures du monde et qui proclame la paix alors qu'elle est absente (voir Jérémie 8.11). Ce type de christianisme superficiel ignore les spécificités locales et leur expérience en matière de traumatisme, de division et d'oppression. Il délaisse rapidement le passé et se lance avec assurance à la recherche d'un nouvel avenir. La réconciliation comme moyen d'évacuation détache l'Évangile des réalités sociales et abandonne ce monde trouble aux agences sociales et aux gouvernements. Il en découle une théologie dualiste et une vie de disciple superficielle qui établit une séparation entre le salut individuel et la transformation sociale. [a]
>
>> La représentation d'une église divisée, à genoux, dont les membres se lavent les pieds les uns les autres, indique une communion qui transcende la race, la tribu, la nation et la dénomination. La mission première de l'Église dans la réconciliation n'est pas de servir de médiateur, mais de montrer la voie qui conduit hors du conflit. La création nouvelle nous oriente vers un mode alternatif de vie commune qui transcende les divisions radicales. Telle est la nature et l'essence même de l'Église : exister comme symbole d'une réalité supérieure à elle-même. L'Église ne prétend pas être la nouvelle réalité. La mission de l'Église est de montrer le chemin vers cette réalité qui nous dépasse. [b]
>
> a. Emmanuel Katongole and Chris Rice, *Reconciling All Things: A Christian Vision for Justice, Peace and Healing* (Downers Grove, IL: InterVarsity, 2008), 28.
> b. Ibid., 111-12.

l'Église. Certains récits ecclésiologiques relatent l'histoire d'une église immaculée. Jadis, selon l'histoire, l'église était exactement ce qu'elle était censée être ; malheureusement, la pureté de cette église a été perdue, et la seule solution est de retourner à cette pureté (que ce soit celle de l'église biblique, de l'Église primitive, de l'Église catholique romaine ou de l'église séparatiste). Cette histoire est poignante, car elle offre une solution à nos problèmes ecclésiologiques : retourner vers la bonne église. De nombreux chrétiens sont persuadés que seule cette ecclésiologie est capable de rendre compte de l'importance de l'église visible. Nous ne partageons pas cet avis pour trois raisons. Tout d'abord, l'ecclésiologie de la pureté ne tient pas compte des défaillances de l'église et passe sous silence les manifestations de ces défaillances dans l'histoire de l'église. Deuxièmement, la puissance de Dieu est suffisante pour créer l'unité visible de l'église, en dépit des défaillances. Finalement, les défaillances de l'église sont cruciales pour la beauté de son témoignage. Si nous ne reconnaissons pas ces défaillances en toute honnêteté, notre témoignage de la grâce est impossible.

Il n'existe pas d'Église immaculée vers laquelle nous pourrions revenir, car l'histoire de l'Église se situe dans la période comprise entre la première et la seconde venue de Jésus, une période dans laquelle nous sommes sans cesse confrontés aux conséquences du péché. Dès le début de son existence, l'Église portait déjà des signes de tension. Dieu faisait de nous un peuple uni, saint, catholique et apostolique, et pourtant, nous souillions déjà ces valeurs. Ressentez la douleur contenue dans les paroles de Paul à l'église de Corinthe :

> Car j'ai pour vous un amour qui ne tolère aucun rival et qui vient de Dieu lui-même. Je vous ai, en effet, fiancés à un seul époux pour vous présenter au Christ comme une jeune fille pure. Or, j'ai bien peur que vous laissiez votre esprit se corrompre et se détourner de votre attachement sincère et pur au Christ, comme Ève s'est laissé séduire par le mensonge tortueux du serpent. Si quelqu'un vient vous annoncer un autre Jésus que celui que nous avons prêché, vous le supportez fort bien ! Vous supportez bien, aussi, de recevoir un autre esprit que celui que vous avez reçu, ou un autre évangile que celui que vous avez accepté. (2 Corinthiens 11.2-4)

Le discours de Paul adresse toutes les marques de l'Église. L'épouse est déjà victime de dissensions, de corruption, de disparités au sein de l'église et de rejet de l'enseignement apostolique. Les récits du Nouveau Testament sur l'Église primitive sont truffés d'exemples similaires.

L'histoire de l'église post-biblique n'est pas non plus synonyme de pureté et d'unité parfaite. Je vais citer quelques exemples, mais nous pourrions en citer bien plus. La légalisation du christianisme par l'empereur Constantin (313 ap. J-C) a engendré des conséquences dramatiques sur l'appartenance à l'Église. Auparavant, rejoindre le corps de Christ pouvait très bien conduire à la mort en martyr. Après Constantin, l'église est devenue un moyen d'accéder au pouvoir étatique. Le terme **« constantinisme »** est utilisé pour désigner la collusion de l'église avec l'état et sa corruption, l'échange par l'épouse, de l'amour de Christ contre le pouvoir et les richesses du monde. Certaines églises n'ont pas accepté le Concile de Chalcédoine (451), entraînant une scission entre les églises chalcédoniennes (aujourd'hui les églises orthodoxes orientales et

L'Église dans un monde pluraliste

l'Église catholique romain) et les églises non chalcédoniennes (coptes, syriennes, arméniennes et éthiopiennes). Compte tenu des ambiguïtés du Concile de Chalcédoine, les débats œcuméniques actuels suggèrent que cette scission est davantage fondée sur un malentendu que sur un désaccord doctrinal de fond ; néanmoins, il s'agit d'une véritable rupture de l'unité. Le schisme de 1054 a séparé les quatre Églises d'Orient (les orthodoxes) et celle de l'Occident (les catholiques). Lors du Grand schisme d'Occident (qui s'est achevé en 1417), des candidats concurrents à la papauté ont divisé l'église, et le catholicisme a connu un pape siégeant à Avignon et un autre à Rome. La séparation entre le protestantisme et le catholicisme lors de la Réforme (16ᵉ siècle) a été précédée par de nombreuses dissensions et divisions, ainsi que des abus dans l'église et des tentatives de réforme. L'histoire de la division politique et doctrinale au sein de l'église est une toute petite pilule à avaler comparée à l'histoire amère et profonde des abus dans l'église : conquête du pouvoir, coups de poignard dans le dos, adultère et meurtre, chrétiens brûlant des chrétiens sur le bûcher, croisade, inquisition et colonialisme, abus émotionnels, spirituels et sexuels. Ignorer ces éléments constitue une injustice et une contre-vérité, sachant qu'il ne s'agit là que de quelques-uns des moments les plus marquants de l'histoire de l'église, qui n'a jamais été irréprochable. Nous le reconnaissons, non par pur pessimisme ou pour rejeter l'église, mais pour tenter de dire la vérité dans l'ecclésiologie.

Tout en nous efforçant de nous intégrer dans l'unité de l'Église, nous apprenons que Dieu est assez puissant pour réaliser l'unité malgré les déchirures. Nos pratiques ecclésiologiques doivent intégrer la leçon qu'Augustin a apprise lors de la controverse donatiste. L'Église appartient à Dieu et non aux hommes. L'Église est fondée sur la grâce et non sur les œuvres. En dépit de nos faiblesses, notamment en raison de ces faiblesses, Dieu crée et recrée l'église visible dans le monde. Il existe deux modèles principaux pour concevoir l'unité de l'église dans un contexte de crise. Le premier situe cette unité dans la connexion du corps à une racine commune, qui est la mort et la résurrection de Jésus ; le second trouve l'unité dans la pratique fidèle. Lorsque nous combinons ces deux modèles, nous avons une alternative puissante à l'ecclésiologie de la pureté. Ensemble, notre connexion historique commune avec Jésus, ainsi que notre fidélité commune nous confèrent une ecclésiologie pour une église visible, unie et tangible, qui s'engage fidèlement à la grâce en dépit des défaillances.

L'unité du corps se trouve en Christ. Nous pouvons relater notre unité sur la base d'un lien historique partagé avec notre tête. Le mot historique ici ne signifie pas « dans un passé lointain ». L'unité historique de l'Église en Jésus est une unité qui relie le passé au présent, car l'Église vit comme le corps de Christ dans le monde. Ce corps prend une forme spécifique, concrète, historique, d'où la présence d'une diversité. Les parties du corps qui s'étendent dans le monde entier s'adaptent à leur environnement. Nous ne pouvons pas interpréter les différences qui existent au sein de l'Église selon les époques, les cultures et les lieux comme étant uniquement dues aux défaillances de l'Église. Il faut aussi y voir une adaptation saine et appropriée à la diversité d'un monde que Dieu aime. Si nous nous représentons l'Église comme un grand arbre, dont chaque branche est organiquement reliée à sa racine en Christ, nous pouvons distinguer les différentes branches de cette Église dans leur unité et leur diversité.[198] Ce modèle d'ecclésiologie est plus fort lorsqu'il est associé à un modèle qui trouve l'unité dans la fidélité, car la fidélité rend visible le lien vivant de l'Église avec Christ.

Lorsque l'ecclésiologie est axée sur les activités de l'Église, l'unité du corps est visible dans nos vies en tant que peuple de Dieu. Pour Luther, l'Église existe lorsque nous prêchons fidèlement la Parole et appliquons les sacrements. Luther déclare : « Partout où vous entendez ou voyez cette Parole prêchée, acceptée, professée et appliquée, ne doutez pas que la véritable *ecclesia sancta catholica*, 'un peuple chrétien saint', s'y trouve. »[199] L'Église existe lorsque l'Évangile est proclamé, lorsque les nouveaux chrétiens sont « ensevelis avec » Christ (Romains 6.4) par le baptême, et lorsque la famille de Dieu est nourrie à la table de communion. C'est l'unité visible, matérielle : écoutez la Parole prêchée. Ressentez l'eau qui coule sur votre visage. « Goûtez et constatez » (Psaume 34.8) que l'Éternel est bon !

Ce type de pratique visible et unie renforce et nourrit le corps pour un deuxième type de pratique identifiée par de nombreux ecclésiologues contemporains qui considèrent que l'Église existe lorsque nous sommes fidèles à la mission. La foi chrétienne est une foi missionnaire, et l'Église chrétienne est une Église missionnaire. Le Seigneur ressuscité a envoyé son peuple en mission, « Allez dans le monde entier, annoncez la Bonne Nouvelle à tous les hommes » (Marc 16.15). Après avoir mangé un morceau de poisson (Luc 24.43), un rappel physique de sa victoire corporelle sur la mort, Jésus a rappelé à ses disciples l'histoire de ses souffrances, de sa mort et de sa résurrection, l'Évangile de « la repentance et du pardon des péchés » (v. 47). Jésus a déclaré que cet Évangile doit être proclamé « aux hommes de toutes les nations, en commençant par Jérusalem. Vous êtes les témoins de ces événements » (vv. 47-48). L'Église est ce témoin et doit assumer son rôle. La puissance de l'Esprit nous rend « témoins à Jérusalem, dans toute la Judée et la Samarie, jusqu'au bout du monde » (Actes 1.8). L'obéissance fidèle à la mission, comme l'obéissance à la Parole et au sacrement sont visibles et tangibles dans le monde. Lorsque les branches de l'Église portent ce bon fruit, nous avons la preuve de leur unité avec Christ. Lorsque les branches portent du fruit, l'Église est un témoin fidèle, qui peut être vu et touché, qui peut nourrir un monde affamé. Les fruits que nous portons sont des dons de la grâce, et la sainteté de l'Église découle de la grâce. L'unité de l'Église est l'œuvre du Dieu trinitaire, actif parmi les pécheurs, il nous transforme en un beau témoignage.

L'unité et la diversité dans une église mondiale

Notre témoignage est une réalité mondiale. Le théologien Samuel Escobar célèbre la position concrète et spéciale de l'Évangile dans différents contextes culturels. Escobar déclare : « Partout dans le monde, les hommes et les femmes s'approprient Jésus, et les artistes d'hier et d'aujourd'hui l'ont prouvé en représentant Jésus dans leurs cultures. À ce point de l'histoire, l'église mondiale est plus proche que jamais de la vision du prophète de l'Apocalypse. »[200] Cette vision glorieuse décrit « une foule immense, que nul ne pouvait dénombrer. C'étaient des gens de toute nation, de toute tribu, de tout peuple, de toute langue. Ils se tenaient debout devant le trône et devant l'Agneau, vêtus de tuniques blanches et ils avaient à la main des branches de palmiers » (Apocalypse 7.9). L'unité, la sainteté, la catholicité et l'apostolicité de l'Église (l'œuvre de Dieu malgré nos défaillances) sont aussi une réalité mondiale. Par conséquent, nous devons appliquer l'ecclésiologie en tenant compte que dans le Royaume de Dieu, la diversité va de pair avec l'unité.

La croissance de l'Église dans le monde est stupéfiante, notamment en dehors de l'Europe et de l'Amérique du Nord. Philip Jenkins évoque cette tendance, qu'il décrit comme « un puissant mouvement vers le sud ». Jenkins prévoit qu'en 2050, il existera six pays comptant 100 millions de chrétiens ou plus, et « un seul pays fait partie du monde industrialisé actuel, à savoir les États-Unis ». L'Église prospère en Afrique subsaharienne, Jenkins qualifie cette région de « principal foyer chrétien. »[201] Les églises des « anciens » foyers chrétiens ne peuvent ignorer l'église mondiale. Procéder ainsi reviendrait à violer l'unité, la sainteté, la catholicité et l'apostolicité et à aller à l'encontre de notre nature de témoins de la grâce de Christ. Timothy Tennent déclare : « Une théologie vivante ne peut pas exister dans un milieu hermétiquement clos, dans une ignorance totale des défis culturels et contextuels de notre monde. »[202] Tennent considère l'église mondiale comme un organisme de service mutuel, dans la mesure où nous apportons les questions théologiques et les problèmes concrets de chaque contexte à la table commune à toute l'Église, nous écoutons les autres et nous recherchons ensemble la fidélité.

La spécificité et le contexte sont inhérents à la beauté et à l'unité du corps de Christ. Une église contextuelle n'est pas synonyme d'échec. L'échec survient lorsque nous essayons d'imposer à tous les contextes des éléments relatifs à un seul contexte (des éléments qui ne font pas partie de l'héritage apostolique et commun de l'église). Toutes les églises sont contextuelles, et chaque contexte présente des forces et des dons particuliers, ainsi que des tentations et des faiblesses caractéristiques. En raison de la diversité de l'Église, nous nous adressons les uns aux autres pour une correction mutuelle. Voir les aspects contextuels de la foi dans une autre culture signifie souvent que nos yeux s'ouvrent sur les aspects contextuels de la foi dans notre propre culture. Apprendre des autres parties du corps peut apporter une vision nouvelle à une partie de notre propre contexte, nous aidant à voir si cette partie est bonne et belle ou si elle est contraire à l'Évangile. Les membres de l'Église recherchent cette fidélité ensemble, comme un peuple qui a dû « naître d'eau, c'est-à-dire d'Esprit » (Jean 3.5) et qui est nourri dans l'église comme la maison de Dieu.

Une église qui enfante et nourrit

Cette naissance et cette croissance se produisent lorsque nous recevons les dons que Dieu a placés dans la vie de l'Église. Parmi ces dons, les **sacrements** occupent une place particulière. Un sacrement est un signe visible de la grâce spirituelle. Dans les sacrements, il existe un lien entre la création visible, matérielle et la grâce de l'Esprit. S'agissant de la table du Seigneur, les signes visibles sont le pain et la coupe. S'agissant du baptême, l'eau représente le signe visible. L'Église est composée d'êtres humains, des créatures psychosomatiques qui apprennent par la vue, le goût, le toucher, l'ouïe et l'odorat. Dieu est un Dieu de bonté qui rencontre les hommes dans leur environnement, en utilisant les éléments de la création (tels que le pain et l'eau) à des fins spirituelles.

Les sacrements possèdent trois caractéristiques communes : (1) ils sont tangibles, (2) ils sont universels, et (3) Dieu a formulé des promesses gracieuses à leur sujet. Le baptême possède ces trois caractéristiques. Nous pouvons toucher l'eau. Le baptême est une pratique

L'Église dans un monde pluraliste

universelle et publique de l'Église. À travers le baptême, Dieu a promis d'agir, et comme Dieu est fidèle à cette promesse, nous recevons la grâce. Parfois, les chrétiens, fascinés par la possibilité que Dieu utilise la création à des fins sacrées, se mettent à considérer tout objet matériel comme un sacrement. Certes, il est possible que de nombreuses entités revêtent un caractère sacramentel ou ressemblent à un **sacrement**, mais ce type de raisonnement qui considère la création dans sa globalité comme un sacrement omet un élément capital : les sacrements comportent une dimension communautaire et relèvent d'une promesse. L'Église est une entité communautaire, il importe que les dons les plus importants de la vie de l'Église aient une signification pour chaque personne, mais aussi pour l'ensemble du corps de Christ. Il est également important que l'ensemble du corps de Christ ait accès à ces dons. Enfin, la Parole de Dieu doit contenir des promesses concernant les sacrements, des promesses qui ne sont pas liées à tout ce qui est matériel.

Les branches de l'Église diffèrent quant aux pratiques qui sont reconnues comme des sacrements. L'église catholique romaine identifie sept sacrements : (1) le baptême, (2) la communion (également appelée **eucharistie**, qui vient du mot grec signifiant rendre grâce), (3) la pénitence et la réconciliation, (4) la confirmation, (5) le mariage, (6) les ordres sacrés ou l'ordination, et (7) l'onction des malades (le sacrement qui était autrefois appelé derniers sacrements ou extrême-onction). L'église orthodoxe orientale reconnaît elle aussi ces sept sacrements, mais sans en restreindre la liste au nombre de sept. Durant et après la Réforme, les églises protestantes ont décidé de ne reconnaitre que deux sacrements : le baptême et la communion.

Plusieurs raisons expliquent cette démarche des protestants. Premièrement, les abus du catholicisme romain de la fin du Moyen Âge ont incité les réformateurs protestants à reconsidérer la théologie des sacrements. La deuxième raison découle du principe protestant de *sola scriptura*. Les protestants acceptent un grand nombre de pratiques reconnues comme des sacrements par les catholiques, mais les protestants réservent exclusivement au baptême et à la communion le concept spécial de sacrement, car ces deux pratiques sont des commandements de Jésus pour l'église. À la fin de l'Évangile selon Matthieu, Jésus dit aux disciples : « allez donc faites des disciples parmi tous les peuples, baptisez-les au nom du Père, du Fils et du Saint-Esprit » (Matthieu 28.19). Avant sa crucifixion, Jésus a partagé du pain à ses disciples avant de leur déclarer : « Faites cela en souvenir de moi » (Luc 22.19). La théologie protestante met également l'accent sur le **sacerdoce de tous les chrétiens**

Pratiquer la doctrine chrétienne

(1 Pierre 2.9) et limite donc les sacrements aux pratiques ecclésiastiques qui concernent tous les chrétiens. Les protestants se marient et peuvent effectivement considérer le mariage comme un sacrement, mais ces derniers ne considèrent pas le mariage comme un sacrement parce que cette pratique n'est pas accessible à tous les chrétiens du monde entier et parce que le mariage n'est pas un commandement de Christ pour l'Église. Le baptême constitue le sacrement de la nouvelle naissance, et la communion constitue le sacrement de la vie chrétienne. Les eaux du baptême symbolisent les eaux de la naissance. Ces eaux évoquent également une tombe aqueuse, dans laquelle nous sommes « unis » à Jésus « par une mort semblable à la sienne », comme prélude à notre nouvelle vie en Christ, une vie qui commence « par une résurrection semblable à la sienne » (Romains 6.5). Le baptême est lié, en tant que signe de la nouvelle naissance, à la repentance et au pardon des péchés. Dès la naissance, nous devons être nourris régulièrement, le pain et la coupe de la communion représentent cette alimentation. La communion nous relie aux paroles de Christ en Jean 6.

> Oui, vraiment, je vous l'assure : si vous ne mangez pas la chair du Fils de l'homme et si vous ne buvez pas son sang, vous n'aurez point la vie en vous. Celui qui se nourrit de ma chair et qui boit mon sang a la vie éternelle, et moi je le ressusciterai au dernier jour. Car ma chair est vraiment une nourriture et mon sang est vraiment un breuvage. Celui qui mange ma chair et boit mon sang demeure en moi, et moi je demeure en lui. Le Père qui m'a envoyé à la vie en lui-même, et c'est lui qui me fait vivre ; ainsi, celui qui se nourrit de moi vivra lui aussi par moi. C'est ici le pain descendu du ciel. Il n'est pas comme celui que vos ancêtres ont mangé ; eux, ils sont morts ; mais celui qui mange ce pain-ci vivra pour toujours. (Jean 6.53-58)

Les dons de Dieu, la nouvelle naissance et la croissance dans la foi qui sont associées à ces dons forment pour les chrétiens une unité visible et spirituelle. « Il y a un seul Seigneur, une seule foi, un seul baptême, un seul Dieu et Père de tous qui règne sur tous, qui agit par tous et qui est en tous » (Éphésiens 4.5-6). Par la grâce de Dieu « Comme il n'y a qu'un seul pain, nous tous, malgré notre grand nombre, nous ne formons qu'un seul corps, puisque nous partageons entre tous ce pain unique » (1 Corinthiens 10.17). L'absence d'interprétation unanime du fonctionnement de l'action de Dieu dans les sacrements n'annule pas la grâce par laquelle nous partageons le pain et l'eau. Dans la théologie protestante, il existe un éventail d'interprétations des sacrements. D'un côté se trouve

L'Église dans un monde pluraliste

Martin Luther, qui a formulé de nombreuses critiques à l'encontre de la communion telle que pratiquée par les catholiques, mais la conviction que Christ est réellement présent dans le pain et la coupe n'était pas l'une de ces critiques. En effet, Luther, et de nombreuses traditions protestantes à sa suite affirment la présence réelle et physique de Dieu dans les éléments du sacrement. Pour Luther, Christ est réellement présent dans et avec le pain, une conception appelée **consubstantiation,** car elle affirme que Dieu coexiste avec (*con-*) la substance du pain. Par conséquent, la présence réelle de Dieu est une affirmation supplémentaire de l'enseignement de la justification par la grâce. Luther ne veut pas que le sens du sacrement dépende des œuvres ou des sentiments humains. Il souligne que Dieu est le dépositaire du sacrement et que la grâce y est présente indépendamment de ce que nous ressentons ou de ce que nous faisons.

D'autres protestants ont une conception très différente des sacrements, mais cette conception est également ancrée dans la conviction que le salut vient par la grâce. Alors que Luther considère la « présence réelle » comme une grâce réelle, le réformateur suisse Huldrich Zwingli (1484-1531) craignait que la théologie de la présence réelle ne transforme les sacrements en œuvres. Son expérience pastorale le rendait méfiant à l'égard de toute pratique sacramentelle ressemblant à de la magie. Craignant l'idolâtrie, Zwingli a fait remarquer à sa congrégation que l'adoration est destinée à Dieu, jamais aux créatures, et il a enseigné que la Sainte Cène est un acte de souvenir. Selon cette approche, le pain symbolise Christ. Les protestants du courant de Zwingli préfèrent souvent le terme d'**ordonnances** à celui de sacrements. Une ordonnance est un acte d'obéissance, et Zwingli considère notre engagement au baptême et à la Sainte Cène comme une obéissance à la grâce qui a déjà été accordée, et non comme un moyen d'obtenir la grâce. Jean Calvin a essayé de trouver une position intermédiaire entre le réalisme de Luther et le symbolisme de Zwingli en utilisant le terme « présence spirituelle réelle » de Christ dans la Sainte Cène. Ces différences dans la théologie sacramentelle font encore partie de la vie de l'église protestante aujourd'hui. En dépit des divergences, toutes ces théologies entendent témoigner de la grâce imméritée de Dieu à travers le baptême et la Sainte Cène.

La vie sacramentelle de l'Église est essentielle à la qualité de notre vie communautaire sainte et sacrée. Par le sacrement, nous apprenons que la vie sacrée de l'Église est une vie dans laquelle le corps et l'âme, le matériel et le spirituel, sont unis. C'est une vie idéale pour les êtres humains matériels et spirituels qui constituent le peuple de Dieu. Dans l'Église, nous sommes nés de l'eau et de l'Esprit, et nous sommes nourris, corps et âme, à la table familiale. Dieu a attaché des promesses de grâce aux sacrements du baptême et de la communion, lorsqu'il les a exigés pour la vie de l'Église. L'Église dans sa globalité, dotée d'une multitude de dons que Dieu utilise comme vecteurs de grâce, est initiée par le baptême et nourrie à la table du Seigneur. Ainsi, cette vie sacramentelle (le culte, les relations, la responsabilité des petits groupes, le traitement des malades, la visite aux prisonniers, la prédication et le témoignage, le mariage et le célibat, la guérison, les nombreuses formes d'adoration qui s'appuient sur les dons de nombreux contextes spécifiques, la discipline, les repas communautaires, l'école du dimanche, l'évangélisation, et ainsi de suite) est une extension, dans la diversité, de l'unité que Dieu accorde dans le baptême et la cène.

Être l'Église

Le but de ce chapitre est d'encourager l'Église dans ses pratiques porteuses d'espoir dans un monde où de nombreuses personnes, même parmi celles qui professent Christ, ont renoncé à ces pratiques ou sont devenues cyniques à leur égard. L'église d'aujourd'hui, comme celle des Actes des Apôtres, est pleine d'espoir et peut se réjouir de la vocation que Dieu lui a accordée, une communauté de la grâce, qui incarne cette grâce en témoignant au monde. Vous pouvez vous réjouir, car « vous n'êtes plus des étrangers ou des résidents temporaires, vous êtes concitoyens des membres du peuple de Dieu, vous faites partie de la famille de Dieu » (Éphésiens 2.19). Vous pouvez vous réjouir, car « Dieu vous a intégrés à l'édifice qu'il construit sur le fondement que sont les apôtres, ses prophètes, et dont Jésus-Christ lui-même est la pierre principale » (v. 20), et vous pouvez avoir de l'assurance, car « en lui toute la construction s'élève, bien coordonnée, afin d'être un temple saint dans le Seigneur » (v. 21). L'assurance et la joie qui nous animent sont celles de personnes qui sont lucides, conscientes des faiblesses du corps, mais reconnaissantes de l'action de Dieu malgré ces faiblesses.

Être chrétien revient à connaître les échecs de l'église. L'ecclésiologie consiste aussi à prier pour obtenir la grâce d'aimer et de vivre au sein de cette église sans renier nos connaissances. Dans l'ecclésiologie pratique, on est ouvert aux voies par lesquelles Dieu utilise l'Église joyeuse et meurtrie pour témoigner de sa grâce. L'Église primitive par ses pratiques, qui « représentaient des exemples impressionnants de bravoure, lorsque des femmes et des hommes franchissaient les obstacles pour témoigner de leur foi. Des foules de païens observaient les chrétiens aller joyeusement vers la mort, chantant des cantiques et se glorifiant d'une victoire attendue après la mort. »[203] C'est la conduite de l'église à travers les époques, dont Dieu a utilisé le témoignage à maintes reprises. C'est la raison d'être de l'église d'aujourd'hui, dans le monde entier, de nombreuses personnes sont baptisées, reçoivent la force de vivre dans la fidélité à la Parole de Dieu et parcourent le monde : plusieurs personnes, un seul témoignage de l'Évangile. Enfin, c'est l'Église dans sa nature, avec cette Église « Réjouissons-nous, exultons d'allégresse et apportons-lui notre hommage » (Apocalypse 19.7). Il est donné à cette Église de « s'habiller d'un lin pur éclatant. Ce lin représente les actions justes de ceux qui appartiennent à Dieu » (v. 8), lorsque notre témoignage uni, saint, catholique et vrai sera finalement complet et beau. C'est l'Église de l'avenir, mais le futur de Dieu s'étend jusqu'ici et maintenant. Dieu nous rend déjà conformes au futur. Nous sommes autorisés à devenir des témoins visibles du repas des noces de l'Agneau, en tant que peuple de Dieu. Nous entrevoyons la vision de Samuel Escobar : « Lorsque l'Église est fidèle au Seigneur et à l'Évangile dans sa nature et sa vie, le global et le local se rencontrent dans la nouvelle création. »[204]

10
L'espérance de la résurrection

L'eschatologie

Le dernier chapitre s'est achevé avec l'espérance que l'Église, dans le présent, pourrait commencer à incarner celle du futur. Cet avenir appartient à Dieu, et les chrétiens l'attendent dans l'espérance, confiants du fait que les bons desseins de Dieu s'accomplissent dans la création et que le jour viendra où ceux-ci seront clairs et visibles. « Car c'est en lui qu'ont été créées toutes choses dans les cieux comme sur la terre, les visibles, les invisibles, les trônes et les seigneuries, les autorités, les puissances. Oui, « par » lui et « pour » lui tout a été créé » (Colossiens 1.16), et la vie chrétienne est menée dans cette espérance. « La vie chrétienne est une question de confiance, dit Richard Mouw. Dans les promesses d'un Dieu personnel, un dirigeant souverain qui nous assure la victoire finale sur tout ce qui nous opprime ».[205] Toutes choses sont « pour » Jésus, et en lui la victoire est sûre.

C'est une vérité dans le présent, et sa plénitude sera vue, connue et touchée au dernier jour, lorsque « tout être s'agenouillera » au « nom de Jésus » (Philippiens 2.10), et que « chacun déclarera » que Jésus-Christ est Seigneur, à la gloire de Dieu le Père » (v. 11). L'**eschatologie** (*eschaton* signifie « dernier ») est l'enseignement chrétien sur les événements de derniers temps : le ciel, l'enfer, la mort, le jugement, la seconde venue de Christ et le Royaume de Dieu. Les événements de derniers temps concernent les dénouements de Dieu pour la création, à la fois en matière de temps et de desseins, les desseins bons et finaux de Dieu pour la création. Ces événements de derniers temps sont déjà en train de devenir des réalités présentes. Les desseins de Dieu pour la création ne sont pas limités à la fin des temps. Ceux-ci, même à l'heure actuelle, sont la signification, la direction et la substance de tout ce que Dieu a fait. Ainsi, la pratique de la doctrine chrétienne est toujours eschatologiquement déterminée, une pratique mise en œuvre dans la lumière naissante du

Passage clé

« Or, si nous proclamons que le Christ est ressuscité, comment quelques-uns parmi vous peuvent-ils prétendre qu'il n'y a pas de résurrection des morts ? S'il n'y a pas de résurrection des morts, alors le Christ lui non plus n'est pas ressuscité. Et si le Christ n'est pas ressuscité, notre prédication n'a plus de contenu, et votre foi est sans objet. Il y a plus : s'il est vrai que les morts ne ressuscitent pas, nous devons être considérés comme de faux témoins à l'égard de Dieu. En effet, nous avons porté témoignage que Dieu a ressuscité le Christ d'entre les morts. Mais s'il est vrai que les morts ne ressuscitent pas, il ne l'a pas fait. Car, si les morts ne peuvent pas revivre, le Christ non plus n'est pas revenu à la vie. Or, si le Christ n'est pas ressuscité, votre foi est une illusion, et vous êtes encore sous le poids de vos péchés. De plus, ceux qui sont morts unis au Christ sont à jamais perdus. Si c'est seulement pour la vie présente que nous avons mis notre espérance dans le Christ, nous sommes les plus à plaindre des hommes. Mais, en réalité, le Christ est bien revenu à la vie et, comme les premiers fruits de la moisson, il annonce la résurrection des morts. Car, tout comme la mort a fait son entrée dans ce monde par un homme, la résurrection vient aussi par un homme. En effet, de même que tous les hommes meurent du fait de leur union avec Adam, tous seront ramenés à la vie du fait de leur union avec le Christ. Mais cette résurrection s'effectue selon un ordre bien déterminé : le Christ est ressuscité en premier lieu, comme le premier fruit de la moisson ; ensuite, au moment où il viendra, ceux qui lui appartiennent ressusciteront à leur tour. Puis viendra la fin, lorsque le Christ remettra la royauté à Dieu le Père, après avoir anéanti toute domination, toute autorité et toute puissance hostiles. Il faut, en effet, qu'il règne jusqu'à ce que Dieu ait mis tous ses ennemis sous ses pieds. Et le dernier ennemi qui sera anéanti, c'est la mort ». (1 Corinthiens 15.12-26)

nouveau ciel et de la nouvelle terre (Apocalypse 21).

La tension eschatologique

L'eschatologie chrétienne concerne l'avenir, mais elle se penche aussi sur le présent. La pratique de l'eschatologie n'est pas seulement quelque chose d'éloigné de nous, de lointain dans le temps. Le Royaume de Dieu représente un avenir auquel nous aspirons, mais il est déjà aussi opérationnel dans le monde. Ce double aspect de l'eschatologie est largement reconnu par les spécialistes bibliques et les théologiens, qui en parlent parfois comme d'une **tension eschatologique** entre le **déjà** et le **pas encore**. Le « déjà » de l'eschatologie est la réalité du temps présent qui a commencé avec la vie, la mort et la résurrection de Jésus-Christ et qui se poursuit jusqu'au moment présent. Le « pas encore » est la réalité

L'espérance de la résurrection

future du Royaume qui vient dans sa plénitude, sa visibilité et sa puissance. La totalité de la vie et de la doctrine chrétienne s'exerce dans cette tension, entre le déjà et le pas encore du Royaume. Dans cette tension, nous avons la mission à l'heure actuelle de proclamer la « bonne nouvelle du règne de Dieu », de faire connaitre Christ « dans le monde entier », alors que nous attendons avec impatience le jour où « viendra la fin » (Matthieu 24.14). Nous vivons et travaillons entre la première et la seconde venue de Christ, entre la crèche de Bethléem et les noces de la nouvelle Jérusalem.

Déjà

Le caractère déjà existant du Royaume est aussi réel que Jésus. Le Royaume est déjà venu parmi nous dans l'incarnation, la vie, la mort et la résurrection de Jésus, et « nous avons contemplé sa gloire » (Jean 1.14). Déjà, le royaume est ici dans la proclamation de Jésus que « le temps est accompli. Le règne de Dieu est proche. Changez et croyez à la Bonne nouvelle » (Marc 1.15). La réalité du Royaume a déjà été accomplie, « une fois pour toutes » (1 Pierre 3.18) dans « un sacrifice unique pour les péchés » (Hébreux 10.12) et dans sa victoire sur le péché et la mort lorsqu'il a été « déclaré Fils de Dieu avec puissance lorsque le Saint-Esprit l'a ressuscité des morts » (Romains 1.4). L'actualité de la résurrection est en Jésus qui est « la résurrection et la vie » (Jean 11.25), en qui nous « avons une pleine liberté pour entrer dans le lieu très-saint » (Hébreux 10.19) parce qu'il nous en a ouvert déjà, « un chemin nouveau et vivant à travers le rideau du sanctuaire (c'est-à-dire à travers son propre corps) » (v. 20).

Après la résurrection et l'ascension de Jésus, l'actualité du Royaume se poursuit dans la vie de l'Église, car les membres du corps de Christ s'unissent en tant que ceux « qui travaillent avec moi pour le royaume de Dieu » (Colossiens 4.11). Le Royaume est aussi réel que le salut. Il est déjà venu parmi nous dans notre relation avec Jésus et dans le fait que l'Esprit habite en nous. Si le Royaume n'était pas tout à fait réel, il serait impossible pour l'Église de prendre Paul au mot lorsqu'il nous conseille « d'être vigilants, de demeurer fermes dans la foi, de faire preuve de courage, d'être forts. Que l'amour inspire toutes vos actions » (1 Corinthiens 16.13-14). Le Royaume est réel lorsque nous servons et aimons, lorsque l'église se réunit autour de la table du Seigneur, lorsque nous recevons le pouvoir de partager la Bonne nouvelle dans un monde dans le besoin. Il est réel parce que « l'homme que nous étions autrefois a été crucifié avec le Christ » (Romains 6.6) et « puisque nous sommes morts avec le Christ, nous croyons que nous vivrons aussi avec lui » (v. 8). La réalité actuelle

Pratiquer la doctrine chrétienne

L'eschatologie est importante pour la communauté et l'histoire

Emmanuel Katongole, dont nous avons rencontré le travail avec Chris Rice dans le dernier chapitre, écrit sur l'importance de l'eschatologie pour la pratique chrétienne.

> Il est regrettable que l'eschatologie n'ait pas été rendue intéressante, car la doctrine de l'eschatologie chrétienne n'est pas censée être une simple information sur l'avenir. Elle est censée être une conversation animée sur la « fin des choses », c'est-à-dire la fin vers laquelle toute notre vie présente est vécue. L'eschatologie concerne le *telos* vers lequel sont orientées l'économie et la politique, en fait, tous nos plans et nos activités. L'eschatologie n'est pas une croyance ou un ensemble de croyances sur l'avenir. C'est une posture avec laquelle nous vivons nos vies maintenant. [...]
>
> Une perspective africaine pourrait aider à retrouver ce sens de l'eschatologie chrétienne en tant que posture déterminante dans le présent. De plus, retrouver ce sens profond de la vie chrétienne comme étant profondément eschatologique ne rend pas seulement le sujet de l'eschatologie beaucoup plus intéressant, mais aide aussi à retrouver une vision plus bibliquement fondée du sujet.[a]

Katongole poursuit en proposant des corrections aux eschatologies individualistes et dualistes.

> Comme avec le temps, le sens de la communauté se déplace vers l'arrière et s'étend au-delà de ceux qui vivent actuellement jusqu'aux ancêtres qui ne sont pas vraiment morts, mais sont des morts-vivants. Cela signifie que la vie actuelle de chacun est une participation aux vivants et aux morts-vivants. C'est ce sens profond de la participation qui maintient la vie et le sens au-delà de l'individu, et qui soutient l'interaction dynamique entre le passé, le présent et l'avenir, l'individu et la communauté, le spirituel et le matériel. En conséquence, l'acquisition d'une perspective africaine pourrait aider à surmonter les comptes rendus trop individualistes et docètes de l'eschatologie qui dominent dans la préoccupation occidentale de la survie individuelle. Qui plus est, le sentiment accru de participation pourrait conduire à une appréciation renouvelée de l'église en tant que communauté eschatologique qui rassemble les vivants et les morts, le présent, le futur et le passé. Dans ce sens de communion profonde à travers le temps, l'on peut dire à juste titre que l'Église n'a pas d'eschatologie (comme s'il s'agissait d'un ensemble de croyances distinctes de sa propre existence) ; l'Église est l'eschatologie.[b]

du Royaume est aussi réelle que le Seigneur ressuscité, en qui nous avons « la victoire » (1 Corinthiens 15.57).

Karl Marx (1818-1883) considérait la religion comme un « opium », une drogue destinée à endormir les hommes pour qu'ils puissent protester contre le mal. Marx ne peut avoir eu à l'esprit qu'une eschatologie brisée, qui ignore le présent. Quoique parfois, nous n'insistons pas assez sur la réalité actuelle de la bonté eschatologique de Dieu. Lorsque

L'espérance de la résurrection

> ## L'eschatologie est importante pour la communauté et l'histoire *(suite)*
>
> Roland Chia, dont nous avons rencontré le travail au chapitre 7, écrit sur l'eschatologie et l'histoire comme une correction des traditions religieuses qui nient le monde.
>
>> En Asie, l'idée de négation et de séparation du monde incarnée par le mysticisme bouddhiste ou hindouiste est courante, surtout dans des pays comme la Thaïlande et l'Inde, où les monastères monumentaux omniprésents et les saints hommes servent de rappels constants. L'espérance chrétienne, cependant, dénote une forme de spiritualité très différente. Issue des anciens Hébreux, l'espérance chrétienne, profondément ancrée dans l'histoire, croit que Dieu est le Créateur souverain de l'espace et du temps. On peut faire le même constat en comparant l'espérance chrétienne et la vision des Grecs. Les Grecs voient le monde comme de simples reflets d'un ordre éternel. Les juifs et les chrétiens y voient « les nouveaux cieux et la nouvelle terre », une nouvelle création dans laquelle les maux de l'époque actuelle, la « nuit » et la « mer », sont éradiqués. Parce qu'elle est tellement enracinée dans l'histoire, l'espérance chrétienne envisage l'histoire de l'humanité, et pas seulement nos histoires personnelles, comme faisant partie de l'histoire de Dieu, une histoire façonnée par le Dieu souverain et miséricordieux. c
>
> a. Emmanuel Katongole, "Eschatology (within an African Perspective)," *Global Dictionary of Theology*, ed. William A. Dyrness et al. (Downers Grove, IL: IVP Academic, 2008), 283.
> b. Ibid., 284.
> c. Roland Chia, *Hope for the World: A Christian Vision of the Last Things* (Downers Grove, IL: IVP Academic, 2005), 148-49.

l'espérance chrétienne est coupée du présent en se concentrant uniquement sur la vie après la mort au détriment de celle actuelle, l'affirmation de Marx gagne du terrain. Lorsque nous devenons insensibles à la réalité du Royaume parmi nous, l'église est en danger. Nous pouvons être tentés par une résignation tranquille, de renoncer à cette vie et à ce monde, d'agir comme si l'espérance ne concerne pas la vie présente. Nous pouvons traiter le péché comme un problème insoluble, vivre comme si le règne du péché, dans nos vies individuelles, la vie de l'Église et le monde, était inévitable ou naturel.

Pratiquer l'eschatologie sans avoir conscience du Royaume déjà présent de Dieu revient à nier la réalité du Royaume de la grâce transformatrice de Dieu. En agissant ainsi, nous nions l'efficacité de l'œuvre de Christ sur la croix et la « puissance de sa résurrection » (Philippiens 3.10). Nous devenons des menteurs lorsque nous ne déclarons pas la vérité sur l'horreur du péché et la victoire de Dieu sur celle-ci. Nous risquons de devenir complaisants à l'égard du péché. Lorsque nous perdons de vue l'actualité du Royaume, l'Église, trop facilement, se rend coupable de collusion avec le mal, de facilitation de l'injustice, d'incapacité à protéger les faibles et les vulnérables, et les désespérés. L'eschatologie pratiquée comme si le Royaume n'était qu'une chose lointaine nous prive d'une vie abondante. Une telle eschatologie enlèverait tout sens à la vie présente. C'est une eschatologie infirme et paralysante qui ne parvient pas à voir et à agir dans la réalité présente du royaume.

Pas encore

Le caractère actuel du Royaume n'est cependant pas la totalité de l'eschatologie chrétienne, et il est aussi désastreux de perdre la foi en l'avenir que d'abandonner le présent. Le témoignage biblique nous ouvre les yeux sur le déjà du Royaume, mais il nous enseigne aussi à regarder l'avenir avec espérance, en nous rappelant que la plénitude du Royaume n'est pas encore là. Une posture caractéristique de l'Écriture est de désirer ardemment l'avenir de Dieu, avec la confiance que le jour vient où les bons desseins de Dieu pour la création seront réalisés. Lorsque, dans la pratique de l'eschatologie, nous agissons comme si ces desseins ont, en fait, été pleinement réalisés dans le présent, nous commettons l'erreur d'une **eschatologie trop réalisée**, qui renonce à l'espérance future, en négligeant la plénitude du Royaume qui n'a pas encore été révélé. Un exemple précoce de cette erreur est mentionné en 2 Timothée, où nous entendons parler de l'erreur de ceux qui « se sont écartés de la vérité en prétendant que la résurrection a déjà eu lieu », un enseignement qui est « en train de détourner plusieurs de la foi » (2 Timothée 2.18). Et cela pourrait bien bouleverser la foi, car prétendre que le présent, avec toute sa douleur, est tout ce que Dieu nous réserve revient à vider la vie de son sens et de son espérance, à croire que cette vie pleine de tribulations est tout ce qui existe, à croire que le péché et la mort auront le dernier mot. Une eschatologie trop réalisée (tout déjà, pas de pas encore) est tout aussi mortelle pour la vie abondante que celle qui oublie l'œuvre de Dieu dans le présent. En fait, la métaphore de Paul est celle de la pourriture, de la mort : ce genre d'erreur se répand « comme une gangrène » (v. 17).

Paul sait que le remède est la résurrection. Notre guérison ne fait qu'un avec notre espérance future en Christ, l'espérance que « si nous avons été unis à lui par une mort semblable à la sienne, nous le serons aussi par une résurrection semblable à la sienne » (Romains 6.5). La résurrection de Christ, dans le passé, est la puissance de notre sanctification dans le présent et la certitude derrière notre espérance pour l'avenir. « Mais maintenant, affranchis du péché et devenus esclaves de Dieu », quelque chose qui s'est déjà produit, « le fruit que vous portez, c'est une vie sainte » (v. 22). Le fruit de ce que Christ a fait est la sanctification présente, et le résultat auquel vous aboutissez, « c'est la vie éternelle » (v. 22).

Lorsque l'eschatologie néglige cet avenir, nous sommes ouverts au danger d'assimiler l'église au Royaume et aux pièges de l'hubris, de la confiance démesurée et de la confusion entre les réalisations humaines, l'orgueil et le pouvoir et la sainteté. Lorsque l'eschatologie perd de vue l'avenir, nous sommes vulnérables à une autre version de la justice par les œuvres, succombant à la fausse croyance qu'il est de notre responsabilité de faire en sorte que le Royaume se produise. Nous risquons d'être trompés et d'échanger le Royaume de la grâce contre les royaumes de ce monde, ou nous risquons de sombrer dans le désespoir si nos efforts humains pour construire le Royaume échouent. Paul, sachant que la plénitude de l'espérance est encore à venir, fait donc montre d'une **réserve eschatologique**, agissant en sachant que quelque chose est déjà réservé pour le pas encore. La réserve eschatologique nous entraine dans une posture d'humilité présente, l'humilité requise par notre confiance dans l'avenir. Maintenant, « notre connaissance est partielle, et partielles sont nos prophéties » (1 Corinthiens 13.9), mais le jour vient où rien ne sera retenu, car « le jour où la perfection apparaitra, ce qui est partiel cessera » (v. 10). Bien que nous ayons maintenant une connaissance partielle, nous attendons avec impatience ce qui n'est pas encore, le jour où nous « connaitrons comme

> ### L'attente du millénaire
>
> Les théologies du millénaire proposent différentes interprétations de l'Apocalypse à la lumière d'autres passages eschatologiques de l'Écriture. Le « millénaire » en question est une référence à Apocalypse 20.6, dans lequel « ceux qui ont part à la première résurrection ... seront prêtres de Dieu et du Christ, et ils régneront avec lui pendant mille ans ».
>
> Le **prémillénarisme** prétend que Christ reviendra avant les mille ans dont il est question en Apocalypse 20. Les théologies prémillénaires clament que la vie deviendra de plus en plus mauvaise à mesure que l'on se rapproche de la venue de Christ.
>
> Le **postmillénarisme** prévoit la seconde venue de Christ après le millénaire, c'est-à-dire au moment où Christ régnera du ciel à travers la puissance de l'Évangile. La théologie postmillénaire considère le monde avec optimisme, s'attendant à ce que les choses s'améliorent à l'approche du millénaire.
>
> L'**amillénarisme** ne considère pas le millénaire de l'Apocalypse comme les mille ans futurs. Le millénaire est lu comme une référence symbolique au règne de Christ, un règne qui est à la fois déjà et pas encore.

Pratiquer la doctrine chrétienne

Dieu me connait » (v. 12).

L'attente impatiente de la venue de Christ

La pratique eschatologique du corps de Christ doit être vécue dans la tension entre tout ce que Dieu a déjà fait et tout ce qui est encore à venir. La vie entre le déjà et le pas encore de Dieu est une vie pleine de sens. Dans le présent, cette vie compte parce qu'elle appartient au Royaume. Une vie pleine de bon travail et de bon repos. Une vie qui a un but présent, qui est déjà pour Christ. En regardant vers l'avenir, il s'agit d'une vie qui a de l'importance parce que Dieu lui réserve davantage. Elle est vécue à la fois dans l'humilité et la confiance, elle avance vers son but final, elle sera accomplie en Christ. L'eschatologie se pratique entre la venue de Christ dans l'incarnation et sa seconde venue dans la gloire. Pratiquer l'eschatologie revient à prendre une position d'attente impatiente de la **parousie**, la seconde venue de Christ. Parfois, nous pensons que cette attente signifie rester debout, regarder et attendre, mais nous devrions tenir compte de la question posée à ceux qui venaient d'être des témoins de l'ascension de Christ : « Pourquoi restez-vous ainsi à regarder le ciel ? Ce Jésus, qui a été enlevé au ciel du milieu de vous, en redescendra un jour de la même manière que vous l'avez vu y monter » (Actes 1.11). Une position d'attente impatiente ne consiste pas à

> ### Isaac Watts regarde vers le Royaume
>
> Cet hymne d'Isaac Watts, datant de 1707, compare l'espérance chrétienne à celle de Moïse, qui a aperçu le pays de Canaan avant sa mort (Deutéronome 34).
>
> > Il y a une terre de pur délice, où les saints immortels règnent, où le jour infini exclut la nuit, et où les plaisirs bannissent la douleur.
> >
> > Là, le printemps éternel demeure, et les fleurs qui ne se fanent jamais : la mort, comme une mer étroite, sépare cette terre céleste de la nôtre.
> >
> > Les doux champs au-delà des flots sont habillés d'une verdure vivante : C'est ainsi que les Juifs considéraient l'ancien Canaan, tandis que le Jourdain roulait entre eux.
> >
> > Mais les mortels timides commencent et reculent pour traverser cette mer étroite ; et s'attardent, frissonnant sur le bord, et craignent de s'élancer.
> >
> > Oh, si nous pouvions faire disparaître nos doutes, ces sombres pensées qui s'élèvent, et voir le Canaan que nous aimons avec des yeux non voilés !
> >
> > Pourrions-nous grimper là où Moïse s'est tenu et voir le paysage d'en haut, ni le ruisseau du Jourdain, ni le flot froid de la mort, ne nous effraierait de la rive.

regarder les cieux, mais à vivre sur terre, en accomplissant l'œuvre du Royaume. La vie eschatologique est active. Elle est vécue dans la mission et le service, dans l'amour et l'adoration. Aucune de ces activités ne diminue notre désir ardent, alors que nous nous joignons à « l'Esprit et à l'épouse » pour dire « Viens ». La vie eschatologique est assoiffée, et « que celui qui » veut « l'eau de la vie la reçoive gratuitement » (Apocalypse 22.17). L'Église active et assoiffée poursuit la prière de la fin de l'Écriture : « Viens, Seigneur Jésus ! » (v. 20).

Le jour et l'heure

Vivant dans l'attente eschatologique, nous pouvons être tentés d'essayer de cerner notre espérance, de prétendre saisir tous les spécificités des desseins de Dieu dans l'histoire. De telles tentatives ont, encore et encore, échoué lamentablement étant donné que les dates prédites pour l'eschaton arrivent et passent. Certaines lectures de l'Apocalypse voient le livre comme une prophétie prédictive sur des événements futurs, mais il y a d'autres façons de lire le livre. Certains lisent l'Apocalypse comme un témoignage d'événements historiques qui appartiennent maintenant au passé, des événements centrés sur la persécution de l'Église primitive. D'autres lectures situent les événements de l'Apocalypse en partie dans le passé et en partie dans le futur, et d'autres encore le lisent comme étant théologique, indiquant la vérité du triomphe de Dieu sur le mal, mais ne correspondant pas à des événements historiques précis. Il n'y a guère de place ici pour rendre justice à ces lectures. Toutes ont quelque chose à recommander, et il est possible de lire le livre avec une combinaison de ces lentilles interprétatives.

Il est certain que si nous voulons bien lire le livre d'Apocalypse, nous le lirons avec l'ensemble de l'Écriture. Dans l'Évangile selon Matthieu, Jésus parle de l'eschaton, et il attache à ce discours plusieurs avertissements. En pensant à la fin des temps, Jésus nous avertit de « faire bien attention que personne ne nous induise en erreur » (Matthieu 24.4). Jésus parle de paix dans la panique qui surviendra lorsque nous entendrons parler de guerres et de menaces de guerre : « Attention ! Ne vous laissez pas troubler par ces nouvelles, dit Jésus, car cela doit arriver, mais ce ne sera pas encore la fin » (v. 6). Jésus compare les événements terribles qui surviendront dans un monde sous l'emprise du péché à des « premières douleurs l'enfantement » (v. 8), et il prépare ses disciples à souffrir à cause de son nom. La pièce maîtresse du discours de Jésus est un avertissement contre la recherche de certitudes. Alors que « ni les anges du ciel ni le Fils » ne connaissent « ce jour et cette heure » (v. 36), il semble de bon conseil de renoncer à nos propres tentatives de connaissance. En fait, le point central du discours de Jésus est que nous ne savons pas et nous ne saurons pas que la vie continuera comme d'habitude, les gens étant préoccupés à « manger et à boire, à se marier et à marier leurs enfants » (v. 38). Jésus veut que nous arrêtions d'essayer d'imaginer le « jour et l'heure » de sa venue.

Toutefois, lorsque nous cessons de le faire, nous ne reprenons pas nos activités habituelles. Au contraire, nous vivons dans une attente craintive. L'étude de l'eschatologie consiste à : « vous tenir en éveil » (Matthieu 24.42) et à : « vous tenir prêt, car c'est à un moment que vous n'auriez pas imaginé que le Fils de l'homme viendra » (v. 44). Une telle pratique correspond parfaitement à la pratique active et assoiffée proposée ci-dessus. Nous devons vivre dans l'attente des enfants la veille de Noël, notre sommeil troublé par la vive émotion de ce qui vient. Nous sommes dans l'attente joyeuse d'une mère qui se prépare à la naissance d'un nouveau bébé, occupée et active en vue de ce qui va arriver. Notre attente est aussi celle d'un peuple dont l'espérance nous donne du pouvoir, nous permettant de déclarer la vérité dans un monde de mensonges et d'incarner l'amour dans un monde de haine. Richard Hays lit l'Apocalypse de manière théologique, comme un livre destiné à façonner l'imagination et la pratique d'un peuple eschatologique. Sa lecture est celle d'une Église qui a le pouvoir de l'avenir, une Église qui « refuse de reconnaitre la légitimité et l'autorité des dirigeants terrestres et qui regarde avec défiance vers l'avenir, lorsque toutes choses seront soumises à l'autorité de Dieu. »[206]

Une espérance riche et significative

Alors que nous vivons dans l'attente, actifs et assoiffés, nos vies sont façonnées par le caractère des promesses de Dieu et le type d'avenir que nous espérons. Notre espérance est définie par la croyance chrétienne distinctive en la résurrection. La résurrection n'est pas une réanimation ou une ressuscitation. Lorsque nous rencontrons Jésus ressuscité, nous rencontrons quelqu'un qui a été transformé. Il n'a pas seulement été ramené à la vie. Il a été élevé à un nouveau type de vie. La résurrection ne concerne pas non plus les âmes qui vont au ciel. Au contraire, la résurrection concerne des personnes entières, corps et âme confondus. L'église a parfois souligné cette vérité, que la résurrection concerne l'espérance pour les corps, en confessant la croyance en la résurrection du « corps ». Corps est un mot fort, qui va à l'encontre de toute tendance à couper notre espérance des muscles et de la moelle. Dans la résurrection, nous avons une espérance corporelle, celle qui s'étend à chaque partie de la création et à chaque aspect de l'être humain. Enveloppés dans la résurrection de Jésus en ce jour de Pâques du premier siècle, nous trouvons l'espérance de la **résurrection générale**, dans laquelle nous, comme Jésus, serons ressuscités des morts pour une nouvelle vie dans une nouvelle création.

Là où d'autres types d'espérance pourraient être de l'ordre de l'évasion, chercher à sortir de ce monde et à s'éloigner de ses problèmes, l'espérance de la résurrection est rédemptrice. Là où d'autres types d'espérance pourraient chercher un sens dans une autre vie, l'espérance de la résurrection révèle le sens de cette vie. Dans l'espérance de la résurrection, nous attendons de Dieu qu'il sauve et transforme ce monde, qu'il nous libère du péché et de la mort et qu'il mène à bien ses desseins pour toutes choses en Christ. Moment après moment, la vie et l'oeuvre du corps de Christ devraient être façonnés par la promesse de la résurrection. Notre espérance ne porte pas sur le ciel seul, mais sur les nouveaux cieux et la nouvelle terre qui seront unis dans le Royaume (Apocalypse 21). Notre espérance ne porte pas sur les âmes seules, mais sur la transformation, corps et âme, dans un amour incarné (1 Corinthiens 15). Notre espérance ne porte pas sur la destruction du monde, mais sur la rencontre du monde avec le Dieu qui est « semblable au brasier du fondeur » (Malachie 3.2) et qui en ressort transformé, tout ce qui est paille étant brûlé tandis que tout ce qui est « or, argent, pierres précieuses » (1 Corinthiens 3.12) révèle la bonté de Dieu.

Pâques

Jésus est mort, et il est ressuscité des morts. Les récits du Nouveau Testament soulignent la réalité physique et spirituelle de sa mort et de sa résurrection. Comme il est vraiment mort, il est vraiment ressuscité à une vie nouvelle. Lorsque ses amis sont allés se recueillir sur sa tombe, ils ne s'attendaient pas à une résurrection. Ils s'attendaient à prendre soin du cadavre de leur bien-aimé, c'est pourquoi ils ont apporté des aromates pour l'embaumer (Marc 16.1). Néanmoins, comme Dieu brise les attentes, les femmes ont vu la pierre qui recouvrait l'entrée du tombeau rouler. Dans le livre de Luc, un ange demande : « pourquoi cherchez-vous parmi les morts celui qui est vivant ? Il n'est plus ici, mais il est ressuscité » (Luc 24.5). En Matthieu, l'ange dit : « Venez voir l'endroit où il était couché. Puis, allez vite annoncer à ses disciples » (Matthieu 28.5-7). La réponse de Marie et de Marie de Magdala doit être aussi la nôtre : aller « en hâte, tout effrayées, mais en même temps remplies d'une grande

Pratiquer la doctrine chrétienne

Imaginer la resurrection

Si l'imagination de la résurrection générale est toujours spéculative, elle peut aussi s'enraciner dans l'Écriture. Lorsque nous nous réjouissons de la résurrection, en pensant aux qualités de la vie ressuscitée, nous pouvons trouver du carburant pour la vie présente, vécue dans l'attente de la résurrection.

Augustin, dans La *Cité de Dieu*, imagine les corps ressuscités comme des témoins visibles de la bonté de Dieu, suggérant que les humains ressuscités s'incitent mutuellement à louer Dieu.

> Lorsque le corps sera rendu incorruptible, tous les membres et les parties intérieures que nous voyons maintenant affectés à leurs diverses fonctions nécessaires s'uniront pour louer Dieu ; car il n'y aura alors aucune nécessité, mais seulement une félicité pleine, certaine, sûre et éternelle. Car tous ces éléments de l'harmonie du corps dont j'ai déjà parlé, ces harmonies qui sont maintenant cachées, ne seront plus cachées. Distribuées dans tout le corps, à l'intérieur et à l'extérieur, et combinées avec les autres choses grandes et merveilleuses qui seront alors révélées, le plaisir que nous procure leur beauté rationnelle enflammera nos esprits rationnels à la louange d'un si grand Artiste. [a]

John Wesley, dans un sermon sur la nouvelle création, imagine le changement glorieux que Dieu opérera dans la vie humaine.

> Il en résultera un état de sainteté et de bonheur sans mélange, bien supérieur à celui dont Adam a joui au paradis. De même qu'il n'y aura plus de mort, ni de douleurs ou de maladies qui la précèdent, de même qu'il n'y aura plus de tristesse ni de séparation d'avec les amis, ainsi il n'y aura plus de chagrin ni de pleurs. Non, mais il y aura une plus grande délivrance, car il n'y aura plus de péché. Et pour couronner le tout, il y aura une union profonde, intime et ininterrompue avec Dieu ; une communion constante avec le Père et son Fils Jésus-Christ, par l'Esprit ; une jouissance continuelle du Dieu Trois en Un, et de toutes les créatures en lui ! [b]

joie » (v. 8) pour répandre la bonne nouvelle de la résurrection.

Les récits évangéliques de la résurrection de Jésus nous apprennent assez sur l'espérance de la résurrection. Tout d'abord, il s'agit d'une espérance physique, incarnée. Le Jésus ressuscité est le même qui est mort sur la croix. Nous voyons cette continuité dans son corps et ses actions. Comme il l'a fait à la dernière Sainte Cène, il a rompu et a béni le pain (Luc 24.30), et comme il l'a toujours fait, il a ouvert les Écritures à ceux qui l'écoutaient (vv. 32, 45). Il a mangé du poisson (v. 42), et il porte les marques de la crucifixion, visibles dans son corps. Il a déclaré : « regardez mes mains et mes pieds, et reconnaissez que c'est bien moi. Touchez-moi et regardez ! ; car un esprit n'a ni chair ni d'os. Or vous voyez bien que j'en ai » (v. 39). Il leur a montré qu'il est, dans le corps, le même Jésus qui a été crucifié (v. 40 ; Jean 20.20), et il a aboli les doutes par ses cicatrices.

Imaginer la résurrection *(suite)*

N. T. Wright, réfléchissant sur la matérialité de la résurrection, selon l'idée des corps substantiels de C. S. Lewis.

> Je rends à nouveau hommage à l'un des rares écrivains modernes qui a essayé de nous aider à imaginer ce que pourrait être le corps ressuscité : C. S. Lewis […] parvient à imaginer des corps plus solides, plus réels, plus substantiels que nos corps actuels. C'est à cette tâche que nous invite en particulier 2 Corinthiens. Ce seront des corps dont l'expression « poids insurpassable de la gloire éternelle », tirée de cette épitre (4.17), sera vue, ressentie et connue pour être appropriée. [c]

Wright envisage également la vie ressuscitée comme une vie ayant pour but de « régner avec sagesse sur le nouveau monde de Dieu ». [d]

> Oubliez ces images où l'on se prélasse en jouant de la harpe. Il y aura du travail à faire et nous prendrons plaisir à le faire. Toutes les compétences et tous les talents que nous avons mis au service de Dieu dans cette vie, et peut-être aussi les intérêts et les goûts que nous avons abandonnés parce qu'ils étaient en conflit avec notre vocation, seront améliorés et ennoblis et nous serons rendus pour être exercés dans la gloire. [e]

Peut-être ces images d'Augustin, de Wesley et de Wright peuvent-elles nous aider à pratiquer la résurrection actuelle : être des personnes qui incarnent notre témoignage de l'amour de Dieu et qui s'encouragent mutuellement à louer le Créateur, des personnes saintes et heureuses, qui ne sont pas contrôlées par la peur de la mort et qui ont confiance dans la grâce de Dieu comme remède au péché, qui vivent dans l'intimité avec Dieu, et qui exercent leur domination en travaillant bien et avec plaisir, offrant leurs vies à celui dont l'amour opère dans la nouvelle création.

a. *City of God*, ed. and trans. R. W. Dyson (Cambridge: Cambridge University Press, 1998), 22.30.1178.
b. "The New Creation," in *John Wesley's Sermons: An Anthology*, ed. Albert C. Outler and Richard P. Heit-zenrater (Nashville: Abingdon, 1991), 500.
c. Wright, *Surprised by Hope*, 159.
d. Ibid., 161.
e. Ibid.

« place ton doigt ici, a dit Jésus à Thomas, vois mes mains. Avance ta main et mets-la dans mon côté. Ne sois pas incrédule, mais crois » (Jean 20.27).

Un poème de Pâques de John Updike souligne cet aspect corporel de la résurrection. « Si la dissolution des cellules ne s'inversait pas », écrit Updike, « les molécules se renoueraient, les acides aminés se raviveraient, l'Église tomberait ».[207] Le poème, en donnant un sens à la physicalité de la résurrection, souligne une vérité importante, mais le pouvoir de la résurrection a aussi un autre aspect. L'espérance de la résurrection est transformatrice. Il y a des différences entre le corps de Jésus suspendu sur la croix et celui ressuscité, des différences qui témoignent de sa victoire sur le péché et la mort. La façon dont ses amis l'ont reconnu a changé. Parfois, ils le reconnaissaient, mais parfois pas jusqu'à ce qu'il se révèle par une action ou en prononçant un nom (Luc 24.16, 30-31 ; Jean 20.14, 16). Sa relation avec la matière de la création matérielle s'est transformée également, puisqu'il a franchi des portes qui avaient été « verrouillées parce qu'ils avaient peur » (Jean 20.19). Plus important encore, nous voyons dans l'ascension de Jésus au ciel (Luc 24.51) que la vie ressuscitée est une vie humaine rendue capable d'habiter dans la présence de Dieu. Le Jésus de Pâques est ressuscité avec le corps inéluctablement physique et miraculeusement transformé. Le spécialiste du Nouveau Testament N. T. Wright relie cette physicalité et cette transformation à notre espérance dans le monde. « Précisément parce que la résurrection s'est produite en tant qu'événement dans notre propre monde, ses implications et ses effets doivent être ressentis dans notre propre monde actuel ». [208]

La résurrection générale

L'espérance de la résurrection générale nait de la résurrection de Jésus. « Le Christ est ressuscité en premier lieu, comme le premier fruit de la moisson ; ensuite, au moment où il viendra, ceux qui lui appartiennent ressusciteront à leur tour » (1 Corinthiens 15.23). Parce que Christ est les « premiers fruits » de notre résurrection, nous avons de bonnes raisons d'espérer que la nôtre sera le miroir de la sienne. Nous espérons la continuité et la transformation telles que nous les avons vues incarnées en Christ, l'identité entre les corps actuels et ceux tels que Dieu les ressuscitera, et une transformation telle que nous puissions être équipés pour la vie dans la présence de Dieu.

Le poète John Donne (1572-1631) appelle la mort à « ne pas s'enorgueillir », car « un court sommeil passé, nous nous réveillons éternellement / Et la mort ne sera plus ; mort, tu mourras ». [209] Les chanteurs reprennent en chœur les paroles du Messie (1742) de G. F. Handel : « en effet, de même que tous les hommes meurent du fait de leur union avec Adam, tous seront ramenés à la vie du fait de leur union avec Christ ». Dans le roman de J. K. Rowling, Harry Potter trouve gravé sur la pierre tombale de ses parents les paroles suivantes : « et le dernier ennemi qui sera anéanti, c'est la mort ». [210] Toutes paroles ci-contre sont ces allusions au grand riff de Paul sur la résurrection dans la première épître aux Corinthiens. Ce chapitre a toujours été un texte central pour la réflexion sur la doctrine de la résurrection. C'est un chapitre long et riche de l'Écriture. Paul relate un résumé de l'Évangile, rappelant à l'Église la mort de

L'espérance de la résurrection

Christ pour nos péchés, son ensevelissement et sa résurrection. Puis, Paul se penchent sur les apparitions de Jésus après la résurrection, rappelant toutes les personnes qui ont été témoins de celle-ci : « plus de cinq cent [...] à la fois, dont la plupart vivent encore aujourd'hui » (v. 6), ainsi que Jacques et les apôtres (v. 7), et en tout dernier lieu « il m'est apparu à moi (Paul), comme à celui qui est venu après coup » (v. 8). Paul ne veut pas que son auditoire oublie ces témoins du Seigneur ressuscité. Après avoir rappelé la résurrection de Jésus, il affirme un lien inséparable entre cette résurrection et celle générale. Toute la foi est suspendue à ce lien entre Jésus et nous, car « s'il n'y a pas de résurrection des morts, alors le Christ lui non plus n'est pas ressuscité. Et si le Christ n'est pas ressuscité, notre prédication n'a plus de contenu, et votre foi est sans objet. » (vv. 13-14). Sans la résurrection, la vie est vaine, liée au péché, périssable et pitoyable (vv. 17-19). Refusant ce désespoir, Paul nous tourne vers l'espérance, car « en réalité, le Christ est bien revenu à la vie et, comme les premiers fruits de la moisson, il annonce la résurrection des morts. Car, tout comme la mort a fait son entrée dans ce monde par un homme, la résurrection vient aussi par un homme. En effet, de même que tous les hommes meurent du fait de leur union avec Adam, tous seront ramenés à la vie du fait de leur union avec le Christ » (vv. 20-22).

La seconde moitié du chapitre est une révélation de la résurrection générale. La métaphore de Paul, comme beaucoup de celles de Jésus, est botanique. Les corps de résurrection sont comme des plantes qui poussent à partir de graines nues, et « la graine que vous semez ne peut reprendre vie qu'après être passée par la mort » (v. 36). Cette métaphore de la graine et de la plante implique une identité matérielle entre les corps actuels et ceux de la résurrection. Les semences sont continues avec les plants. La métaphore implique également le changement, car les plantes sont transformées bien au-delà des graines à partir desquelles elles poussent. L'identité matérielle et la transformation sont toutes deux des caractéristiques de la résurrection de Jésus et de la résurrection générale, et toutes deux sont de bonnes nouvelles.

Le corps actuel, la semence, est un *soma psychikon* (« corps des créatures terrestres »), et le celui à venir un *soma pneumatikon* (« corps des astres ») (v. 44). Il est important de noter que, dans les deux cas, nous parlons d'un corps actuel, matériel (*soma*), et nous voyons ici que la résurrection générale est cohérente avec ce que nous avons vu dans la résurrection de Jésus. Notre espérance est matérielle. Elle consiste à voir la continuité entre ce que Dieu fait dans nos vies au présent et ce qu'il fera dans nos vies lors de la future résurrection. Dans le présent et le futur,

Pratiquer la doctrine chrétienne

Dieu travaille avec le même *soma*. L'identité entre le corps actuel et celui de la résurrection est une bonne nouvelle pour un peuple qui aspire à ce que cette vie ait un sens. Si la signification eschatologique finale du corps est en continuité avec le corps dans le présent, alors nos corps actuels ont de l'importance. La vérité d'1 Corinthiens 6.20 est à la fois une réalité présente et future : « car vous avez été rachetés à grand prix. Honorez donc Dieu dans votre corps ». Les corps ne sont pas jetables, inutiles ou problématiques. Ils sont l'essence même de la rédemption.

C'est une bonne nouvelle que nos corps comptent actuellement, mais la transformation de la résurrection est également inhérente à la bonne nouvelle de la doctrine. En ce moment, la vie incarnée est bonne, aimée et voulue, mais c'est aussi une vie écrasée par le poids du péché. Elle est maintenant vulnérable et mortelle. Nous avons besoin de changement, et nous aspirons à la transformation, à être libérés des effets du péché et de la domination de la mort. La doctrine de la résurrection nous aide à comprendre correctement cette espérance. La différence entre le présent et le futur n'est pas une différence entre la matérialité et la spiritualité. La différence est entre des corps dominés par le péché et la mort et ceux libérés de la puissance du péché et de la mort par l'Esprit Saint.

Cette transformation, comme nous l'avons vu plus haut, est celle du *soma psychikon* au *soma pneumatikon*. Le *soma psychikon* est le corps dominé par l'âme humaine (le grec *psychikon* vient de psyché ou âme), ce qui signifie que, dans la condition du péché, le *soma psychikon* est toujours intéressé par lui-même. Parce que « le salaire que verse le péché, c'est la mort » (Romains 6.23), le *soma psychikon* est aussi sous la domination de la mort. Le *soma pneumatikon* transformé est le corps conduit par le Saint-Esprit (le grec *pneumatikon* vient de pneuma ou esprit). Souvent, on appelle les deux types de corps « physique » et « spirituel ». Ceci est très mal appliqué, car cela implique que le physique est effacé lors de la résurrection. Certains traductions françaises utilisent « naturel » et « spirituel », mais il serait peut-être plus pertinent de parler de « corps doué de la vie naturelle » et de « corps régis par l'Esprit ». Lors de la résurrection générale, nous serons, comme Jésus, « tous transformés » (1 Corinthiens 15.51). Dieu nous libérera de l'orientation pécheresse du corps déchu, doué de la vie naturelle et de la servitude à la mort. Dieu nous libérera pour travailler avec et dans la puissance de l'Esprit Saint, nous donnant la sainteté et la vie éternelle. Dans le livre d'1 Corinthiens 15, Paul établit une série de contrastes entre le présent et l'avenir.

L'espérance de la résurrection

	Le corps semé	Le corps ressuscité
v. 42	corruptible	incorruptible
v. 43	déshonoré	glorifié
	infime	pleine de force
v. 44	doué de la vie naturelle	régi par l'Esprit
v. 53	mortel	immortel

Le corps de résurrection est la victoire de Dieu sur le péché et la mort (vv. 55-57), la transformation par Dieu de la vie naturelle et de la mortalité en un témoignage éternel de la sainteté de l'Esprit. Le corps doué de la vie naturelle porte « l'image de l'homme formé de poussière », mais celui régi par l'Esprit portera « l'image de l'homme qui appartient au ciel » (v. 49). La rédemption promise par Dieu est celle dans laquelle Jésus-Christ « transformera notre corps misérable pour le rendre conforme à son corps glorieux par la puissance qui lui permet de tout soumettre à son autorité » (Philippiens 3.21).

La mort comme ennemi vaincu

Dans l'espérance de la résurrection, nous commençons à considérer la mort à la lumière de Christ. Nous apprenons, selon les mots de Wright, que « la mort est un grand ennemi, mais elle a été vaincue et sera enfin pleinement vaincue ».[211] La pratique de l'eschatologie consiste à connaitre la mort pour ce qu'elle est : un ennemi, une conséquence du péché, en dehors des intentions bonnes et créatrices de Dieu pour nous. La pratique de l'eschatologie, plus importante encore, consiste à vivre dans le triomphe de la résurrection de Dieu sur cet ennemi. Faire face à la mort en tant qu'ennemi vaincu est une manière typiquement chrétienne d'être dans le monde. Le théologien Alexander Schmemann (1921-1983) estime que toutes les autres religions ou philosophies tentent de faire face à la mortalité en l'acceptant, en essayant de considérer la mort comme naturelle. Schmemann affirme que : « Seul le christianisme la proclame anormale et, par conséquent, vraiment horrible ».[212] La condition pécheresse du monde, poursuit Schmemann, « ne peut être vraiment révélée que par Christ, parce que c'est seulement en Christ que la plénitude de la vie nous est révélée, et la mort, par conséquent, devient horrible, la chute même de la vie, l'ennemi ».[213]

Nous pouvons considérer la mort comme Jésus la considère : comme une perte, une douleur, comme l'ennemi de Dieu dont Schmemann voudrait que nous nous tenions avec Jésus devant le tombeau de Lazare et que nous regardions les larmes couler sur son visage. « C'est lorsque la Vie pleure sur la tombe de son ami, lorsqu'elle contemple l'horreur de la mort, que commence la victoire sur la mort ». [214] La pratique de l'eschatologie consiste à dire la vérité sur la mort, et non à l'enrober de platitudes. La mort est horrible, et Dieu est avec nous lorsque nous faisons face à cette horreur. Paul encourage les chrétiens à revendiquer l'espérance de la résurrection, non pas pour ne pas avoir de chagrin, mais pour que le nôtre ne soit pas le chagrin sans espérance de ceux qui ne connaissent pas la puissance de résurrection (1 Thessaloniciens 4.13). La pratique de l'eschatologie chrétienne consiste à s'affliger et à espérer, sa.

Attendre dans l'espérance de la résurrection

Contrairement à certaines mythologies populaires, nous ne devenons pas des anges à notre mort. Les êtres humains et les anges sont deux types de créatures différentes. Les humains sont physiques et spirituels, et les anges sont spirituels. Si notre espérance est celle de la résurrection, que se passe-t-il dans l'intervalle entre la mort et la résurrection générale ? La plupart des traditions chrétiennes lisent les textes bibliques comme indiquant un état intermédiaire conscient, une vie pour l'âme entre la mort de l'individu et le jour de la résurrection. Selon cette lecture, la mort est une déchirure de l'unité psychosomatique humaine, une scission temporaire entre le corps et l'âme qui sera guérie lors de la résurrection. [215]

Il ne s'agit pas d'un dualisme hiérarchique, car la séparation de l'âme et du corps n'est pas le salut. Plutôt, il s'agit du salaire du péché, et cette lecture est contraire aux intentions de Dieu qui a créé les êtres humains en tant que des créatures psychosomatiques. L'être humain sera à nouveau complet, lorsque Dieu réunira le corps et l'âme lors de la résurrection. Un état intermédiaire conscient, dans lequel l'âme jouit de la présence de Dieu et attend dans l'espérance de la résurrection, est logique à la lumière de la communion des saints, la croyance que toute l'Église, vivante et morte, est en communion. Il a également un sens pour des textes bibliques importants, le plus central étant celui dans lequel Jésus mourant dit au criminel sur la croix : « aujourd'hui même, tu seras avec moi dans le paradis » (Luc 23.43). Puisque ce jour-là le corps du voleur, comme celui de Jésus, serait un cadavre, il est logique de croire que son âme serait dans un état intermédiaire conscient.

Une minorité de chrétiens de la tradition interprète les textes bibliques comme indiquant un **sommeil de l'âme** dans l'intervalle entre la mort et la résurrection. Selon cette lecture, les morts sont comme des dormeurs, non conscients jusqu'au jour de la résurrection. Certains chrétiens craignent que la croyance en un état intermédiaire conscient ne sape l'importance de la résurrection physique, et ils considèrent souvent que le sommeil de l'âme honore le témoignage biblique de la résurrection. Les chrétiens ont confiance que les morts sont en sécurité entre les mains de Dieu, et nous savons que notre espérance finale et meilleure ne concerne pas l'intervalle entre la mort et la résurrection, mais la résurrection elle-même. Nous pratiquons l'eschatologie comme un peuple qui attend avec impatience l'heure « où tous ceux qui sont dans la tombe entendront la voix du Fils de l'homme » (Jean 5.28).

Une nouvelle création prête pour la résurrection

L'espérance de la résurrection est la pièce maîtresse de l'eschatologie, et nos enseignements sur l'avenir du monde doivent donc avoir un sens à la lumière de cette espérance. Lorsque nous imaginons, avec les auteurs de l'Écriture, la réalité future du nouveau ciel et de la nouvelle terre, nous devons imaginer une création qualifiée pour la vie ressuscitée. Le pouvoir rédempteur de Dieu n'est pas seulement pour les êtres humains. Il est pour toute la création. En pratiquant l'eschatologie, nous apprenons à envisager le nouveau ciel et la nouvelle terre en parallèle avec la résurrection. Comme pour la résurrection, nous espérons que les desseins eschatologiques de Dieu pour la création comprennent à la fois la continuité matérielle et la transformation, et nous vivons dans la création et la gérons maintenant, en étant conscients de son avenir dans le Royaume.

La nouvelle création est en continuité avec l'œuvre originale de création de Dieu. Dans celle-ci, Dieu rachète tout ce qui a été pollué par la chute. Dieu est celui qui « renouvelle toutes choses » (Apocalypse 21.5). Dans la nouvelle création, le ciel et la terre s'unissent, et le monde de Dieu est transformé en un monde pour la vie de résurrection, un monde dans lequel le corps de Christ, ressuscité du tombeau, peut vivre dans la sainteté, l'adoration et la libération de la mort. La vision du livre d'Apocalypse est celle d'une nouvelle création dans laquelle « la ville sainte, la nouvelle Jérusalem descend du ciel, d'auprès de Dieu, belle comme une mariée qui s'est parée pour son époux » (v. 2). La nouvelle création est celle dans laquelle Dieu « habitera » avec l'humanité (v. 3). Nous serons « son peuple », et le Dieu qui est avec nous dans l'incarnation sera avec nous d'une manière nouvelle (v. 3). L'espérance de la nouvelle création est celle où Dieu « essuiera toute larme » (v. 4) des yeux de son peuple, et « la mort ne sera plus et il n'y aura plus ni deuil, ni plainte, ni souffrance »

(v. 4).

En anticipant la nouvelle création, nous commençons à voir sa réalité. À la lumière de la résurrection, le langage biblique sur la nouvelle création qui survient par le biais d'un cataclysme doit être lu non pas comme une destruction de la création, mais comme une transformation de la création. Les corps de résurrection sont la substance de la nouvelle création, et le tombeau vide de Jésus nous montre qu'ils sont aussi la substance de la création actuelle. La vision de Pierre dans laquelle « les astres embrasés se désagrégeront » est la même vision dans laquelle « la terre se trouvera jugée avec tout ce qui a été fait sur elle » (2 Pierre 3.10). L'eschaton n'est pas l'anéantissement de la création, mais sa transformation alors que Dieu y révèle sa gloire. La puissance eschatologique de Dieu est rédemptrice, faisant passer la création par les effets catastrophiques du péché pour révéler les bonnes intentions du Créateur. L'eschaton n'anéantit pas. Il révèle. Le jour du Seigneur révèle le péché pour ce qu'il est et lui rend son dû. Ce jour révèle également la création pour ce qu'elle est et la purifie pour son but en Christ. Pierre s'attend à une continuité entre la création actuelle et la nouvelle lorsqu'il appelle le peuple de Dieu à une vie qui convient avec la nouvelle création. « Quelle vie sainte vous devez mener et combien vous devez être attachés à Dieu » (v. 11), les paroles ci-contre sont basées sur la puissance de la nouvelle création de Dieu. Nous vivons des vies saintes alors que « nous attendons, comme Dieu l'a promis, un nouveau ciel et une nouvelle terre où la justice habitera » (v. 13).

Le jugement juste

Lorsque Dieu, à l'eschaton, révélera la vérité sur le péché, ce dernier sera soumis à son juste jugement. Le Seigneur qui vient est Christ le juge, qui « remettra le monde à l'endroit une fois pour toutes ».[216] Wright conteste les connotations négatives souvent attachées au jugement, nous rappelant que « dans toute la Bible... le jugement à venir de Dieu est une bonne chose, quelque chose qui doit être célébré, désiré, attendu avec impatience »[217] Le jugement est la parole véritable et finale de Dieu contre le mal. Étant donné l'horreur du mal, « un monde en rébellion, plein d'exploitation et de méchanceté, un Dieu bon doit être un Dieu de jugement ».[218]

Le juste jugement de Dieu fait partie intégrante de la promesse de Dieu d'une sainteté et d'une bonté eschatologiques, et « nous aurons tous à comparaitre devant le tribunal de Christ » (2 Corinthiens 5.10). L'enfer, lui aussi, s'accorde avec la bonté de Dieu, car l'enfer est la justice face au refus récalcitrant de l'offre d'amour de salut de Dieu. Prétendre qu'il n'y a personne qui fera un tel refus revient à ignorer la profondeur et l'horreur du mal. La grâce de Dieu est bonté et amour, et le Seigneur « fait simplement preuve de patience à votre égard, car il ne veut pas qu'un seul périsse. Il voudrait, au contraire, que tous parviennent à se convertir » (2 Pierre 3.9). L'amour patient de Dieu n'est pas séparé de sa justice, dans laquelle « la seule perspective est alors l'attente terrifiante du jugement » (Hébreux 10.27) au cas où « après avoir reçu la connaissance de la vérité, nous vivons délibérément dans le péché » (v. 26).

Le salut qui est le nôtre, dans la grâce, est celui du péché et pour la sainteté. Sans cette sainteté, « nul ne verra le Seigneur » (12.14). La théologie protestante enseigne généralement que Dieu nous fera le don de la sainteté parfaite au moment de la mort, nous qualifiant pour entrer dans la présence de Dieu. La doctrine catholique du **purgatoire** postule un processus post-mortem dans lequel Dieu purge tout ce qui reste comme péché, souvent sur un laps de temps, pour ceux qui sont morts en Christ, mais ne sont pas encore saints. Le purgatoire est une interprétation des paroles de Paul sur « la qualité de l'oeuvre de chacun » qu' « un feu qui éprouvera […] en révéler la nature » (1 Corinthiens 3.13). Les idées populaires sur le purgatoire ont été sujettes à des excès mythologiques extrêmes, imaginant toutes sortes d'horreurs sur le chemin de la purgation. Même sans de tels excès, les protestants s'opposent toujours au purgatoire comme étant extrabiblique et comme une version du salut par les œuvres. Il y a, dans la théologie catholique romaine récente, beaucoup de choses qui suggèrent des points communs avec la tradition protestante de la sainteté comme un don immédiat de la grâce. Le pape Benoît XVI offre une réflexion sur l'amour purgatif de Dieu, qui semble bien différente des visions médiévales du purgatoire. Alors que l'impureté ne cessera pas « soudainement d'avoir de l'importance », écrit-il,

> certains théologiens récents sont d'avis que le feu qui à la fois brûle et sauve est Christ lui-même, le Juge et le Sauveur. La rencontre avec lui est l'acte décisif du jugement. Devant son regard, toute fausseté se fond. Cette rencontre avec lui, en nous brûlant, nous transforme et nous libère, nous permettant de devenir vraiment nous-mêmes. Tout ce que nous construisons au cours de notre vie peut s'avérer n'être que de la paille, de la vantardise, et s'écrouler en effet, la [souillure] a déjà été brûlé par la Passion de Christ. Au moment du jugement, nous expérimentons et nous absorbons la puissance écrasante de son amour sur tout le mal dans le monde et en nous-mêmes. La douleur

de l'amour devient notre salut et notre joie. Il est clair que nous ne pouvons pas calculer la durée de cette brûlure transformatrice en matière de mesures chronologiques de ce monde. [219]

Alors les chrétiens protestants ne parleront pas de la sainteté purificatrice de Dieu comme d'un purgatoire, nous pouvons nous joindre aux chrétiens catholiques romains pour anticiper la grâce purificatrice de Dieu, dans laquelle le Royaume de la sainteté sera rendu parfait.

Pratiquer la résurrection

Nous avons examiné la théologie de la résurrection en 1 Corinthien 15, mais il manque au récit ci-dessus le dernier verset du chapitre : « C'est pourquoi, mes chers frères, soyez fermes, ne vous laissez pas ébranler, travaillez sans relâche pour le Seigneur, sachant que la peine que vous vous donnez au service du Seigneur n'est jamais inutile » (v. 58). Le « c'est pourquoi » de Paul repose sur l'espérance de la résurrection. Parce que l'espérance est en Christ et sa résurrection, parce que nous attendons la résurrection générale, nous avons une raison et une puissance pour pratiquer. Grâce à la résurrection, nous pouvons « ne pas nous laisser ébranler, en travaillant sans relâche […] donnons au service du Seigneur ». Parce que la résurrection signifie que notre « peine que nous nous donnons au service […] n'est jamais inutile », nous avons la puissance de vivre pour Christ. La résurrection signifie que cette vie compte. Elle est une force pour la pratique du discipolat. L'espérance de la résurrection « ne nous laisse pas, écrit le théologien Donald Bloesch, prisonniers de nous-mêmes, mais nous fait sortir de nous-mêmes pour aller vers les épreuves et les rêves des autres ». [220] Cette espérance « n'est pas une échappatoire aux problèmes du monde, mais l'assurance que nous pouvons faire face à ces problèmes à la lumière de la grâce de Dieu ». [221]

Le « c'est pourquoi » de Paul à la fin du livre de 1 Corinthiens 15 convient avec le modèle cohérent et doux du Nouveau Testament, un modèle dans lequel l'espérance d'une résurrection future est immédiatement liée au sens, au travail et à l'espérance dans le présent. Dans Hébreux 10, nous apprenons à « nous encourager mutuellement à l'amour et à la pratique du bien » (v. 24), en nous réunissant et en nous encourageant mutuellement « cela d'autant plus » que nous « voyons se rapprocher le jour du Seigneur » (v. 25). Le jour qui vient nous pousse à la pratique chrétienne. Avec 2 Corinthiens 4, nous espérons porter « dans notre corps, la mort de Jésus, afin que la vie de Jésus soit, elle aussi, rendue manifeste par notre corps » (2 Corinthiens 4.10). Nous apprenons

L'espérance de la résurrection

que cette pratique, témoignage visible et tangible de la bonté de Dieu, est possible «parce que Dieu, qui a ressuscité le Seigneur Jésus, nous ressuscitera aussi avec lui » (v. 14). L'espérance de résurrection signifie une pratique incarnée. En Colossiens 3, ce lien se rapproche même davantage dans le présent : « mais vous êtes aussi ressuscités avec le Christ : recherchez donc les réalités d'en haut » (Colossiens 3.1). La vie chrétienne « est cachée avec Christ en Dieu » (v. 3), et nous regardons vers l'avenir : « le jour où le Christ apparaitra, lui qui est votre vie, alors vous paraitrez, vous aussi, avec lui, en partageant sa gloire » (v. 4). Benoît XVI identifie le Christ ressuscité comme « notre certitude que l'histoire peut être vécue de manière positive, et que notre faible activité rationnelle et finie a un sens ».[222] Dans le Jésus ressuscité, nous voyons, dans son histoire, dans le corps, la promesse de notre propre pratique de la résurrection, également historique et corporelle, à la fois maintenant et dans le Royaume à venir.

La bénédiction

Une prière pour l'exercice de la doctrine chrétienne

Dieu saint : Père, Fils et Saint-Esprit,

Soyez avec votre peuple alors que nous cherchons votre face. Comme il te plaît, Seigneur, utilise la doctrine comme un enseignant pour ton peuple, ouvrant nos yeux à tout ce qui est bon, vrai et beau. Prends nos vies et fais de nous des témoins de ta bonté, de ta vérité et de ta beauté, afin que le monde puisse voir ton amour et ta miséricorde.

Seigneur, donne du pouvoir à la discipline de la théologie. Arrache-nous des tours d'ivoire et conduis-nous dans ton monde. Forme-nous à l'exercice fidèle de la doctrine et donne-nous la puissance nécessaire à cet exercice.

Illumine les ténèbres de notre ignorance. Forme-nous à la confiance profonde en la vérité de ta révélation. Rends-nous reconnaissants pour la douceur de ta Parole, et pousse-nous vers les Écritures de nouveau. Libère-nous du doute et de l'incrédulité et du désespoir qui nous feraient renoncer à te connaître.

Brise nos idoles, Seigneur, et amène-nous à t'adorer. Fais-nous connaître ta bonté trinitaire, et aide-nous à te louer, Père, Fils et Saint-Esprit, dans tout ce que nous faisons.

Libère-nous de nos habitudes de mépris pour ta création. Fais de nous, Seigneur, des personnes qui se réjouissent de ta création. Fais de nous des intendants fidèles, en nous aidant à exercer la domination du serviteur que nous avons apprise de Christ.

Fais de nous de vrais humains, Dieu. Lorsque nous essayons de trouver notre identité dans d'autres personnes, dans des carrières, ou le succès, ou le pouvoir, libère-nous pour une identité confiante en Christ. Restaure ton image en nous, afin que nous puissions être des témoins fidèles de ta grâce.

Viens à nous dans notre solitude, lorsque nous avons l'impression que tu es loin, et fais-nous savoir que tu es le Dieu qui est avec nous et pour nous dans les réalités les plus banales de la vie humaine. Fais-nous grandir dans l'intimité avec Jésus, et fais-nous passer de la distance à la vie de disciple.

Nous avons besoin de toi, Dieu, pour nous libérer de la tyrannie de la justice de soi. Sauve-nous des griffes du péché et de la mort, et fais-nous connaître, au

Pratiquer la doctrine chrétienne

contraire, le salut qui nous est offert par la mort et la résurrection de Jésus-Christ.

Libère-nous de nos liens avec le péché, de poser des actes que nous détestons. Par la présence et la puissance sanctifiantes de ton Esprit, nous prions pour que tu nous rendes saints comme toi.

Défie notre individualisme égoïste et nos divisions, ô, Dieu, et lie-nous ensemble dans le corps de Christ. Fais de nous un seul corps, et laisse-nous être un témoignage visible dans le monde.

Seigneur Dieu, libère-nous d'une vie sans sens, et laisse-nous trouver en toi un sens et un but, en faisant confiance à la puissance de la résurrection, à la vérité que nos vies comptent maintenant et compteront dans le Royaume à venir. Mets-nous au service du Royaume, Seigneur, et donne-nous d'avoir soif de toi.

Au nom du Père, du Fils et du Saint-Esprit. Amen.

Notes

1. John Calvin, *Institutes of the Christian Religion*, ed. John T. McNeill (Philadelphia: Westminster, 1960), 1.6.2.
2. David Bebbington, *Evangelicalism in Modern Britain: A History from the 1730s to the 1980s* (London: Unwin Hyman, 1989), 2–17.
3. Timothy Larsen, "Defining and Locating Evangelicalism," in *The Cambridge Companion to Evangelical Theology*, ed. Timothy Larsen and Daniel Treier (New York: Cambridge University Press, 2007), 2
4. Ibid., 1.
5. George Marsden, *Fundamentalism and American Culture* (New York: Oxford University Press, 2006).
6. Timothy Tennent, *Theology in the Context of World Christianity* (Grand Rapids: Zondervan, 2007), 12.
7. St. Athanasius, *On the Incarnation* (Crestwood, NY: St. Vladimir's Seminary Press, 1993), 61.
8. Geoffrey Wainwright, *Doxology: The Praise of God in Worship, Doctrine, and Life* (New York: Oxford University Press, 1984), 218.
9. Attribuer la paternité de ce modèle à John Westley peut créer une confusion. Bien qu'il ait sollicité l'usage de ces quatre outils, Westley n'avait jamais employé le terme « quadrilatère » pour décrire cette méthode théologique. Voir William Abraham, *Waking from Doctrinal Amnesia: The Healing of Doctrine in the United Methodist Church* (Nashville: Abingdon, 1996).
10. "To James Hervey," in *John Wesley*, ed. Albert C. Outler (New York: Oxford University Press, 1964), 72.
11. The Smalcald Articles," in *Martin Luther's Basic Theological Writings*, ed. Timothy F. Lull (Minneapolis: Fortress, 1989), 507.
12. Mark A. Noll, *America's God: From Jonathan Edwards to Abraham Lincoln* (New York: Oxford University Press, 2002).
13. "Preface to *Sermons on Several Occasions*," in Outler, *John Wesley*, 89.
14. Ibid., 90.
15. Soong-Chan Rah, *The Next Evangelicalism: Freeing the Church from Western Cultural Captivity* (Downers Grove, IL: InterVarsity, 2009).
16. Kathryn Tanner, *Jesus, Humanity and the Trinity: A Brief Systematic Theology* (Minneapolis: Fortress, 2001), xviii.
17. See Thomas Aquinas, *Summa Theologica*, trans. Fathers of the English Dominican Province (Allen, TX: Christian Classics, 1948), I.14.4.
18. Friedrich Schleiermacher, *On Religion: Speeches to Its Cultured Despisers*, trans. and ed. Richard Crouter (Cambridge: Cambridge University Press, 1988), 22.
19. Ludwig Feuerbach, *The Essence of Christianity*, trans. George Eliot (New York: Prometheus Books, 1989), 12; emphasis added.
20. Philip Jacob Spener, *Pia Desideria*, trans. Theodore G. Tappert (Philadelphia: Fortress, 1964), 117.
21. Outler, *John Wesley*, 66.
22. Ibid., 191.
23. *Proslogion*, in *Anselm of Canterbury: The Major Works*, ed. Brian Davies and G. R. Evans (New York: Oxford University Press, 1998), 87.
24. Jean Calvin, *Institut de la religion chrétienne*, éd. John T. McNeill (Louisville: Westminster John Knox, 1960), 1.13.1.
25. Karl Barth, "No! Answer to Emil Brunner," in *Natural Theology*, ed. John Baillie (London: Centenary, 1951), 75.
26. Vatican II, *Constitution dogmatique sur la révélation divine*, 1.3.
27. Thomas Aquinas, *Summa Theologica*, trans. Fathers of the English Dominican Province (Allen, TX: Christian Classics, 1948), I.1.8.
28. Calvin, Institutes, 1.6.1.
29. Ibid
30. Stanley Grenz, *Theology for the Community of God* (Grand Rapids: Eerdmans, 1994), 382. 8. Ibid., 379.
31. Ibid., 379
32. Gordon Fee, *God's Empowering Presence: The Holy Spirit in the Letters of Paul* (Peabody, MA: Hendrickson, 1994), 793.

33. Ibid. 794
34. Frances Young, *The Making of the Creeds* (Harrisburg, PA: Trinity Press International, 1991), 50.
35. Margaret R. Miles, *The Word Made Flesh: A History of Christian Thought* (Oxford: Blackwell, 2005), 49.
36. John H. Leith, ed., *Creeds of the Churches: A Reader in Christian Doctrine from the Bible to the Present*, rev. ed. (Richmond: John Knox Press, 1973), 402.
37. La constitution dogmatique sur la Révélation divine, 2.9.
38. Ibid.
39. Harry Y. Gamble, *The New Testament Canon: Its Making and Meaning* (Philadelphia: Fortress, 1985), 69.
40. John Webster, *Holy Scripture: A Dogmatic Sketch* (New York: Cambridge University Press, 2003), 62.
41. Mark Noll, "A Brief History of Inerrancy, Mostly in America," in *The Proceedings of the Conference on Biblical Inerrancy 1987* (Nashville: Broadman, 1987), 9–10.
42. Roger E. Olson, *The Mosaic of Christian Belief: Twenty Centuries of Unity and Diversity* (Downers Grove, IL: InterVarsity, 2002), 108.
43. Carl F. H. Henry, *God, Revelation, and Authority* (Waco, TX: Word, 1979), 4:201.
44. Chicago Statement on Biblical Inerrancy, XIII. The full text of the Chicago Statement is available online at http://library.dts.edu/Pages/TL/Special/ICBI_1.pdf.
45. Alan Padgett, "'I Am the Truth': An Understanding of Truth from Christology for Scripture," in *But Is It True?*, ed. Alan G. Padgett and Patrick R. Keifert (Grand Rapids: Eerdmans, 2006), 111.
46. Richard B. Hays, *Echoes of Scripture in the Letters of Paul* (New Haven: Yale University Press, 1989), 165
47. Ibid, 191
48. Eugene Peterson, *Eat This Book: A Conversation in the Art of Spiritual Reading* (Grand Rapids: Eerdmans, 2006), 61, 64.
49. Jean Calvin, *Institutes of the Christian Religion, ed.* John T. McNeill (Louisville: Westminster John Knox, 1960), 1.11.8.
50. G. K. Beale, *We Become What We Worship: A Biblical Theology of Idolatry* (Downers Grove, IL: IVP Academic, 2008), 240.
51. Leo Donald Davis, *The First Seven Ecumenical Councils (325-787): Their History and Theology* (Collegeville, MN: Liturgical Press, 1983), 41.
52. John Behr, *The Way to Nicaea*, vol. 1 of *Formation of Christian Theology* (Crestwood, NY: St. Vladimir's Seminary Press, 2001), 57.
53. Michael Thompson, "Arianism: Is Jesus Christ Divine and Eternal or Was He Created?", in *Heresies and How to Avoid Them*, ed. Ben Quash and Michael Ward (Peabody, MA: Hendrickson, 2007), 20.
54. Janet Martin Soskice, ''Biblical Trinitarianism'', dans *Heresies and How to Avoid Them*, ed. Ben Quash et Michael Ward (Grand Rapids: Baker Academic, 2007), 128.
55. *Calvin, Institutes* 1.13.5.
56. David Yeago, "The New Testament and Nicene Dogma," in *The Theological Interpretation of Scripture: Classic and Contemporary Readings*, ed. Stephen E. Fowl (Malden, MA:Blackwell, 1997), 87–102.
57. Thomas d'Aquin, *Somma theologica*, trans. Fathers of the dominican Province (Allen, TX: Christian Classics, 1948), I.28.1.
58. Ibid. I.28.3.
59. Calvin, *Institutes,* 1.13.2.
60. Shirley C. Guthrie Jr., *Christian Doctrine*, rev. ed. (Louisville: Westminster John Knox, 1994), 92; emphasis Guthrie's
61. Ibid
62. Eugene F. Rogers, *Sex and the Christian Body* (Oxford: Blackwell, 1999), 198
63. Samuel M. Powell, *Discovering Our Christian Faith*: An Introduction to Theology (Kansas City, MO: Beacon Hill, 2008), 332.
64. Julian of Norwich, *Revelations of Divine Love,* trans. Clifton Wolters, (Londres, Penguin, 1966), 66.
65. *John Wesley,* ed. Albert C. Outler (New York: Oxford University Press, 1964), 184-85
66. Julienne de Norwich, Les *révélations de L'amour divin,* trans. Clifton Wolters (Londres: Penguin, 1966), 68
67. Ibid

Notes

68. Janet Martin Soskice, *The Kindness of God: Metaphor, Gender, and Religious Language* (New York: Oxford University Press, 2007), 60–61
69. Sandra Richter, *Epic of Eden: A Christian Entry into the Old Testament* (Downers Grove, IL: InterVarsity, 2008), 95
70. Voir John Walton, *Ancient Near Eastern Thought and the Old Testament* (Grand Rapids: Baker Academic, 2006); and Victor Harold Matthews and Don C. Benjamin, *Old Testament Parallels: Laws and Stories from the Ancient Near East*, 3rd ed. (New York: Paulist Press, 2006).
71. Stephen Long, "God Is Not Nice," in *God Is Not . . . : Religious, Nice, "One of Us," an American, a Capitalist*, ed. D. Brent Laytham (Grand Rapids: Brazos, 2004), 51–52.
72. Rowan Williams, *Tokens of Trust: An Introduction to Christian Belief* (Louisville: Westminster John Knox, 2007), 12–13. Mes remerciements à David Lauber pour m'avoir orienté vers cette citation.
73. St. Athanasius, *On the Incarnation*, trans. A Religious of C.S.M.V. (Crestwood, NY: St. Vladimir's Seminary Press, 2003), 28.
74. Kathryn Tanner, *Christ the Key* (Cambridge: Cambridge University Press, 2010), 116.
75. Kurt Rudolph, *Gnosis: The Nature and History of Gnosticism*, ed. Robert McLachlan Wilson (Edinburgh: T&T Clark, 1984), 60.
76. Thomas F. Madden, *The New Concise History of the Crusades* (Lanham, MD: Rowman & Littlefield, 2005), 124.
77. Quoted in H. Orton Wiley and Paul T. Cuthbertson, *Introduction to Christian Theology* (Kansas City, MO: Beacon Hill, 1963), 146–47.
78. Hopkins, « la Grandeur de Dieu, » 20.
79. Colin E. Gunton, *The Christian Faith: An Introduction to Christian Doctrine* (Oxford: Blackwell, 2002), 26.
80. Amy Frykholm, *Julian of Norwich: A Contemplative Biography* (Brewster, MA: Paraclete Press, 2010), 28.
81. Frederick Christian Bauerschmidt, *Julian of Norwich and the Mystical Body Politic of Christ* (Notre Dame, IN: University of Notre Dame Press, 1999), 61.
82. Ibid
83. *The Complete Julian of Norwich*, ed. Fr. John-Julian, OJN (Brewster, MA: Paraclete Press, 2009), 149.
84. Voir Kathryn Tanner, "The Difference Theological Anthropology Makes", in *Theology Today* 50, no. 4 (janvier 1994): 567-80.
85. Voir Rebekah Nathan, *My Freshman Year: What a Professor Learned by Becoming a Student* (Ithaca, NY: Cornell University Press, 2005).
86. Voir Thomas d'Aquin, *Summa Theologica*, trans. Fathers of the English Dominican Province (Allen, TX: Christian Classics, 1948), I.44.1.
87. John Pobee, *Toward an African Theology* (Nashville: Abingdon, 1979), 49.
88. Alasdair MacIntyre, *Dependent Rational Animals: Why Human Beings Need the Virtues* (Chicago: Open Court, 1999), 8.
89. Irenaeus of Lyon, "Against Heresies," in *Theological Anthropology*, ed. J. Patout Burns (Philadelphia: Fortress, 1981), 25.
90. Platon, *Phédon,* trad. David Gallop (New York: Oxford University Press, 1999), 35.
91. René Descartes, *Meditations of First Philosophy: With Selections from the Objections and Replies*, trans. John Cottingham (Cambridge: Cambridge University Press, 1996), 10.
92. Augustine, *Confessions*, trans. Maria Boulding, OSB (New York: Random House, 1997), 2.1, 25.
93. Wendell Berry, *Life Is a Miracle: An Essay against Modern Superstition* (Washington, DC: Counterpoint, 2000), 6.
94. Ibid., 9.
95. Warren S. Brown, Nancey Murphy, et H. Newton Malony, eds, *Whatever Happened to the Soul? Scientific and Theological Portraits of Human Nature* (Minneapolis: Fortress, 1998).
96. John W. Cooper, *Body, Soul, and Life Everlasting: Biblical Anthropology and the Monism-Dualism Debate* (Grand Rapids: Eerdmans, 1989).
97. Josemaria Escriva, "Passionately Loving the World," in *Conversations with Josemaria Escriva* (New York: Scepter, 2003), 177.
98. Pour deux propositions très différentes de ce genre, voir Miroslav Volf, *After Our Likeness: The Church in the Image of the Trinity* (Grand Rapids: Eerdmans, 1997); and Bruce Ware, *Father, son and Holy Spirit: Relationships, Roles, and Relevance* (Wheaton: Crossway, 2005).
99. Ian A. McFarland examines these problems in *Difference and Identity: A Theological Anthropology* (Cleveland: Pilgrim Press, 2001).

100. Pour un aperçu, voir J. P. Moreland et Scott B. Rae, *Body and Soul: Human Nature and the Crisis in Ethics* (Downers Grove, IL: InterVarsity, 2000).
101. Voir, par exemple, Augustine, *City of God*, 14.13.
102. John Calvin, *Genesis*, ed. Alister McGrath and J. I. Packer (Wheaton, IL: Crossway, 2001), 43.
103. Pour une description du péché en tant que « contrevérité », voir Eberhard Jüngel, *Justification: The Heart of the Christian Faith; A Theological Study with an Ecumenical Purpose*, trans. Jeffrey F. Cayzer (Londres: T&T Clark, 2001), 100-115.
104. C. S. Lewis, *The Screwtape Letters* (New York: HarperCollins, 2001), 118–99.
105. Jüngel, *Justification*, 110.
106. St. Athanasius, *On the Incarnation* (Crestwood, NY: St. Vladimir's Seminary Press, 1993), 29.
107. Pelagius, "Letter to Demetrias," in *Theological Anthropology*, ed. J. Patout Burns (Philadelphia: Fortress, 1981), 49–50.
108. Voir "Canons of the Council of Orange," in Burns, *Theological Anthropology*, 113.
109. "Original Sin," in *John Wesley's Sermons: An Anthology*, ed. Albert C. Outler and Richard P. Heitzenrater (Nashville: Abingdon, 1991), 334.
110. voir the Belgic Confession, Article 15.
111. Voir, par exemple, the Westminster Confession, 6.3.
112. David H. Kelsey, *Eccentric Existence: A Theological Anthropology* (Louisville: Westminster John Knox, 2009), 2:938.
113. Charles Wesley, "Hymn for Christmas-Day," in *Hymns and Sacred Poems (1739)* (London: Strahan, 1739), 206–8. A collection of Charles Wesley's published verse, standardized for scholarly citation, is available at http://divinity.duke.edu/initiatives-centers/cswt/wesley-texts/charles-wesley.
114. Richard Hays, "The Story of God's Son: The Identity of Jesus in the Letters of Paul," in *Seeking the Identity of Jesus: A Pilgrimage*, ed. Beverly Roberts Gaventa and Richard B. Hays (Grand Rapids: Eerdmans, 2008), 189; emphasis Hays's.
115. Pope Benedict XVI, *Jesus of Nazareth: From the Baptism in the Jordan to the Transfiguration* (New York: Doubleday, 2007), xii.
116. For a helpful discussion of issues related to the title "Son of Man," see Darrell L. Bock, "The son of Man in Luke 5:24," *Bulletin for Biblical Research* 1 (1991): 109–21.
117. For that, see Leo Donald Davis, *The First Seven Ecumenical Councils (325–787): Their History and Theology* (Collegeville, MN: Liturgical Press, 1983); John Behr, *The Way to Nicaea*, vol. 1 of *The Formation of Christian Theology* (Crestwood, NY: St. Vladimir's Seminary Press, 2001); John McGuckin, *Saint Cyril of Alexandria and the Christological Controversy* (Crestwood, NY: St. Vladimir's Seminary Press, 2004).
118. See, for example, Clark Pinnock et al., *The Openness of God: A Biblical Challenge to the Traditional Understanding of God* (Downers Grove, IL: InterVarsity, 1994). For more on this conversation, see D. Stephen Long and George Kalantzis, eds., *The Sovereignty of God Debate* (Eugene, OR: Cascade, 2009).
119. Augustine, *The City of God against the Pagans*, trans. and ed. R. W. Dryson (Cambridge: Cambridge University Press, 1998), 14.9.600.
120. David Bentley Hart, "No Shadow of Turning," *Pro Ecclesia* 11, no. 2 (2002): 184–206.
121. Thomas O. Chisholm, "Great Is Thy Faithfulness," in *The United Methodist Hymnal* (Nashville: The United Methodist Publishing House, 1989), #140
122. Robert Louis Wilken summarizes Celsus's objections to the incarnation in *The Christians as the Romans Saw Them* (New Haven: Yale University Press, 2003), 102–5.
123. Raymond Brown, *An Introduction to New Testament Christology* (New York: Paulist Press, 1994).
124. Margaret R. Miles, *The Word Made Flesh: A History of Christian Thought* (Oxford: Blackwell, 2005), 107–8.
125. Behr, *Way to Nicaea*, 240.
126. Miles, *Word Made Flesh*, 108.
127. Davis, *First Seven Ecumenical Councils*, 171.
128. Ibid
129. McGuckin, *Saint Cyril of Alexandria*, 153.
130. Thomas G. Weinandy, *Does God Suffer?* (Notre Dame, IN: University of Notre Dame Press, 2000), 200.
131. Cyril of Alexandria, *On the Unity of Christ*, trans. John McGuckin (Crestwood, NY: St. Vladimir's Seminary Press, 2000), 61.
132. Sarah Coakley, "What Does Chalcedon Solve and What Does It Not? Some Reflections on the Status and Meaning of the Chalcedonian 'Definition,'" in *The Incarnation: An Interdisciplinary*

Notes

Symposium on the Incarnation of the son of God, ed. Stephen T. Davis, Daniel Kendall, SJ, and Gerald O'Collins, SJ (New York: Oxford University Press, 2004), 155.
133. Quoted in McGuckin, *Saint Cyril of Alexandria*, 220.
134. Markus Bockmuehl, "God's Life as a Jew: Remembering the son of God as son of David," in *Seeking the Identity of Jesus*, ed. Beverly Roberts Gaventa and Richard B. Hays (Grand Rapids: Eerdmans, 2008), 62.
135. M. Shawn Copeland draws attention to race and gender in *Enfleshing Freedom: Body, Race, and Being* (Minneapolis: Fortress, 2010).
136. Clare of Assisi, "The Testament of Saint Clare," in *Francis and Clare: The Complete Works*, trans. Regis J. Armstrong, OFM Cap., and Ignatius C. Brady, OFM (New York: Paulist Press, 1982), 230.
137. Gaventa and Hays, *Seeking the Identity of Jesus*, 22.
138. "The Scripture Way of Salvation," in *John Wesley's Sermons: An Anthology*, ed. Albert C. Outler and Richard P. Heitzenrater (Nashville: Abingdon, 1991), 372.
139. Brenda Colijn, *Images of Salvation in the New Testament* (Downers Grove, IL: Inter-Varsity, 2010), 82.
140. Ibid., 179.
141. Ibid., 313–14.
142. Thomas G. Weinandy, *Jesus the Christ* (Huntington, IN: Our Sunday Visitor, 2003).
143. Wesley, "Scripture Way of Salvation," 373.
144. *Catechism of the Catholic Church*, 2nd ed. (New York: Doubleday, 1995), 411, #1471.
145. Quoted in Heiko Oberman, *Luther: Man between God and the Devil* (New York: Doubleday, 1989), 190–91.
146. Ibid., 190.
147. "Preface to the Complete Edition of Luther's Latin Writings, 1545," in *Martin Luther's Basic Theological Writings*, 2nd ed., ed. Timothy F. Lull (Minneapolis: Fortress, 2005), 8–9.
148. Douglas J. Moo, *The Epistle to the Romans*, New International Commentary on the New Testament (Grand Rapids: Eerdmans, 1996), 86.
149. Ibid., 86–87.
150. Bruce McCormack, "What's at Stake in Current Debates over Justification? The Crisis of Protestantism in the West," in *Justification: What's at Stake in the Current Debates*, ed. Mark Husbands and Daniel Treier (Downers Grove, IL: InterVarsity, 2004), 107.
151. "The Lord Our Righteousness," in *John Wesley's Sermons*, 388.
152. Alister McGrath characterizes this Protestant pause in *Iustitia Dei: A History of the Christian Doctrine of Justification*, 2nd ed. (Cambridge: Cambridge University Press, 1998), 212.
153. Wesley, "The Lord Our Righteousness," 390.
154. "The Freedom of a Christian," in *Martin Luther's Basic Theological Writings*, 613
155. "Original Sin," in *John Wesley's Sermons*, 330.
156. "Marks of a True Conversion," in *Sermons of George Whitefield*, ed. Evelyn Bence (Peabody, MA: Hendrickson, 2009), 72.
157. Wesley, "Scripture Way of Salvation," 334.
158. Cette citation et d'autres dans ce résumé des articles Remonstrant sont tirées de A. W. Harrison, *Beginnings of Arminianism to the Synod of Dort* (London: University of London Press, 1926), 150–51, quoted in Roger Olson, *Arminian Theology: Myths and Realities* (Downers Grove, IL: InterVarsity, 2006), 32
159. Translation of the "Canons of Dort," quoted in Peter J. Thuesen, *Predestination: The American Career of a Contentious Doctrine* (New York: Oxford University Press, 2009), 40.
160. Charles Finney, "Sinners Bound to Change Their Own Hearts," in *Issues in American Protestantism: A Documentary History from the Puritans to the Present*, ed. Robert L. Ferm (Gloucester, MA: Peter Smith Press, 1983), 158–69.
161. *Life and Letters of Mrs. Phoebe Palmer*, ed. Richard Wheatley (repr., New York: Garland, 1984), 543–44.
162. St. Athanasius, *On the Incarnation* (Crestwood, NY: St. Vladimir's Seminary Press, 1993), 93.
163. Andrew Louth, "The Place of *Theosis* in Eastern Orthodoxy," in *Partakers of the Divine Nature: The History and Development of Deification in the Christian Traditions*, ed. Michael J. Christensen and Jeffery A. Wittung (Grand Rapids: Baker Academic, 2008), 34.
164. Ibid., 32.
165. Gustaf Aulén, *Christus Victor: An Historical Study of the Idea of the Atonement*, trans. A. G. Hebert (New York: MacMillan, 1958), 4.
166. Anselm, "Why God Became Man," in *Anselm of Canterbury: The Major Works*, 283.
167. Ibid., 349.

168. Pour un compte rendu de la centralité de la croix en relation avec les nombreux autres aspects de l'Évangile, voir Darrell L. Bock, *Recovering the Real Lost Gospel: Reclaiming the Gospel as Good News* (Nashville: B & H Academic, 2010).
169. Proclus, "Sermon 1," in *Documents in Early Christian Thought*, ed. Maurice Wiles and Mark Santer (Cambridge: Cambridge University Press, 1975), 63.
170. Gregory of Nyssa, "On the Holy Spirit: Against the Followers of Macedonius," in *Nicene and Post-Nicene Fathers*, Second Series, vol. 5, ed. Philip Schaff and Henry Wace, trans. William Moore and Henry Austin (Peabody, MA: Hendrickson, 1994), 315.
171. A. Edward Siecienski, *The Filioque: History of a Doctrinal Controversy* (New York: Oxford University Press, 2010).
172. Gordon Fee, *God's Empowering Presence: The Holy Spirit in the Letters of Paul* (Pea- body, MA: Hendrickson, 1994), 101.
173. Kathryn Tanner, *Jesus, Humanity and the Trinity: A Brief Systematic Theology* (Minneapolis: Fortress, 2001), 14.
174. Ibid., 83
175. Janet Martin Soskice, *The Kindness of God: Metaphor, Gender, and Religious Language* (New York: Oxford University Press, 2007), 112.
176. Ibid., 124.
177. Voir, Robert Jenson, "The Father, He . . .," in *Speaking the Christian God: The Holy Trin- ity and the Challenge of Feminism*, ed. Alvin F. Kimel (Grand Rapids: Eerdmans, 1992), 95–109.
178. "The Unity of the Divine Being," in *John Wesley's Sermons: An Anthology*, ed. Albert C. Outler and Richard P. Heitzenrater (Nashville: Abingdon, 1991), 533.
179. Gustavo Gutiérrez, *A Theology of Liberation*, 15th anniversary ed. (Maryknoll, NY: Orbis Books, 1988), 117.
180. Eugene F. Rogers Jr., *After the Spirit: A Constructive Pneumatology from Resources outside the Modern West* (Grand Rapids: Eerdmans, 2005), 1.
181. Ibid. 2.
182. John Donne, "Holy Sonnet 11 (XV)," in *John Donne's Poetry*, ed. Arthur L. Clements, 2nd ed. (New York: W. W. Norton, 1992), 116.
183. Frank Baker, ed., *The Works of John Wesley* (Nashville: Abingdon, 1987), 25:366.
184. John Westley «le Chemin du Royaume» *In les sermons de WESLEY*, 512
185. Ibid.
186. Jeffrey W. Barbeau, "John Wesley and the Early Church: History, Antiquity, and the Spirit of God," in *Evangelicals and the Early Church: Recovery, Reform, Renewal*, ed. George Kalantzis and Andrew Tooley (Eugene, OR: Cascade Books, 2012).
187. Westley «le Chemin du Royaume» 512.
188. Douglas Jacobsen, *Thinking in the Spirit: Theologies of the Early Pentecostal Movement* (Bloo- mington: Indiana University Press, 2003), 79.
189. Philip Jenkins, *The New Faces of Christianity: Believing the Bible in the Global South* (New York: Oxford University Press, 2006), 13.
190. Lamin Sanneh, *Disciples of All Nations: Pillars of World Christianity* (New York: Oxford University Press, 2008), 275–76.
191. John Wesley, commentaires du Nouveau Testament, vol.2, commentaires sur le livre des Actes.
192. See Allan Anderson, *An Introduction to Pentecostalism* (Cambridge: Cambridge Uni- versity Press, 2004), and Jenkins, *New Faces of Christianity*, 12.
193. Sanneh, *Disciples of All Nations*, 275.
194. Thomas C. Oden, *Classic Christianity: A Systematic Theology* (New York: HarperCol- lins, 2009), 546.
195. Ibid. Oden references Heb. 8:10 and John 14:15–19 here.
196. Ibid.
197. Augustine, "On Baptism, against the Donatists," in *Nicene and Post-Nicene Fathers*, vol. 4, ed. Philip Schaff (Grand Rapids: Eerdmans, 1996), 1.1.2.
198. "Branch theory" is often invoked in the Anglican Church; see William Palmer, *A Treatise on the Church of Christ: Designed Chiefly for the Use of Students in Theology* (London: Riv- ington, 1838). I am using the branch image much more loosely than Palmer.
199. "On the Councils and the Church," in *Martin Luther's Basic Theological Writings*, ed. Timothy F. Lull (Minneapolis: Fortress, 1989), 547.
200. Samuel Escobar, *The New Global Mission: The Gospel from Everywhere to Everyone* (Downers Grove, IL: InterVarsity, 2003), 12.
201. Philip Jenkins, *The Next Christendom: The Coming of Global Christianity* (New York: Oxford University Press, 2007), 89–90.

Notes

202. Timothy Tennent, *Theology in the Context of World Christianity* (Grand Rapids: Zondervan, 2007), 193.
203. Joyce E. Salisbury, "Witness, Women's Bodies, and the Body of Christ," in *Witness of the Body: The Past, Present, and Future of Christian Martyrdom*, ed. Michael L. Budde and Karen Scott (Grand Rapids: Eerdmans, 2011), 63.
204. Escobar, *New Global Mission*, 62-63
205. Richard J. Mouw, "Where Are We Going? Eschatology," in *Essentials of Christian Theology*, ed. William C. Placher (Louisville: Westminster John Knox, 2003), 338.
206. Richard B. Hays, *The Moral Vision of the New Testament: A Contemporary Introduction to New Testament Ethics* (New York: HarperCollins, 1996), 170.
207. John Updike, "Seven Stanzas at Easter," in *Telephone Poles and Other Poems* (New York: Knopf, 1964), 72–73.
208. N. T. Wright, *Surprised by Hope: Rethinking Heaven, the Resurrection, and the Mission of the Church* (New York: HarperOne, 2008), 191.
209. John Donne, "Holy Sonnet 6 [Death, be not proud]," in *John Donne: The Major Works Including Songs and Sonnets and Sermons*, ed. John Carey (New York: Oxford University Press, 1990), 175.
210. J. K. Rowling, *Harry Potter and the Deathly Hallows* (New York: Scholastic, 2007), 328.
211. Ibid., 15.
212. Alexander Schmemann, *O Death, Where Is Thy Sting?*, trans. Alexis Vinogradov (Crest-wood, NY: St. Vladimir's Seminary Press, 2003), 100.
213. Ibid., 101.
214. Ibid.
215. John W. Cooper, *Body, Soul and Life Everlasting: Biblical Anthropology and the Monism-Dualism Debate* (Grand Rapids: Eerdmans, 1989)
216. Wright, *Surprised by Hope*, 137.
217. Ibid.
218. Ibid.
219. Benedict XVI, *Spe Salvi*, 46, 47.
220. Donald G. Bloesch, *The Last Things: Resurrection, Judgment, Glory* (Downers Grove, IL: InterVarsity, 2004), 246.
221. Ibid., 248.
222. Joseph Ratzinger, *Eschatology: Death and Eternal Life*, ed. Aidan Nichols, OP, trans. Michael Waldstein, 2nd ed. (Washington, DC: Catholic University Press of America, 2007), 214.

Table de matières

Remerciements 7

Introduction 9

1 Parler de Dieu 19

2 Connaitre Dieu... 39

3 Le Dieu que nous adorons... 63

4 Un monde agréable.. 85

5 Refléter l'image de Dieu... 107

6 La personne de Jésus-Christ..................................... 127

7 L'oeuvre de Jésus-Christ... 151

8 Le Saint-Esprit et la vie chrétienne 177

9 L'Église dans un monde pluraliste........................... 203

10 L'espérance de la résurrection............................... 229

La bénédiction 253

Notes 255

www.ingramcontent.com/pod-product-compliance
Lightning Source LLC
Chambersburg PA
CBHW060518080526
44586CB00012B/525